전북문화
찾아가기

전국 방방곡곡을 돌아다니면서 문화유산과 만난다.

진기한 이야기를 듣고 좋은 시를 읊으면서 마음을 깨우친다.

놀라운 유형문화재를 차근차근 구경하면서 안목을 새롭게 한다.

기대 이상으로 진기한 맛집에서 입을 즐겁게 한다.

전북문화
찾아가기

조동일 · 허 균 · 이은숙

푸른사상
PRUNSASANG

〈호남가(湖南歌)〉는 호남 여러 고을을 돌아다닌다고 하는 노래이다. 남
도소리로 부르며, 장단은 중머리이다. 호남 출신이면 누구나 부를 줄 안
다. 이서구(李書九)가 전라도 관찰사로 있을 때 지었다고도 하고, 신재효(申
在孝)의 작품이라고도 한다. 임방울(林芳蔚) 명창이 불러 널리 알려졌다.

함평천지(咸平天地) 늙은 몸이 광주(光州) 고향(故鄕)을 보랴 하고
제주어선(濟州漁船) 빌려 타고 해남(海南)으로 건너 갈 제
흥양(興陽)의 돋는 해는 보성(寶城)에 비쳐있고
고산(高山)에 아침 안개 영암(靈巖)을 둘러 있네
태인(泰仁)하신 우리 성군(聖君) 예악(禮樂)을 장흥(長興)하니
삼태육경(三台六卿) 순천(順天)이요 방백수령(方伯守令)이 진안(鎭安)현
이라
고창(高敞) 성 높이 앉아 나주(羅州) 풍경 바라보니
만장운봉(萬丈雲峰) 높이 솟아 층층(層層)한 익산(益山)이요
백리 담양(潭陽)의 흐르는 물은 굽이굽이 만경(萬頃)인데
용담(龍潭)의 맑은 물은 이 아니 용안처(龍安處)며
능주(陵州)의 붉은 꽃은 골골마다 금산(錦山)이라
남원(南原)에 봄이 들어 각색(各色) 화초(花草) 무장(茂長)허니
나무나무 임실(任實)이요 가지가지 옥과(玉果)로다
풍속(風俗)은 화순(和順)이요 인심은 함열(咸悅)인디

기초(奇草)는 무주(茂朱)하고 서기(瑞氣)는 영광(靈光)이라

창평(昌平)한 좋은 세상 무안(務安)을 일 삼으니

사농공상(士農工商)이 낙안(樂安)이요 부자형제(父子兄弟) 동복(同福)이로구나

강진(康津)의 상고선(商賈船)은 진도(珍島)로 건너갈 제

금구(金溝)의 금(金)을 이뤄 쌓인제 김제(金堤)로다.

농사(農事)하던 옥구(沃溝)의 백성(百姓) 임피상의(臨陂裳衣) 둘러입고

정읍(井邑)의 정전법(井田法)은 납세인심(納稅人心) 순창(淳昌)허니

고부청정(古阜靑靑) 양유색(楊柳色)은 광양(光陽)춘색(春色)이 팔도(八道)에 왔네

곡성(谷城)에 숨은 선비 구례(求禮)도 하려니와

흥덕(興德)을 일삼으니 부안(扶安)제가(齊家)이 아니냐

우리 호남(湖南)의 굳은 법성(法聖) 전주백성(全州百姓)을 거나리고

장성(長城)을 멀리 쌓고 장수(長水)를 돌아들어

여산석(礪山石)에 칼을 갈아 남평루(南平樓)에 꽂았으니

삼례(參禮)가 으뜸인가 거드렁거리누나

지리적인 분포는 무시하고 고을 이름을 말이 되게 이어나간다. 풀이를 해서 다시 적기로 한다. 지금 독립된 고을이 아닌 곳은 어딘지 괄호 안에 적는다.

천지가 모두 편안한 고을 함평(咸平)에서 늙은 몸이, 빛고을 광주(光州) 고향을 보랴 하고,

건너가지는 고장 제주(濟州) 어선 빌려 타고, 바다 남쪽이라는 이름을 가진 해남(海南)으로 건너 갈 제,

햇빛 가득한 흥양(興陽, 고흥)의 돋는 해는 보배로운 성인 성(寶城)에 비쳐 있고,

높은 산 고산(高山, 완주)에 아침 안개 신령스러운 바위 영암(靈巖)을 둘러 있네,

아주 편안한 태인(泰仁, 정읍)하신 우리 성군 예악을 오래 흥겨워하는 장흥(長興)하니,

높은 벼슬 삼태육경 하늘을 따르는 순천(順天)이요 방백수령이 편안하게 다스리는 진안(鎭安)현이라,

높고 시원한 고창(高敞)성 높이 앉아 비단같이 펼쳐진 나주(羅州) 풍경 바라보니,

만길 구름 높은 봉우리 만장운봉(萬丈雲峰, 남원) 높이 솟아 층층한 산에 산을 보태는 익산(益山)이요,

백리 해 비치는 못 담양(潭陽)의 흐르는 물은 굽이굽이 만 이랑 만경(萬頃, 김제)인데,

용이 사는 못 용담(龍潭, 진안)의 맑은 물은 이 아니 용이 편안한 곳 용안처(龍安處, 익산)며,

언덕 큰 능주(陵州, 화순)의 붉은 꽃은 골골마다 비단 산 금산(錦山, 담양)이라,

남쪽 언덕 남원(南原)에 봄이 들어 각색 화초 무성하고 긴 무장(茂長, 고창)허니,

나무나무 열매 맺는 임실(任實)이요 가지가지 좋은 과일 옥과(玉果)로다,

풍속은 화합하고 순한 화순(和順)이요 인심은 모두 기뻐하는 함열(咸悅)인디,

기초는 무성하게 붉은 무주(茂朱)하고 서기는 신령스러운 빛 영광(靈光)이라,

번창하고 평안한 창평(昌平, 담양)한 좋은 세상 편안하도록 힘쓰는 무안(務安)을 일 삼으니,

사농공상이 즐겁고 편안한 낙안(樂安, 순천)이요 부자형제 함께 복받는 동복(同福, 화순)이로구나,

편안한 나루 강진(康津)의 상고선은 보배로운 섬 진도(珍島)로 건너갈 제,

금 도랑 금구(金溝, 김제)의 금을 이뤄 쌓인 제 금 제방 김제(金堤)로다.

농사하던 비옥한 도랑 옥구(沃溝)의 백성 걸치는 옷 임피상의(臨陂裳衣, 군산) 둘러 입고,

우물 고을 정읍(井邑)의 정전법은 납세 인심 순박하고 바른 순창(淳昌)허니,

예전 언덕 고부청정(古阜靑靑) 양유색(楊柳色)은 빛나는 광양(光陽) 춘색이 팔도에 왔네,

골짜기의 성 곡성(谷城)에 숨은 선비 예를 구하는 구례(求禮)도 하려니와,

덕이 흥한 흥덕(興德, 고창)을 일삼으니 편안하게 부축하는 부안(扶安) 제가

(齊家) 이 아니냐,

　우리 호남의 군은 법이 성스러운 법성(法聖, 영광) 온전한 고을 전주(全州) 백성을 거나리고,

　긴 성 장성(長城)을 멀리 쌓고 긴 물 장수(長水)를 돌아들어,

　숫돌 산 여산석(礪山石, 익산)에 칼을 갈아 남쪽이 편안한 남평루(南平樓, 나주)에 꽂았으니,

　예에 참여하는 삼례(參禮, 완주)가 으뜸인가 거드렁거리누나.

● 호남 사람들은 고향을 사랑하고, 유식하고, 멋을 알고, 소리하기를 좋아하는 것을 한꺼번에 자랑한다. 다른 고장에는 이런 노래가 없어 모두 부러워할 만하다.

내장은 추경이요　　　　　　　　　　　　　　　이세보(李世輔)

내장은 추경이요 변산은 춘경이라

단풍도 좋거니와 채석도 기이하다

어쩌타 광음은 때를 찾고 사람은 몰라

● 이런 시조가 있다. 한자어는 한자로 적어 풀이하면, "內藏은 秋景이

요, 邊山은 春景이라. 丹楓도 좋거니와 彩石도 기이하다. 어쩌타 光風은 때를 찾고 사람은 몰라 (하노라)"라고 한다. 오늘날 전라북도라고 하는 곳 으뜸가는 명승지 둘을 소개한다. 내장산 단풍은 가을의 좋은 경치이고, 변산 채석 기이한 모습은 봄에 가볼 만하다. 광음이라고 한 자연의 시간은 때를 찾아 변화를 자아내는데 사람은 모른다고 한다. 사람은 모른다는 말은 두 가지 뜻이 있다고 생각된다. 자연의 변화를 몰라 제때 찾아가지 못한다는 것이 직접적인 뜻이다. 할 일을 몰라 시대에 뒤떨어진다고 하는 것은 더 깊은 뜻이다.

2018년 6월
저자 대표 조동일

● ● ● 차례

전북문화 **찾아가기** ●●●

고창

高敞

동호 해수욕장

심원면

부안면

흥덕면

성내면

●선운사
▲선운산

해리면

신림면

상하면

아산면

●고창 고인돌 유적

구시포 해수욕장

고창읍 ●고창군청

●무장읍성

●고창읍성

공음면

무장면

성송면

고수면

대신면

전북 서남쪽에 있다. 고인돌이 많아 '고창(高敞) 화순(和順) 강화(江華) 고인돌'이 유네스코 세계유산으로 지정되었다. 선운사(禪雲寺)가 고찰이다. 선운사 앞의 개울을 풍천(風川)이라고 한다. 거기서 나는 풍천장어가 전국에 널리 알려졌다. 모양성(牟陽城)이라고도 부르는 읍성(邑城)이 남아 있고, 성밟기 민속이 전해진다. 판소리 광대를 후원하고 판소리 사설을 정리한 신재효(申在孝)의 고장이다.

　부안면, 심원면 일대의 갯벌과 아산면의 습지에는 멸종 위기의 동식물이 서식한다. 석정온천이 관광지로 개발되어 있다. 오랜 소나무 숲을 낀 동호해수욕장과 백사장이 넓은 구사포해수욕장이 잘 알려져 있다.

　청보리밭축제, 갯벌축제, 복분자수박축제, 모양성제 등이 열린다. 수박과 복분자가 특산물이다.

고창 알기

그리움의 노래 〈선운산〉

『고려사』 악지 삼국속악조에 소개된 백제 노래에 〈선운산(禪雲山)〉이라는 것이 있다. 고창군 사람이 부역을 나갔다가 기한이 지나도록 돌아오지 않아서, 아내가 산에 올라가 기다리며 부른 노래라고 했다. 민요가 생겨날 수 있는 상황이다. 부역을 나가 돌아오지 않는 수난은 천한 백성이라면 으레 겪어야만 했다. 남편과 이별한 아내의 노래는 되풀이되었을 만하다. 남편을 위하는 아내의 마음을 기린다는 명분을 내세우고서 궁중 사람들도 그 애처로움에 귀를 기울였다고 한다.

선운사 창건설화

① 선운사는 백제 시대에 검단선사(黔丹禪師)가 창건했다고 한다. 그 무렵에 선운산 계곡에는 많은 도적들이 살고 있었다. 도적들은 금품을 강탈하고 행패를 부리는 등 민폐를 거듭했다. 검단선사는 이들 도적을 깨우쳐 민폐를 막으려고 술수를 썼다. 도적들은 무력으로는 도저히 검단선사를

▲ 선운사 대웅보전

▲ 육바라밀정진도

이길 수 없다고 판단하고 선사에게 생업을 인도해달라고 호소했다.

선사는 선운산에서 3킬로미터쯤 떨어진 바닷가에 진흙으로 웅덩이를 만들었다. 그 웅덩이에 바닷물을 부었다가 수분을 증발시켰다. 수분이 증발된 뒤 바닥에 하얀 결정체가 남았다. 그것이 소금이었다. 이렇게 해서 생업을 찾은 도적들은 선량한 양민으로 개과천선하여 마을을 형성하면서 부유하고 행복한 삶을 누렸다는 것이다.

검단선사의 이름을 따서 마을 이름을 '검당이'라고 붙였다. 또한 6년 전까지만 해도 제염법을 가르쳐준 선사에게 보답하기 위해 매년 봄가을 두 차례씩 보은염(報恩鹽) 두 가마씩을 바쳤다.

② 신라 진흥왕이 왕위를 버리고 승려가 되기로 했다. 출가한 첫날밤에 좌변굴(左邊窟)에서 자다가 꿈속에서 미륵삼존불(彌勒三尊佛)이 바위를 가르고 나오는 것을 보고 감동해 중애사(重愛寺)를 창건한 것이 선운사의 절의 시초라고 한다. 좌변굴은 도솔암(兜率庵) 밑에 있다.

신라 진흥왕은 불교 심취해 왕위를 물려주고 선운사에 들어가 스스로 법운자(法雲子)라 칭하고 중으로서 일생을 마쳤다고 한다. 도솔암은 왕비를 위해, 중애암은 공주를 위해 진흥왕이 건립했다고 한다.

신라 제23대 법흥왕의 태자로 탄생한 아사달은 어릴 때부터 불도에 남다른 관심을 가졌다. 인도의 왕자로 탄생한 석가모니가 구중궁궐과 애처를 버리고 승려가 되어 몸소 고행을 통하여 득도하고 불도를 중흥시켜 대성인이 되었듯이 자기도 출가해 도를 닦고 싶었다. 부친의 대통을 이어 왕위에 오르지 않을 수 없어 24대 진흥왕이 되었으나, 나라일에는 뜻이 없고 오직 불도에만 힘써 오다가 끝내 왕위를 물려주고 출가했다. 왕비와 중애공주를 데리고 선운사를 찾아 삭발하고 승려가 되었다.

진흥왕이 맨 먼저 찾아온 곳은 지금 선운산의 사자암 앞에 있는 석굴, 좌변굴이라 불리는 곳이었다. 후세에 이 굴의 명칭을 진흥굴이라 고친 것은 진흥왕이 거처하고 수도했기 때문이다. 진흥왕은 승려가 된 후 이름을 법운자라 칭하고 사랑하는 공주 중애를 위하여 중애암, 왕비의 별호인 도솔의 이름을 따서 도솔암을 건립했다.

● 선운사 창건자는 백제의 검단선사라고도 하고 신라의 진흥왕이라고도 한다. 진흥왕이 시절에는 선운사 일대가 백제 땅이므로 진흥왕이 선운사를 창건했을 수 없다. 검단선사는 행적이 뚜렷하지 않아 자랑스럽지 못하고, 도적들에게 소금 제조법을 가르쳤다고 하는 것이 그리 대단하지 않다. 진흥왕이 만년에 법호를 법운(法雲)이라고 하는 승려가 되어 여생을 마치고, 왕비도 비구니가 되었다는 기록을 가져와 진흥왕의 선운사 창건설을 후대에 만들면서 신이한 일을 마음대로 지어냈다. 족보를 새로 꾸며 격을 높였다.

말바위 · 되바위

백제 초기에 최씨 성을 가진 장수가 큰 바위를 가지고 중국으로 가려고 했다. 만리장성 쌓기가 끝났다는 소식을 듣고, 그 바위를 아랫마을에 버렸다. 그 밑에 굴을 파고 살면서 바위에 구멍을 파서 주민들에게 말(斗)과 되(升)를 쓰도록 했다고 한다. 그래서 그 바위를 '말바위 · 되바위'라고 한다.

● 말이 연결되는 것 같아도 의문투성이이다. 하나씩 뜯어보면서 생략된 사연을 보충해야 갈피를 잡을 수 있다. 큰 바위를 가지고 다니고 굴을 파기도 하는 장수가 있었다고 했다. 거인 여신이 아닌 거인 남신을 내세운 것이 특이하다. 가져가던 바위를 거인 여신은 여느 여자가 외치는 말을 듣고 버렸는데, 거인 남신은 스스로 버렸다. 스스로 버린 이유를 그럴듯하게 대느라고 만리장성 쌓기가 끝났기 때문이라고 했다. 대역사가 끝나서 바위를 움직이는 힘을 쓸 데가 없게 되었다, 바위를 움직이지 않고 구멍을 파는 다음 시대의 일을 하면서 말(斗)과 되(升)를 만들어 쓰도록 했다, 창조주가 문화영웅으로 바뀐 것이다. 몇 마디 되지 않는 전승에 거대한 변화가 압축되어 있어 놀랍다.

흥덕현감 강감찬

고창의 설화에서는 강감찬(姜邯贊)이 흥덕현(興德縣)의 현감으로 등장한다. 강감찬은 10여 세의 나이로 흥덕현감으로 부임했다. 아전들이 나이 어린 원님을 무시하며 고분고분하지 않았다. 강감찬은 아전들에게 수숫대를 꺾어와 부러뜨리지 않고 소매 속에 집어넣으라고 명령했다. 아전들이 길디긴 수숫대를 들고 쩔쩔 매자, "몇 달 자란 수숫대도 어쩌지 못하면서 10여 년 자란 나를 능멸하느냐"라고 하며 아전들을 꾸짖었다. 그다음에는 아전들이 어린 원님을 잘 따랐다.

강감찬이 흥덕현감으로 부임해 며칠 되지 않은 어느 날 한 촌노인이 동헌 앞에 엎드려 원님에게 호소했다. "이곳에서 약 10리가량 되는 알뫼장터에서 여관을 경영하고 있는데, 늙은 말년에야 아들 4형제를 얻어 애지중지 귀하게 키워 모두 장가 들여 며느리까지 보았으나 이름 모를 병으로 하나씩 죽기 시작하여 불과 수일 새에 자식이 모두 죽고 말았으니 하늘도 무심하지 이런 일이 세상에 또 있겠습니까. 하도 원통하고 하늘이 무너지는 것만 같아서 생각다 못해 현명하신 원님께 호소하는 것입니다."

들고 있던 강감찬이 무엇인가 깊이 생각하더니 이방을 불러서 지혜가 뛰어나고 용맹스런 사령 한 사람을 뽑으라고 했다. 원님은 뽑힌 사령에게 "오늘밤 2경쯤 되어 성문 밖 정읍골로 나가는 길가에 있다가 3경이 다 못되어 꽃가마가 지나게 될 것이니 처음 지나는 가마는 그대로 두고, 그 다음에 지나는 가마를 탄 사람을 불문곡직하고 잡아서 동헌 마루에 대령하도록 하라"고 지시했다.

그날 밤 강감찬은 동헌 넓은 대청에 나와서 좌정하고 청사초롱에 불을 밝혀 대낮과 같이 환하게 한 후 주위의 모든 사람을 물리치고 밤이 깊어감에 따라 심부름을 간 사령이 돌아오기만 고대하고 있었다. 밤은 2경을 지나 3경이 된 얼마 후 사방이 어수선하더니 과연 사령이 한 사람을 대령하는데, 보기에도 황홀한 꽃가마에 위풍이 당당하고 생긴 몸집이 장대한 인물이 나타났다.

원님은 정중히 맞아들인 다음 위엄을 갖추어 말했다. "그대는 염라대왕으로서 사람을 잡아가되 몹쓸 사람을 잡아가는 것이 당연한 도리이며 억울한 사람을 잡아가는 것은 옳지 못하다고 생각하는데, 그대의 생각은 어떠한지 알고자 하노라." 염라대왕이 "그것은 지당한 말씀이오." 하면서 장터 촌노인의 아들을 잡아간 경위를 말하였다. "그 노인 집의 마당 바닥에 깔린 판자를 떼어내 보면 아직도 시체 네 구가 물속에 그대로 떠 있는데, 이는 그 노인이 돈을 빼앗기 위해 그들을 죽였기 때문입니다. 천성이 흉악하고 욕심이 많은 노인은 장사꾼이 장에 왔다가 날이 저물어 그 집에 묵으면 지닌 재물이 탐나 물에 빠트려 죽인 다음 돈을 빼앗아 부자가 되었던 것입니다. 죽은 사람들의 원귀가 네 아들로 태어나 원수 갚음을 한 것입니다."

그날 밤이 밝자 강감찬이 사령을 시켜 그 노인 집에 찾아가 마당 바닥을 보도록 하니 과연 네 시체가 둥둥 떠 있었다. 이 사실을 보고받은 원님은 당장 그 노인 부부를 잡아들여 큰 죄를 주었다고 한다.

바람이 불어 옹기가 다 깨지자 옹기장수가 강감찬에게 곤란함을 해결해달라고 호소했다. 강감찬은 바람을 필요로 하는 뱃사람들을 불러 그 옹기 값을 보상하도록 했다고 한다.

소에 쌀을 싣고 가던 사람이 물에 빠져 소는 죽고 쌀은 불어 못쓰게 되자 강감찬에게 이것을 해결해달라고 호소했다. 강감찬은 백정을 불러 죽은 소를 사가게 하고, 불은 쌀은 술장사에게 팔아 일을 처리했다고 한다.

강감찬이 동문수학한 친구를 만나러 갔다가 그 친구가 나병에 걸린 것을 알았다. 흥덕 앞을 지나가는 옥황상제를 모셔와서는 친구가 병에 걸린 연유를 묻고 치유해줄 것을 청했다. 옥황상제가 강감찬의 청을 받아들여 친구의 병을 낫게 했다.

개구리가 너무 시끄럽게 울자 강감찬이 부적을 써서 개구리들을 울지 못하게 하였다는 것이다. 또 모기가 심한 곳에서 강감찬이 모기에게 사람들을 물지 못하게 하자 그 뒤로 모기가 물지 않았다고 한다.

● 강감찬은 전천후 만능의 도술이 있으면서 섬세한 감각을 가지고 사소한 일을 처리하는 것을 즐겼다. 염라대왕은 물론 옥황상제까지 데려가 자기 주위에서 생긴 일상적인 문제나 해결하는 데 썼다. 격조 높은 희극의 본보기라고 할 것을 보여주어, 이야기를 만든 사람들의 탁월한 식견에 감탄하지 않을 수 없게 한다.

풍수의 복수

성내면 부덕리 백학산이 있다. 지금으로부터 약 3백여 년 전 백씨(白氏) 성을 가진 사람이 농사를 많이 지으면서 살았다. 어느 노인이 찾아오니 유숙하게 하고 잘 대해주었다. 노인은 은혜에 보답한다면서 묘소를 잡아주어, 백씨 부모의 백학산 언덕에 이장하게 하였다. 그 뒤 살림은 더욱 늘어나고 자손도 번창하였다. 자손을 위해 사랑채에 글방을 꾸며 글을 읽고 과거에 응시하자 7명의 자손이 등과해, 3명은 벼슬이 참판까지 이르렀다.

어느 가을날 추수가 끝나고 볏섬을 야적하여놓은 것이 밤사이에 소낙비가 내려 볏섬이 모두 젖어버리고 말았다. 백씨는 종을 불러 매질하고 그 책임을 꾸짖었다. 종은 모진 매를 맞은 탓으로 시름시름 병을 앓다 죽게 되었다. 종의 아들과 모친은 뒷일이 두려워 멀리 도주하고 말았다.

그 뒤 종의 아들이 성장해 자기 아버지 원수를 갚을 것을 결심하고, 금강산에 들어가 풍수지리 공부를 열심히 했다. 10년이 지나, 옛 주인이 살고 있는 곳을 찾아와 주인 부친의 묘소를 찾아보니 아주 좋은 명당이었다. 종의 아들은 그 부근에 머물러 생활하면서 여러 사람의 부탁으로 묏자리를 잡아주고 다녔다. 백씨도 과거의 종의 아들인 줄 모르고 자기 부모의 묘소가 어떤지 보아달라고 했다. 종의 아들은 이 기회만 오기를 기다리고 있던 터라 잘되었다고 생각하고 말했다. "이 묘소는 훌륭하지만, 한 자만 아래로 내려쓰면 좌우 정승이 나오게 될 것입니다."

이 말을 듣고 백씨는 묘를 팠다. 묘를 파니 하얀 연기가 솟아오르고, 학 두 마리가 나와 날아가버렸다. 한 마리는 고부 쪽으로, 다른 한 마리는 변산 쪽으로 날아갔다. 이것을 본 사람들은 급히 파던 묘를 다시 봉하고, 백마를 타고 풍수를 찾았으나 이미 산봉우리를 넘어 줄포 쪽으로 도주하고 말았다. 그 뒤 갑자기 등과한 4명의 아들이 모두 한 날 한 시에 똑같이 사망하고 말았다.

● 종의 아들이 상전에게 복수를 하는데 풍수를 이용하는 것보다 더 좋은 방법이 없다. 풍수설화가 요긴하게 쓰이는 것을 확인할 수 있다.

판소리를 정리한 신재효

신재효(申在孝, 1812~1884)는 고창 아전이었다. 그런데 칭송하는 비가 셋이나 서 있다. 세운 연대순으로 살펴보자.

읍성 안쪽 옛날 작청(作廳)이었던 건물 옆에 비석을 여럿 모아놓은 곳에, 앞줄에 관찰사, 군수, 현감 등의 '송덕비(頌德碑)'가 있고, 그 뒤에 '통정대부신공재효유애비'(通政大夫申公在孝遺愛碑)가 있다. 신재효 사후 6년이 된 1890년에 다른 데 세운 비를 거기다 옮겨놓았다. 전면 오른쪽에 "근검지조 박시지인(勤儉之操 博施之仁)", 왼쪽에 "군자지덕 영세불혼(君子之德 永世不混)"이라고 써놓고 다른 문구는 없다. 통정대부는 정3품 당상관

고창읍성 비석군 ▶

(堂上官)의 품계이다. 써놓은 문구는 근검해서 절약한 재물로 널리 사랑을 베푼 군자의 덕행이 영원히 없어지지 않을 것이라고 한 말이다. 이 비만 보면 신재효가 재물로 사랑을 베푼 사대부인 것처럼 생각된다.

위에서 말한 비가 서 있는 곳 맞은편에 1963년에 세운 '동리신재효선생 추념비(桐里申在孝先生追念碑)'가 있다. 뒷면에 새긴 비문을 보면, 통정대부, 절충장군(折衝將軍), 가선대부(嘉善大夫) 등의 품계를 열거하고, "원근이 모두 선생을 우러러 신오위장(申五衛將)이라고 한다."고 했다. 비를 다시 세운 이유는 신재효가 판소리를 위해 기여한 공적을 기리고자 해서인데, 관직을 대단하게 여기는 지난 시기의 관습을 이었다.

세 번째 비는 신재효가 살던 집 뜰에 1984년에 세운 '동리가비(桐里歌碑)'이다. 김동욱(金東旭) 교수가 회장인 전국시가비건립동호회에서 회원들의 성금을 모아 건립한 이 비는 신재효가 관직이 아닌 풍류를 사랑하면서, 가산을 털어 판소리를 돌보는 것을 큰 보람으로 여겼다는 사실을 밝혔다. 사후 백 년이 지나서야 사실이 제대로 밝혀지고 평가되었다.

신재효는 원래 경기도 양주 출신인데, 자기 아버지 때에 서울서 전라도 고창의 경주인(京主人) 노릇을 하며 돈을 모으고 기반을 구축한 데 힘입어 고창 아전으로 정착했다. 이방·호방을 맡아 재산을 더 늘리고, 재산을 이용해 지위 향상을 꾀해 마침내 정2품 '가선대부(嘉善大夫) 동지중추부사(同知中樞府事)'라는 무반 직함을 얻었다. 같은 품계의 유사 직책으로 지칭되어 신오위장(申五衛將)이라고 알려졌다. 새로 얻은 지위에 걸맞게 양반으로 행세하고 한시도 더러 지었으나 만족을 얻을 수 없고, 누가 알아주지도 않았다. 아전 신분에서 출발해서 상인 노릇, 양반 노릇도 한 사람에게 가장 어울리는 예술이 판소리였다.

신재효가 스스로 판소리를 부른 것 같지는 않다. 그러면서 넉넉한 재력을 이용해 판소리 광대들을 모아 후원자가 되고, 자기 생각대로 판소리를 공연하도록 지도했으며, 판소리 이론을 가다듬고 사설을 개작했다. 대원군이 경복궁 낙성연 기념 공연을 주관하게 한 것을 보면 능력이 의욕에 못지않았음을 알 수 있다. 명창 김세종(金世宗)을 지도해서 판소리에 관한 자기 나름대로의 구상을 살리고자 했으며, 진채선, 허금파(許錦波) 등의 여류 광대를 길러내서 여자도 판소리를 할 수 있는 길을 열었다. 〈춘향가〉를 남창(男唱)과 동창(童唱)으로 갈라 개작해서 수련기의 아이 광대를 위한 대본을 따로 마련한 것도 전에 볼 수 없던 일이다. 그렇게 해서 판소리가 더욱 다양해지도록 했다.

그런데 신재효의 〈춘향가〉는 상층 취향의 문장 수식이 많이 들어가고, 판소리로 부르기에는 적합하지 않은 독서물이 되고 말았다는 평을 듣는다. 저속하지 않은 작품을 만들려고 하다가 그런 결과에 이르렀으며, 광대가 아니었기 때문에 피하기 어려웠던 한계도 있었다. 〈심청가〉의 경우에도 심 봉사의 빈곤한 생활이나 잡스러운 거동과는 어울리지 않는 문투가 적지 않은 비중을 차지하도록 고쳐놓았다. 〈박타령〉에서는 탁발하러 온

도승이 집터를 잡아준 덕분에 흥부가 부자가 되도록 꾸며서 초경험적인 요소가 확대되도록 했다.

작품 전편을 한꺼번에 다듬느라고, 앞뒤의 연결에 구애되지 않고 표출되던 발랄한 현실 인식을 손상시켰다. 애써 다듬은 대본이 문학작품에 그치고 판소리의 실상과 맞지 않아 가창하기에 적합하지 않았다. 명창 광대는 누구나 고정된 대본에 구애되지 않고 자기 나름대로의 더늠을 개발하고자 했다.

〈토별가〉, 〈적벽가〉, 〈변강쇠가〉는 신재효 개작본 여섯 마당에 포함되는데, 위에서 든 세 마당과는 다르다. 〈토별가〉는 같은 소재의 이본들과 견주어 보면 남해 용궁에서 벌어지는 벼슬아치들 사이의 다툼을 잘 그린 데 특색이 있어, 아전으로서의 현실 인식을 그런 방식으로 나타냈다 할 수 있다. 〈적벽가〉에서는 조조(曹操)의 모사 정욱(程昱)을 방자형의 인물로 만들고 조조에게 반감을 품은 군사들의 설움 타령을 확대시켰다. 〈변강쇠가〉는 신재효본만 남아 있어서 견주어 살필 자료가 없으나, 유랑민의 비참한 생활을 꾸밈없이 그리고 남녀 관계의 비속한 거동을 농도 짙게 묘사해서 윤리도덕에 의한 윤색과는 거리가 멀다.

판소리 공연에서 허두가(虛頭歌) 또는 단가(短歌)로 부르라고 지은 짧은 노래에서 말한 바도 다양하다. 경복궁 낙성 공연을 위해 마련한 〈방아타령〉이 왕조의 번영을 칭송하는 한편 음담패설도 지니고 있는 것은 이미 살핀 바와 같다. 〈허두가〉라고 표제를 달고 지은 노래 열세 편은 대부분 한문투의 유식한 문구에다 고사를 다수 섞어 상층 취향의 관념적인 분위기를 조성했다. 판소리 광대의 재주를 자랑한 〈광대가(廣大歌)〉에서는 한문학에서 자랑하는 고금의 명문이 모두 헛것이라고 한 데 이어서 다음과 같은 말로 판소리 예술론을 폈다.

거려천지(巨旅天地) 우리 행락 광대 행세 좋을시고.

그러하나 광대 행세 어렵고 또 어렵다.

광대라 하는 것이

제일은 인물(得音) 치레, 둘째는 사설 치레,

그 지차 득음이요, 그 지차 너름새라.

"거려천지"라고 한 온 천하에서 광대가 하는 행세가 다른 무엇보다도 좋다고 했다. 광대 노릇을 잘하려면 네 가지를 갖추어야 한다고 했다. 첫째 요건은 인물이 잘나야 하는 것이다. 둘째는 사설 꾸미는 솜씨가 뛰어나야 한다고 했다. 셋째 요건으로 든 '득음'은 음악의 수련이 어느 경지에 이른 것을 말한다. 넷째로 말한 '너름새'는 '놀음새'라고 표기하면 쉽게 이해할 수 있는 "노는 모습"이지만, 원래의 말을 그대로 두어야 제맛이 난다.

너름새라 하는 것은 귀성(鬼星) 끼고 맵시 있고,

경각(頃刻)의 천태만상(千態萬象), 위선위귀(爲仙爲鬼) 천변만화(千變萬化).

좌상의 풍류호걸 구경하는 남녀노소

울게 하고 웃게 하는 이 귀성 이 맵시가

어찌 아니 어려우며.

넷째 요건 '너름새'라고 한 연기에 관해서 이렇게 말했다. "귀성"은 이십팔수의 하나인 별이다. 그 별의 정기가 끼어든 사람은 귀신 들린 듯이 논다고 여겼다. 귀성이 끼었으면서 맵시가 있는 것이 최고의 광대이다. 그런 재주로 짧은 시간에 천만 가지 모습을 보여주면서, 신선도 되고 귀신도 되는 재주로 수많은 변화를 이루는 것이 최고의 연기라고 했다.

이어서 장단의 변화에 따르는 수법을 여러 가지 비유를 들어 설명했다.

그다음에는 광대론으로 넘어갔다. 역대 명창 가운데 송흥록(宋興祿), 모홍갑(牟興甲), 권사인(權士仁), 신만엽(申萬葉), 황해청(黃海淸), 고수관(高壽寬), 김계철(金啓哲), 송광록(宋光祿), 주덕기(朱德基) 등을 뛰어난 기량을 들어 찬양했다.

송흥록을 두고서 한 말을 보자. "송선달 흥록이는 타성주옥 방약무인 화란춘성 만화방창 시중천자 이태백"이라고 했다. 뱉어내는 소리마다 주옥같아 방약무인의 경지에 이르렀으며, 화란춘성하고 만화방창한 봄 동산에 들어가는 것 같게 하니, 문장가에 비한다면 시중천자(詩中天子)라는 이태백(李太白)의 위치라고 했다. 나머지 일곱 사람도 이와 같은 방식으로 역대의 문장가에 견주어, 높이 평가되어야 마땅하다는 것을 거듭 강조했다. 국문으로 된 예술비평 또는 문학비평은 여기서 비롯했다.

신재효가 지은 노래 가운데 〈치산가(治産歌)〉 또한 주목할 만하다. 재산을 모으는 방법을 다룬 내용인데, 근검절약해서 농사에 힘쓰고 돈 날 작물을 심어 파는 것이 요령이라면서 자기 경험을 자세하게 소개했다. 〈오섬가(烏蟾歌)〉는 자기의 내면적인 충동을 다채롭게 표출한 단형 판소리이다. 까마귀 남편과 두꺼비 아내의 애절한 이별을 대화체로 다루는 것을 기본 설정으로 하고서, 남녀 관계의 여러 양상을 다루고 성행위를 짙은 색조로 묘사했다. 무어라고 규정할 수 없는 별난 작품을 마련한 데서 기존의 격식에서 벗어나고자 하는 자유로운 창작 의지가 엿보인다. 〈도리화가(桃梨花歌)〉에서는 진채선에 대한 사랑을 아름답게 노래했다.

그런 데서 한 걸음 더 나아가, 시대의 시련을 의식하고 작품 세계를 넓혔다. 고종 3년(1866)에 프랑스군의 침공으로 병인양요가 일어나 망국의 위기가 닥친 것을 그대로 보고 있을 수 없어 잠 못 이룬다고 하면서 〈십보가(十步歌)〉 또는 〈갈처사십보가(葛處士十步歌)〉라고 하는 것을 지었다. 열

걸음 걸으면서 한 수씩 지어 부른다고 하는 노래에서 나라를 걱정하는 마음을 나타냈다. 서두에서 제2보까지를 들어본다.

여관 한등 잠이 안 와 이리저리 생각하니,
세상사가 말 아니라.
예의동방 좋은 나라 삼강오륜 없어지니
뉘 아니 한심한가.
문을 열고 뜰에 나려 이리저리 방황타가
열 걸음 걸어서 십보가를 불러 보세.

한 걸음 걸어 서서 일천지를 바라보니
일치일란(一治一亂) 고금사가 일성일쇠(一盛一衰) 분명하다.
일편 영대 밝은 마음 일년 삼백육십일에
일심의(一心義)로 지내보세.

두어 걸음 걸어가서 이십 가지로 생각하니,
이성지합(二姓之合) 좋은 예절 이십팔수(二十八宿) 종기하여
이천만 동포 생겨나서 이 세상에 다 죽을까.
이군불사(二君不事) 충신절과 이부불경(二夫不更) 열녀행을
잃지 말고 지켜보세.

제1보의 노래에서는 한 번 다스려지고 한 번 어지러워지는 것은 정한 이치이므로 위기가 닥쳤다고 당황하지 말자고 했다. 어떤 상황에서도 밝은 마음을 한결같이 지니고 견뎌내자고 했다. 제2보에서는 두 성이 만나 부부가 되는 예절에 따라, 별들의 기운이 뭉쳐서 태어난 자랑스러운 "이천만 동포"가 죽을 수 없다는 신념을 가지자고 했다. 어떤 어려움이 있더라도 조상 전래의 올바른 도리를 굳게 지켜나가자고 했다.

다른 표현은 다소 진부하다고 하더라도 "이천만 동포"라는 말을 쓴 것은 주목할 일이다. 한 배에서 태어난 새끼를 지칭하던 말 '동포(同胞)'를 민족이라는 뜻으로 바꾸어 사용한 첫 번째 사례가 이것이 아닌가 한다. 구두어에서는 그런 의미 변화가 오래전에 나타났을 수 있으나 글에다 적어 명시한 것은 전에 없던 일이다. "이천만 동포"라는 말을 쓰자 민족 전체가 대등한 처지에 있고 누구나 같은 운명이라고 하는 공동체 의식이 이루어졌다.

시골 아전인 신재효가 근대 민족 의식이 출현하도록 하는 커다란 과업을 국문으로 지은 노래에서 이룩한 것은 조금도 기이하지 않다. 지체 높은 사대부는 시대를 내다보는 통찰력이 뛰어나다 해도 생각이 거기까지 미치지 못했다. 한문으로 쓰는 논설에서는 동포라는 언사를 받아들일 수 없었다. 지체가 낮은 사람이 세상에서 흔히 하는 말을 그대로 옮긴 노래라야 시대 변화를 바로 나타낼 수 있었다.

그때 지은 노래에 〈괘씸한 서양 되놈〉이라고 하는 것도 있다. 강화도에 침공한 프랑스군이 수비군과의 싸움에서 큰 타격을 입은 것을 보고 기뻐하며 전승을 축하한 내용이다. 전문이 다음과 같다.

> 괘씸하다 서양 되놈.
> 무군무부(無君無父) 천주학을 네 나라나 할 것이지,
> 단군기자 동방국의 충효윤리 밝았느니,
> 어이 감히 여어보자 흥병가해(興兵加海) 나왔다가,
> 방수성(防水城) 불에 타고, 정족산성(鼎足山城) 총에 죽고,
> 남은 목숨 도생(逃生)하여 바삐바삐 도망한다.

승전을 축하하기만 하고 패배는 말하지 않았다. 천주학은 임금도 아비

도 모른다고 나무랐다. 단군과 기자 이래의 충효윤리를 받들어 흔들림이 없어야 한다고 다짐했다. 침략을 격퇴하고 조선 전래의 가치관을 지킬 수 있다고 낙관했다.

신재효가 창작한 이상과 같은 작품들은 판소리의 허두가 또는 단형 판소리가 판소리 자체의 부속물이라는 위치에서 벗어나 새로운 시대의 문학으로서 적극적인 구실을 할 수 있음을 입증해준다. 그런데 그 뒤를 이어 이미 거둔 성과를 더욱 발전시키는 작가가 나타나지 않았으며, 허두가는 분위기 조성의 장식물로 삼는 데 그치고 판소리 자체에만 힘쓰는 관례가 지속되었다. 판소리가 현장예술인 구비문학으로서 생명을 이은 것은 다행스러운 일이었지만, 참신한 창작이 시도되지 않고 다섯 마당 외에 다른 작품이 추가되지 않았다.

● 신재효를 대단하게 여기는 것은 시대가 크게 달라졌기 때문이다. 신재효만 특별한 인물이어서 그런 것은 아니다. 지금까지 무시해온 다른 누구를 찾아 평가하면 시대가 다시 달라지는 단서를 마련한다.

신화가 된 추억

서정주(徐廷柱)는 고창 사람이다. 부안면 선운리 진마마을에 서정주 생가와 미당시문학관이 있다. 마을 뒤에 소 등에 안장을 얹는 기구 '질마'처럼 생겼다고 해서 '질마재'라고 하는 재가 있다. 이 재를 오르내리던 추억을 노래한 시를 모아『질마재 신화』라는 시집을 냈다. 그 가운데 한 편을 든다.

▲ 미당 서정주 시비

길마재의 노래

서정주

세상 일 고단해서 지칠 때마다,
댓잎으로 말아 부는 피리 소리로
앳되고도 싱싱히는 나를 부르는
질마재, 질마재, 고향 질마재.

소나무에 바람 소리 바로 그대로
한숨 쉬다 돌아가신 할머님 마을.

지붕 위에 바가지꽃 그 하얀 웃음
나를 부르네. 나를 부르네.

도라지꽃 모양으로 가서 살리요?
칡넌출 뻗어가듯 가서 살리요?
솔바람에 이 숨결도 포개어 살다
질마재 그 하늘에 푸르를리요?

● 소박한 추억이라도 오래 두고 되새기면 신화가 된다. 질마재를 찾아가 서정주의 시를 외면 신화를 키우는 신도가 된다. 정치적 처신을 나무라도 서정주의 신화는 흔들리지 않는다.

고창 보기

고창 고인돌 유적

전라북도 고창군 죽림리와 도산리 일대 매산 마을을 중심으로 동서로 약 1,764미터 범위에 447기가 분포하고 있다. 10톤 미만에서부터 300톤에 이르는 다양한 크기의 고인돌이 퍼져 있으며, 탁자식, 바둑판식, 지상석곽형 등 다양한 모양의 고인돌이 남아 있다. 고인돌은 선사시대 돌무덤의 일종으로 세계적인 분포를 보이는데, 동북아시아 분포권에서는 한국이 그 중심을 차지한다. 고인돌은 선사시대의 문화상을 파악할 수 있고 나아가 사회구조, 정치체계는 물론 당시 사람들의 정신 세계를 엿볼 수 있다는 점에서 선사시대 연구의 매우 중요한 자료로 평가되고 있다.

전국적으로 약 30,000여 기에 가까운 고인돌이 있는 것으로 조사되었는데, 그중 고창 고인돌을 비롯한 화순 · 강화고인돌유적이 밀집분포도, 형식의 다양성 면에서 유럽, 중국, 일본과 비교할 수 없는 특수성을 보인다. 이 점이 인정되어 2000년 12월, 세계문화유산 목록에 등재되었다. 이보다 앞서 1994년에 국가사적 제391호로 지정된 바 있다.

세계문화유산이란 유네스코가 1972년 11월 16일 파리에서 열린 제17

차 정기 총회에서 채택한 '세계문화유산 및 자연유산에 관한 협약'에 따라 전 인류가 공동으로 보존하고 후손에게 전수해야 할 보편적 가치가 있다고 인정되는 유산을 말한다.

고창군에서는 고인돌 축제를 2002년부터 개최해오고 있다. 매년 음력 9월 9일 전후 4일간 열리는데, 고인돌 유적지를 찾아오는 탐방객들에게 선사시대 생활을 체험해보게 함으로써 고창의 선사 문화에 대한 관심을 높이고 고창 고인돌의 문화적 가치를 국내외에 널리 알리는 활동을 하고 있다. 한편 고창군에서는 2008년 9월 25일 국내 유일의 고인돌 박물관을 개관했다. 고창읍 고인돌공원길 74(도산리 676번지)에 위치한 고인돌박물관은 기획전시실, 상설전시실, 입체영상관, 체험 공간을 갖추었다. 고창읍 도산리는 행정안정부 지정 정보화 마을로 고인돌 마을이라는 애칭을 브랜드화하여 마을 홍보에 주력하고 있다

프랑스에서 낸『미슐랭 여행안내 남한(Le Guide vert, Corée du Sud)』(Michelin, 2015)에서, 이 박물관을 한국의 최상급 명소의 하나라고 하고, 다음과 같이 소개한 것이 흥미롭다.

고인돌은 전 세계에 80,000개 있으며, 기본적으로 유럽의 유물이어서, 프랑스, 아일랜드, 영국에서 볼 수 있다. 한국의 고인돌은 36,000개나 되고, 주로 화순, 강화, 고창 이 세 곳에 있다는 사실을 사람들은 흔히 잊는다. 고창 고인돌박물관은 고인돌을 왜 만들고 무엇에 썼는지 이해할 수 있게 한다. (고인돌은) 무덤 기념물, 풍요를 비는 제단, 천문 관측 장치, (중국에서 들어오지 않은) 토착 우주관에 입각한 첫 수확물 등으로 쓰였다. 이것은 아주 중요한 문제이다. 일본이 식민지 통치를 하는 동안 고고학 연구는 금지되었다. 피치자는 뿌리가 없어야 하고, 통치자보다 유래가 오래되어서는 안 되기 때문이었다. 박물관 밖에 고인돌이 많이 산재된 거대한 공원이 있어, 돌아보면 이론에서 실제로 나아갈 수 있다.

고인돌박물관 ▶

고인돌 유적 ▶

원형이 잘 보존된 고창읍성

전라북도 고창군 고창읍 모양성로1(읍내리 126번지)에 위치한다. 사적 제145호. 조선 단종 때 축조되었다고 전하나 확실하지는 않다. 다만 계유 년에 호남의 여러 고을 사람이 축성했다는 기록이 성벽에 새겨져 있다. 일 명 모양성이라고도 불리는 고창읍성은 해미, 낙안 읍성과 함께 우리나라 읍성을 대표한다. 지금도 성벽의 원형이 잘 보존되어 있어 문화유산으로 서의 가치가 크다.

읍성이란 지방 행정단위의 지역적 경계부에 쌓은 성을 의미한다. 성내에 공공기관인 관아시설과 민가를 함께 수용하고 있으며 배후지나 주변지역에 대한 행정적인 통제와 군사적 방어기능을 담당한다. 읍성은 조선 초기 왜구의 침입을 막고 서울과 먼 지방 통치를 효율적으로 하기 위해 주로 전라도, 경상도, 충청도 지역에 설치되었다. 고창읍성은 왜구 침입으로부터 고창 주민을 보호하는 것과 함께 장성, 담양, 광주 등 호남 내륙지방 방어의 전초기지로서의 역할도 담당했다.

고창읍성 안에는 동헌, 객사뿐만 아니라 북문 공북루, 서문 진서루, 동문 등양루, 그리고 향청, 서청, 장청, 옥사 등이 복원되어 있다. 조선 시대에는 지방 각 고을에 객사라고 하는 관아가 있었다. 조정에서 파견된 관원들의 숙소로 사용하는 곳이다. 매월 초하루와 보름날, 그리고 나라에 경사와 궂은일이 있을 때 지방 관리들은 객사 중앙에 임금을 상징하는 전패를 모셔놓고 북향재배했다. 멀리 떨어져 있어도 항상 임금에게 귀의한다는 마음의 표시다. 같은 뜻이 읍성 북문인 공북루(拱北樓)라는 이름에도 담겨 있다.

밤하늘의 무수한 별들 가운데서 고대인들이 특별한 관심을 가지고 보았던 별이 북극성이다. 일찍이 맹자는, "덕정(德政)을 펴게 되면, 북신(北辰)이 가만히 제자리를 지키고 있어도 뭇별들이 옹위하는 것처럼 될 것이다(爲政以德 譬如北辰居其所 而衆星共之)."(『論語』, 爲政篇)라고 하면서 왕을 북극성에 비유했다. 이에 연유하여 생겨난 말이 '공북(拱北)'이고, 이 말이 백성들이 왕의 덕화에 귀의하는 것을 의미하는 말로 쓰였다. 공북루에서의 사신과 지방 수령과의 만남은 덕화를 베푸는 임금과 그에 귀의하는 백성들과의 만남이라는 상징성을 가지는 것이었다.

고창 지역에 무병장수를 기원하는 성밟기놀이가 전해오는데, 이름이

▲ 향청

▲ 공북루

▲ 고창읍성 내아

▲ 풍화루

모양성제이다, 여인들이 손바닥만 한 돌을 머리에 이고 성을 돈 다음 성 입구에 그 돌을 쌓아둔다. 이렇게 쌓인 돌은 유사시에 좋은 무기가 되기도 했다고 한다. 성내에는 1871년에 세운 대원군 척화비가 서 있고 읍성 앞 에는 조선 후기 판소리의 대가인 신재효의 생가가 있다.

고창 즐기기

청림정금자할매집

전북 고창군 아산면 인천강서길 12(반암리 430-3)
063-564-1406
주요 메뉴 : 장어구이
가격 : 소금구이 · 된장구이 · 고추장구이 등 27,000원, 복분자구이 28,000원, 수제비 6,000원

간보기

장어는 싱싱한 재료만 있으면 그만이고 음식 솜씨와는 무관하다고 생각하는 일반인의 통념을 깨는 상차림이다. 싱싱하고 탱탱한 장어가 갖가지 찬과 만났을 때 어떻게 다양하게 맛이 변신하는지 느낄 수 있다. 깊은 손맛과 정성이 어우러진 곁반찬에 장어 맛은 비상(飛翔)한다.

맛보기

2017년 11월에 찾아가 장어 소금구이와 구수한 장어탕 수제비를 주문했다.

● 전체 _ 장어 1인분과 수제비를 주문했더니 수제비가 먼저 나왔다. 달랑 깍두기 하나와 나와서 여기도 서울처럼 반찬은 단촐한가 보다, 했더니 구워 나오는 장어에 각종 나물 장아찌 귀한 찬으로 한상이 차려져 나왔다. 놀라지 마세요. 여기는 전라도예요. 장어와 곁반찬이 말했다.

● 주메뉴 _ 장어소금구이는 장어를 그 자체로 맛보겠다는 거다. 얼마나 재료가 신선하고 육질이 좋은지, 그것대로 즐기겠다는 것이다. 장어가 제맛이 나야 반찬도 사는 거다. 통통하고도 탄탄한 그 맛이 장어 저도 살고, 반찬도 살려 상차림을 제 값나게 하고 있다.

● **보조메뉴** _ 장어 국물 수제비는 가우뚱할 조합이다. 그런데 말이 된다. 수제비, 뭔가 허허로운 재료를 알뜰하고 실하게 만들어주는 국물이다. 국물에서 비린내가 나면 도루묵인데 비린내 없이 풍성한 느낌이 수제비를 실속 있게 만들어준다. 들깨를 많이 넣었지만 진한 장어 맛을 놓치지 않았다. 새로운 음식의 성공이다.

● **반찬 특기사항** _ 각종 나물류 장아찌가 나와서 장아찌 수만큼 장어를 다양한 맛으로 즐기게 해준다. 취나물, 방풍나물, 민들레나물, 오가피나물 등의 나물장아찌가 나오는데 이중 취나물만 빼고 나머지는 익숙하지 않은 나물. 민들레나물과 오가피나물은 보기 귀한 것이다. 둘 다 한약재 맛이 강하게 난다. 특히 오가피나물은 쓴맛이 나면서 장어의 진한 맛을 새로운 차원으로 인도한다. 산이 많은 우리 땅에는 이런 나물이 지천이다. 풀인지 채소인지는 음식 만드는 손이 구분한다. 그냥 풀도 찬으로 상에 올리면 귀한 음식이 된다. 게다가 몇 년씩 공을 들이는 장아찌류로 고이는 맛은 말해 무엇 하겠는가.

● **김치류** _ 야생돌갓김치가 익은지로 나온다. 7년 된 묵은지 무침도 나온다. 백김치도 살짝 익어 깔끔한 모양과 맛이 보기에도 먹기에도 좋다. 모두 진화된 김치이다. 정성과 세월을 더해 시간과 인정이 깊게 배어 있다.

● **쌈된장** _ 장어 소스가 별도로 없는 대신 쌈된장에 온갖 성의가 다 들어가 있다. 상추가 나오니 된장이 필요하다. 그러나 된장은 장아찌나물과도 잘 어울린다. 된장은 감자, 고구마, 단호박 등을 쪄서 으깨어 넣고 함께 발효시킨 것. 짜지 않고 부드러운 맛을 내어 고급한 쌈장이 되었다. 부추참나물샐러드 또한 장어의 풍미를 더해준다.

맛본 후

"새로운 요리의 발견은 새로운 천체의 발견보다 인류의 행복에 더 큰 기여를 한다." 프랑스 격언이기도 한 이 말은 브리야 샤바랭의 『미식예찬』(홍서연 역, 르네상스, 2004) 잠언편에도 나온다.

장어 수제비는 분명 새로운 음식의 발명이다. 그러나 장어 소스를 생략하고 명인의 쌈된장에 갖가지 산나물장아찌와 곁들여 먹도록 하여 장어를 다른 차원의 음식으로 만드는 것 또한 요리의 발명에 다름 아니다. 밖에서 하나의 찬으로 만들면 접시에 새로운 음식으로 담기고, 먹는 방법의 개발은 입속에서 새로운 음식이 만들어지게 하는 것이다.

접시에서 만들고 입속에서 만들어서 장어를 먹는 새로운 법, 새로운 음식을 개발하여 우리를 행복하게 해주고 품격 있게 해준 성의에 감사를 표한다. 역시 원조는 못 당하는 법, 풍천장어의 원조 고창은 원래 음식에 만족하지 못하고 자꾸 새로 장어 요리를 개발하여 진화하는 고장으로 장

어 요리의 현재형이다.

풍천장어는 작설차, 복분자주와 함께 고창의 3대 특산물로 알려져 있다. 장어에 복분자주를 곁들이고 작설차로 속을 풀면 신선놀음이 된다. 고창 초입 방장(方丈)산은 허투루 붙은 이름이 아닐 것이다. 신선들이 산다는 방장산, 판소리를 중흥시킨 신재효가 우연의 소산이 아닌 거 같다.

풍천은 지명, 즉 고유명사라는 설과 바닷물과 민물이 만나는 지역인 기수역을 가리키는 명칭, 보통명사라는 설이 공존한다. "풍천장어는 선운사 앞에서 줄포만(곰소만)으로 흐르드는 주진천(인천강) 일대 민물과 바닷물이 교차하는 지점에서 잡히는 뱀장어를 일컫는"(디지털고창문화대전-향토문화전자대전)다고 한다. '풍천장어'를 '풍천지방에서 나는 장어'라고 생각하는 사람들이 많다. 그러나 풍천은 지명이 아니라 "조수간만의 차가 큰 서해안이나 남해안과 접해진 강 중 민물과 바닷물이 만나는 지점을 이르는 말"(다음백과-우리의 맛 이야기)이라고 한다. 위키백과에서는 "지역 주민들은 주진천을 풍천강"이라고 부른다고 했다.

따라서 풍천은 기수역을 지칭하는 보통명사일 수도 있으나, 주민들이 주진천을 풍천강이라고 부름으로서 고유명사가 되었다. 또한 풍천장어는 고창 풍천장어만 한 것이 없기도 하므로, 풍천장어는 고창 주진천 장어를 일컫는 말이라고 보는 게 맞을 거 같다. 다른 지역의 풍천장어집들도 대부분 고창의 풍천장어를 공급받는다는 곳이 많다. 풍천장어의 역사와 지명, 유명도 등등 모든 것을 고창이 선점했고 독점하고 있으므로, 고창의 지역명인 풍천의 장어는 고창장어이다.

고창군에서는 순수한 해수를 이용하여 풍천장어 양식에 성공, '고창갯벌풍천장어'라는 이름으로 보급까지 하고 있다. '풍천장어' 명칭을 공식적으로 점유하고 있는 것이다. 실제로 줄포만의 넓은 기수역은 뭔가 특별한 해산물을 낼 만한 지역임을 한눈에 알아볼 수 있는데, 그런 예측에 맞는 음식으로 풍천장어 이상이 없다. '풍천장어'는 명실공히 고창의 장어인 것이다.

풍천장어는 지역 음식으로서 공간적으로는 전국으로 확대 발전하고 있으면서, 음식의 끊임없는 개발을 통한 질적 진화도 거듭하고 있다. 선운사 앞에 모여 있는 풍천장어집 군락지는 여기가 풍천장어의 원산지임을 확실하게 보여준다. 유난히 흥성스러운 것이 부담스럽다면 선운사 코앞을 약간 비껴 있으면서 구도로의 옛맛을 간직하고 있는 이 집을 권한다. 고창의 유산인 '풍천장어'의 발전에 한몫하는 음식점이 분명하니, 속을 채우는 것이 아니라 격조 높게 즐기는 음식으로 장어를 먹고 싶다면 더욱 만족할 것이다. 도토리묵까지도 자연식으로 꽉 채운 상차림은 마음마저 편안하게 해 줄 것이다.

깊은 맛 나는 음식은 아직도 현역인 정금자 할머니 솜씨란다. 역사이기만 한 게 아니고 현역으로 음식의 한류를 지원한다. 덕분에 한식이 아시아 최고를 넘어 세계를 겨냥한다.

조양관

전북 고창군 고창읍 천변남로 86(읍내리 296-2)
063-564-2026
주요 메뉴 : 한정식
가격 : 점심특선 12,000원, 조 코스 30,000원, 양 코스 40,000원, 관 코스 50,000원

간보기

깔끔하고 세련되고 풍성한 음식이 단계별로 오른다. 예상치 못한 환대가 당황스러울 정도이다. 약간 푸진 상만을 생각하며 왔다가 세련된 품격에 즐거운 뒤통수를 맞는다. 문화재의 숲 속에서 역사와 소리의 향취까지 누리는 것은 인연 있는 중생이라야 가능할 터이다.

맛보기

2017년 11월에 찾아가 조 코스를 주문했다.

● 전체 _ 문화재 한옥에 앉아서 역사의 주역이 되어 문화재 같은 한상을 받으며 역사의 흐름을 느낀다. 통째로 공간형 한상차림은 아니고, 순차적 시간형과 조합된 상차림이다. 일단 호박죽으로 시작한다. 너무 달지 않은 맛이 입맛을 돋우는데, 드디

어 식사가 시작되나 보다, 하는 기대와 긴장이 더 즐겁다.

● 음식 순서 _

1차 한상차림상 : 연어회, 소고기육회, 모듬전, 복어껍질무침, 잡채, 석화무침, 샐러드, 배추절임, 메밀국수

2차 : 가오리찜, 삼합, 단호박튀김

3차 밥과 반찬류 : 조기구이, 호박무침, 가지볶음, 시금치무침, 버섯볶음, 잔새우볶음, 젓갈(창란, 낙지, 가리비), 김치, 조밥, 미역국, 눌은밥숭늉

● 음식 특기 사항 _ 고르게 맛있다. 간이 맞고 맛이 있어 부족하게 느껴지는 음식이 없다. 먹을 때마다 그래, 이건 이렇게 만들어야 돼, 동의하게 만든다. 굳이 까탈스럽게 탈을 잡자면 단호박튀김이 약간 퍽퍽하게 느껴진다는 정도. 그것도 조리 솜씨의 문제가 아니라 식재료의 문제인 듯하다. 음식이 나올 때마다 감사하면서 대접받는 기분으로 만족스럽게 한상을 비운다.

소고기육회 : 생고기를 부담스러워하는 사람도 편안하게 먹을 수 있는 육질이다. 쫀득거리는 육질은 생음식이라는 느낌을 덜면서 맛을 즐길 수 있게 한다. 양념장은 진하며 약간 달금하여 육회맛을 잘 보조한다.

홍어삼합과 가오리찜 : 가오리찜은 콩나물 등 부재료가 찜의 밍밍한 맛을 잡아준다. 삼합은 살짝 삭은 홍어가 부담스럽지 않게 음식의 풍미를 높인다.

잡채 : 당면 간과 색상은 최고가 아니나, 어묵을 넣는 기지는 돋보인다. 잡채맛에 변화를 주고, 당면으로 야기되는 녹말 과다 우려를 잠재운다.

메밀국수 : 국물 맛이 좋다. 향기로운 국물 맛, 무슨 과일향일까.

그런데 과유불급일까. 탈잡을 게 없으니 별걸 다 탈잡는다. 다 만족스러워 기억에 특별히 남을 만한 음식이 없는 것이다. 화려하고 실속 있는 상을 받았으나, 이것은 음식점 얼굴 메뉴로 삼아도 되겠다, 할 만큼 인상적인 음식은 없다. 잘 차린 상이 갖

는 딜레마일까.

그래도 그중 가장 돋보였던 것은 복어 껍질무침. 복어껍질은 쫀득쫀득한 맛이 일품이지만 자칫 맹맹하기 쉬운데, 사과를 부재료로 사용하여 사과향과 맛이 주재료에 배어들게 함으로써 상큼한 고급 음식을 만든 것은 높은 점수를 주지 않을 수 없다. 사과가 참나물과 함께 하여 시각, 미각, 후각을 골고루 만족시키는 음식이 되었다.

국과 밥: 미역국은 소고기를 갈아 국 맛을 냈는데, 간장 간이 아스라한 향토 향수를 일으킨다. 전주 효자문의 소고기국 맛이 난다. 차지며 옹골진 쌀알 맛이 좁쌀과 함께 잘 살아난 밥이 국에 잘 어울린다. 덕분에 마무리를 흐뭇하게 할 수 있다.

김치 등 밥반찬: 잔새우볶음이 눈에 띈다. 푸석해 보이는 것과 달리 잘깃거린다. 몬닥한 새우가 풍미는 그대로다. 이미 한 상을 마친 터라 포만감 가득한 상태에서도 입맛을 돋운다.

젓갈은 쫀득쫀득 탱탱한 제맛으로 나중 나오는 눌은밥숭늉까지 포기하지 않게 만든다. 마지막 수저질을 마칠 때까지 개운한 입맛이 돌게 한다.

맛본 후 – 역사의 길목에 울리는 진채선 소리

전라도 지방에는 어디나 이런 한정식이 있다. 그리고 지방색을 담고 있다. 조기가 주연인 곳, 젓갈이 주연인 곳, 나물이 주연인 곳 등등 나름 지방색과 개성을 때깔 나

게 갖추고 손을 다시 부른다. 이곳은 고창색이나 식당색을 특별히 찾을 수 없어서 서운하기도 하다.

하지만 문화재청이 '대한민국 근대문화유산'으로 지정한 문화재에서 품격 있는 상을 받을 수 있다는 것이 다시 찾기 어려운 강점이다. 문화재의 품위를 밥상에 담았다. 문화재 고택의 식사는 바로 역사의 손짓이다.

코앞의 모양성과 동리고택 등은 얼핏 100년 전으로 손을 이끌어 역사 속에 내가 있는지 역사가 내 속에 있는지 모르게 역사의 울타리로 감싸 안는다. 밥 먹고 내딛는 산책길이 바로 조선 후기 역사길이다.

역사길에서는 김소희를 넘어 진채선의 활달한 〈춘향가〉가 들리는 것 같다. 고창생인 데다 동리 신재효 문하에서 기량을 닦았으니 경복궁 낙성연 아닌 모양성 성벽 밟기에서도 항상 소리를 했음직하다. 식사 후의 산책길은 누구라도 너끈히 역사길, 소릿길로 인도한다. 품격 있는 음식이 역사와 소리를 벗하자고 그대를 청한다.

군산

群山

금강하굿둑 ●

채만식문학관 ●

나포면

▲오성산

성산면

서수면

군산시청

임피면

시내동지구

개정면

옥산면

대아면

옥서면

옥구읍

회현면

옥도면

● 고군산군도

옥도면

전북 북서쪽 서해가에 있는 항구이다. 대표적인 평야지대이다. 금강과 만경강이 흘러 서해로 들어간다. 고군산군도(古群山群島)를 이루는 선유도(仙遊島), 무녀도(巫女島), 신시도(新侍島) 등 유인도 16개, 무인도 47개가 있다. 새만금종합개발사업으로 전북 군산시 · 김제시 · 부안군 일원에 다목적 용지인 새만금간척지가 조성되고 있다. 고군산군도에는 풍장(風葬)의 풍속이 있었다.

채만식(蔡萬植)이 이곳 출신이며, 군산을 무대로 작품을 썼다. 『탁류』 배경 지역을 중심으로 근대역사문화거리를 조성하여놓았다. 금강하굿둑 옆에는 채만식문학관이 건립되어 있다. 금강하굿둑 근처는 철새도래지로 유명하다. 시내 은파호수공원은 중앙을 가로지른 물빛다리가 아름다운 시민 휴식처이다.

군산 알기

백제의 멸망을 슬퍼하는 오성산

당나라 장수 소정방(蘇定方)이 백제를 칠 때 이 산 아래 주둔하였는데 누런 안개가 해를 가리어 헤매었다. 홀연 다섯 노인이 와서 진 앞에 이르므로 소정방이 길을 물었다. 노인들이 말하기를 네가 우리나라를 치고자 하는데 어찌 길을 가르쳐줄 수 있느냐고 했다. 소정방은 화를 내어 다섯 노인을 죽이고 갔다. 회군하는 날에 뉘우치고 신령스러운 사람으로 생각하여 이산에 장사 지내고 '오성산(五聖山)'이라고 이름을 지었다. 산의 상봉에는 지금도 다섯 묘가 있다고 한다.

신라 시대에 당나라 소정방이 김유신과 함께 30만 대군을 이끌고 백제를 치기 위하여 군산 앞바다 천방산 부근에 이르자 갑자기 안개가 끼어 지척을 분간할 수가 없었다. 가까스로 상륙하여 천방산 계곡에 오르니, 천방사(千房寺)란 사찰이 있어 찾아가 한 도승을 만났다. 소정방이 칼을 뽑아들고 위협하자 도승은 안개를 그치게 하는 비법을 알려주었다.

소정방은 다시 군대를 이끌고 금강을 거슬러 올랐는데 다시 안개가 끼어 한치 앞도 헤쳐 나갈 수 없었다. 가까스로 배를 연안에 정박해두고 산에 올라가니, 다섯 사람의 신선이 바둑을 두고 있었다. 소정방은 선인들에게 너희들이 도술을 부려서 안개를 끼게 한 것이 아니냐면서 칼을 뽑아들었다. 목을 치기 전에 안개가 걷히게 하는 비법을 알려달라고 호통을 쳤지만, 끝내 대답하지 않고 눈 하나 깜짝하지 않았다. 괘씸하게 여긴 소정방은 다섯 선인을 죽여버리고 말았다. 이에 인근 성산 주민들이 시신을 거두어 묘를 써주고, 그 묘를 '오성묘'라고 불렀다. 그리고 그 넋을 위로해주는 뜻에서 추모비를 세우고 춘추로 제사를 지내주고 있다.

● 소정방의 침공에 대한 백제인의 반감이 도승이나 선인들을 통해 나타났다. 역사의 한 단락이 끝났어도 논란은 계속되어 과거가 현재이게 한다.

섬 하나에 전설 하나, 고군산군도

고군산군도(古群山群島)는 군산시 서남쪽 50킬로미터에 흩어져 있는 옥도면 섬들이다. 선유도(仙遊島), 야미도(夜味島), 신시도(新侍島), 무녀도(巫女島), 관리도(串里島), 장자도(壯子島), 대장도(大長島), 횡경도(橫境島), 소횡경도(小橫境島), 방축도(防築島), 명도(明島), 말도(末島) 등 63개의 섬으로 구성되어 있고 16개가 유인도이다. 이들 섬을 배경으로 한 전설이 여럿 전한다.

부안 땅 하서면 '장신포'라는 어촌에 곽씨(郭氏) 노인이 과부 며느리와 손자 하나를 데리고 살고 있었다. 어느 날 한 도사가 찾아와 뒷산에 장군을 깎아서 만든 돌사람 코에서 피가 흐르는 날에는 부근 일대가 망망한 바다가 될 것이니 주의하여 살펴보다가 멀리 타관으로 피난을 가야 안전할 것이라고 했다. 노인이 손자를 등에 업고 매일같이 장군석 코에서 피가 흐르는지를 살피고만 있어, 어리석고 우습다고 생각되어 며느리가 어느 날 남몰래 장군석의 코에 빨간 물감을 칠했다.

노인은 "바로 그때가 왔다"면서 피난가기를 재촉하였으나, 며느리는 태연히 웃기만 하고 떠나기를 거부했다. 이러자 노인은 손자만 데리고 한없이 떠나갔다. 노인이 살던 마을은 물론 인근의 세 고을까지 망망대해로 변했다. 때를 같이해 바다에서 고군산군도(古群山島)가 솟아올랐다. 노인이 그 땅에 살아 곽씨의 시조가 되었다고 한다.

장재미섬과 빗겡이섬이 고군산군도에 있는데, 각각 바위가 하나씩 서 있다. 장재미에 있는 바위를 장자할머니라 부르고, 빗겡이에 있는 바위는 장자할아버지라고 부른다. 옛날 이 둘은 부부간이었다고 한다. 장자할아버지는 열심히 공부를 하고, 장자할머니는 정성껏 그 뒷바라지를 하여 마침내 장자할아버지는 과거에 급제하게 되었다. 금의환향하는 남편을 맞기 위하여 할머니는 진수성찬을 마련하고 기다렸으나, 남편은 젊은 첩을 데리고 왔다. 할머니의 서운한 마음은 그대로 굳어져 돌이 되었고, 덩달아 할아버지와 따라온 모든 사람들도 돌이 되어버려 장재미섬과 빗겡이섬의 바위가 생겼다고 한다.

장자도에 선비 한사람이 부인과 아들 하나를 두고 살았다. 어느 해 서울로 과거를 보러 선비가 떠나자 그 부인이 매일 산에 올라가 금의환향하기를 기다리는 것으로 세월을 보냈다. 하루는 남편이 장원급제하고 돌아온다는 소식을 듣고 아들을 등에 업은 채 산마루로 달려 올라가 남편이 타고 오는 배가 빨리 와주기를 기다리고 있었다.

드디어 남편이 나타났지만 등과하지 못하고 새 부인을, 아들까지 낳아서 데리고 왔다. 본부인은 크게 상심해 돌아서는 순간 등에 업고 있던 아기가 힘을 쓰는 바람에 돌로 변했다고 한다. 지금도 장자할머니 바위에 새끼줄이나 흰 천이 둘러져 있는 것을 자주 볼 수 있다.

신시도에 임(林)씨 성을 가진 사람이 살고 있었다. 임씨가 딸을 하나 낳았는데, 태어나면서부터 손가락을 펴지 못하고 양손 모두 주먹을 꼭 쥐고 있었다. 그 아이는 어려서부터 처녀가 될 때까지 손바닥을 한 번도 펴보지 못하고 주먹을 쥔 채 스무 살을 넘기게 되었다. 부모들은 이 딸을 시집 보내기로 하고 정혼을 하려고 준비를 하고 있던 어느 날 뜻밖에 아버지가 세상을 떠났다.

집안에서 지관을 대어 바로 신시도에 있는 대각산 줄거리 용머리 옆에 묘 자리를 결정했다. 지관이 지켜보는 가운데 인부들이 묘 쓸 곳을 파기 시작해 얼마쯤 파들어 갔는데, 갑자기 뿌연 연기 같기도 하고 흰 구름 같기도 한 것이 돌더니 흰 학 한 마리가 깃을 펄럭이며 날다가 그만 떨어져 죽어버렸다. 이것을 지켜보고 있던 딸이 갑자기 쓰러져 숨을 거뒀다. 딸이 그때까지 펴지 않던 주먹이 펴졌는데, 들여다보니 손바닥에 임금 왕(王)자가 그려져 있었다.

그러자 시집갈 때 쓰려고 기르던 큰 돼지 여덟 마리가 다음 날 모두 죽어버렸다. 임씨 처녀는 학이 나온 그 자리에, 아버지 임씨는 그 옆에, 돼지들은 마을 뒷산 마루에 묻어주었다. 그때 죽은 딸은 처녀였지만, 수백 년을 내려오면서 임씨 할머니라고 불리어지고 있다.

● 고군산군도 여러 섬이 각기 다른 모습을 하고 있는 것만큼 전설도 많다. 실수나 차질 때문에 죽은 사람이 바위로 변해 여기저기 남아 있다고 하면서 구체적인 사연을 갖가지로 펼친다. 상상력을 넓히려면 그 일대에서 성지순례를 해야 한다.

용이 만든 바다, 용당포

금강의 하류인 용당포는 옛날에는 조그마한 시내였다. 이 강 언덕에는 마음 착한 농부 가족이 부지런히 일하며 살고 있었다. 어느 날 이 농부가 꿈을 꾸었다. 꿈속에서 백발이 성성한 노인이 나타나서 "너희들은 곧 가산을 정리해서 빨리 이곳을 떠나라. 이곳은 오늘 밤 날이 새기 전에 바다로 변할 것이다"라는 한마디 말을 남기고 사라졌다.

너무 놀라서 꿈을 깬 그 농부는 생각할수록 이상해서 더 잠을 이루지 못한 채 그 노인이 한 말을 곰곰이 생각하고 있었다. 그런데 밤이 깊어만 가고 사방은 고요한데 갑자기 자기가 누워 있는 온돌방 밑으로 졸졸졸 물 흐르는 소리가 희미하게 들려왔다. 잠을 깬 농부는 꿈속의 일을 생각하고 급히 아내를 깨워 방금 자기가 꾼 꿈 얘기를 대강 들려주며 가산과 가구들은 돌아볼 겨를도 없이 어린아이만을 업고 집을 떠나기를 재촉했다. 즉시 10리 길을 걸어 지금의 구암포(龜岩浦) 근처까지 와서 날이 새기를 기다렸다.

날이 밝아올 즈음 갑자기 용당포 근처에서 하늘이 무너지는 것 같은 소리가 들려오면서 높은 산이 무너져버렸다. 그리고 그 순간 용 한 마리가 시꺼먼 구름에 쌓여 서쪽 하늘로 올라가면서 서쪽 바닷물이 일제히 몰려들어와서 눈 깜작할 사이에 용당포 부근이 푸른 바다가 되어버렸다. 훗날 사람들은 이 바다는 용이 만든 것이라 하여 일명 용당포라고도 불렀다고 한다.

● 해일이 다가오는 일이 이따금 있어 이런 전설이 생겼을 것이다. 자연의 급변을 말하는 용이 유용하게 쓰였다. 용은 이야기 창작에 필요한 상상

력을 제공해 섬김을 받을 만하다.

최치원의 출생지

최치원(崔致遠)의 아버지가 하루는 내초도(內草島)라는 섬으로 사냥을
나갔다가 누런 황돼지에게 붙들려 바위 밑 토굴로 끌려가서 몇 달 동안을
사는 동안에, 황돼지에게 태기가 있어 열달 후에 아들을 낳았다. 그 아들
이 점점 자라나자 아버지는 아들을 데리고 육지로 나오려고 해도 못 나오
고 황돼지와 같이 짐승처럼 살게 되었다. 하루는 어미 돼지가 이웃 섬으로
사냥을 나가고 없는 사이에 다섯 살 난 아들에게 아버지가 사실 이야기를
다하면서 "너를 육지로 데리고 나가 공부를 시키고 싶은 생각이 간절하나
빠져나갈 재주가 없다"고 한탄을 했다.

이 말을 듣고 있던 아들은 어미 돼지
가 날마다 해다 놓은 나무토막을 몰래
엮어서 배를 만들어서 타고 나가자고
제의했다. 어느 날 어미 돼지가 또 산
에 나무를 하러 나간 사이에 나무토막
을 엮어서 만든 뗏목을 타고 육지로 나
오는데, 어느새 이것을 알아챈 어미 돼
지가 헤엄을 쳐서 쫓아오고 있었다. 금
방 앞발이 배에 닿을 듯하자 아들은 미
리 잘라서 실어놓았던 나무토막을 하
나 던져주었다. 욕심이 많은 돼지는 나
무토막이 떠내려갈까 봐 아까워서 얼

▲ 최치원 초상(출처 : 위키피디아)

른 물어다 섬에다 갖다 놓고 또 쫓아오자, 아들은 계속 나무토막을 던져주어 끝내는 어미 황돼지가 기진맥진해 죽었다.

구사일생으로 살아서 육지에 당도한 아들은 머리가 총명하여 아버지의 가르침으로 열심히 공부해서 뒷날에 크게 훌륭한 인물이 되었으니, 바로 경주최씨의 시조요 신라의 대문장가인 최치원이다. 이런 연유가 있어 경주최씨는 황돼지 또는 금돼지의 자손이라고 한다.

● 최치원의 아버지가 금돼지에게 붙들려간 곳은 어디라고 명시되지 않아 자기 고장이라고 주장할 수 있다. 최치원의 어머니가 금돼지인 것은 영웅이 비정상적으로 태어났다고 하는 것의 하나이다. 영웅을 출산한 금돼지는 신령스럽다고 해야 할 것인데, 아들이 아버지와 함께 탈출하면서 죽여 범속하게 만들었다. 그 때문에 최치원이 대단한 능력을 가진 이유가 모호해졌다.

"군산 지역에는 최치원 선생과 선생이 태어났다는 내초도 금도치굴, 글을 읽었다는 신시도 월영대, 시호인 문창후를 딴 문창초등학교, 선생을 모신 문창서원, 오현당, 도지정문화재인 자천대 등 많은 문화유산이 전해오고 있"다. 이러한 연고로 군산근대역사박물관에서는 2016년 7월 21일~27일까지 '9세기 동아시아의 국제인, 최치원展'을 개최하였다.(『새전북신문』 2016년 07월 21일)

군산의 문학

탁류(濁流)   채만식

금강…….

이 강은 지도를 펴놓고 앉아 가만히 들여다보노라면 물줄기가 중등께서 남북으로 납작하니 째져가지고는 그것이 아주 재미있게 벌어져 있음을 알 수 있다. 한번 비행기라도 타고 강줄기를 따라가면서 내려다보면 또한 그림직할 것이다. 저 준험한 소백산맥이 제주도를 건너보고 뜀을 뛸 듯이, 전라도의 뒷덜미를 급하게 달리다가 우뚝…… 또 한 번 우뚝…… 높이 솟구친 갈재와 지리산, 두 산의 산협 물을 받아 가지고 장수로, 진안으로, 무주로 이렇게 역류하는 게 금강의 남쪽 줄기다.

그놈이 영동 근처에서 다시 추풍령과 속리산의 물까지 받으면서 서북으로 좌향을 돌려 충청 좌우도의 접경을 흘러간다. ……부여를 한 바퀴 휘 돌려다가는 남으로 꺾여 단숨에 놀뫼(논산) 강경에까지 들이닫는다.

여기까지가 백마강이라고, 이를테면 금강의 색동이다. 여자로 치면 흐린 세태에 찌들지 않은 처녀 적이라고 하겠다. 백마강은 공주 곰나루(웅진)에서부터 시작하여 백제 흥망의 꿈 자취를 더듬어 흐른다. 풍월도 좋거니와 물도 맑다. 그러나 그것도 부여 전후가 한창이지, 강경에 다다르면 장꾼들의 흥정하는 소리와 생선 비린내에 고요하던 수면의 꿈은 깨어진다.

물은 탁하다. 예서부터 옳게 금강이다. ……이렇게 에두르고 휘돌아 멀리 흘러

온 물이 마침내 황해 바다에다가 깨어진 꿈이고 무엇이고 탁류째 얼러 좌르르 쏟아져 버리면서 강은 다하고, 강이 다하는 남쪽 언덕으로 대처(시가지) 하나가 올라앉았다. 이것이 군산이라는 항구요, 이야기는 예서부터 실마리가 풀린다.

● 작품에서 다루려고 하는 곳을 멀리서도 보고 가까이서도 보아, 역사의 큰 흐름 속에서 개인의 처지가 어떤지 살피게 했다. 멀고 가깝고, 크고 작은 것이 둘이 아닌 줄 알아야 역사를 이해하고 인생을 논의할 수 있다고 깨우쳤다. 군산으로 흘러드는 금강이 위대한 스승인 줄 아는 작가를 높이 평가할 만하다.

풍장(風葬)

황동규

내 세상 뜨면 풍장시켜다오
섭섭하지 않게
옷은 입은 채로 전자시계는 가는 채로
손목에 달아놓고
아주 춥지는 않게
가죽가방에 넣어 전세 택시에 싣고
군산(群山)에 가서
검색이 심하면
곰소쯤에 가서
통통배에 옮겨 실어다오

가방 속에서 다리 오그리고
그러나 편안히 누워 있다가
선유도 지나 무인도 지나 통통 소리 지나
배가 육지에 허리 대는 기척에

잠시 정신을 잃고
가방 벗기우고 옷 벗기우고
무인도의 늦가을 차가운 햇빛 속에
구두와 양말도 벗기우고
손목시계 부서질 때
남몰래 시간을 떨어뜨리고
바람 속에 익은 붉은 열매에서 툭툭 퉁기는 씨들을
무연히 안 보이듯 바라보며
살을 말리게 해다오
어금니에 박혀 녹스는 백금 조각도
바람 속에서 빛나게 해다오.

바람 이불처럼 덮고
화장(化粧)도 해탈(解脫)도 없이
이불 여미듯 바람을 여미고
마지막으로 몸의 피가 다 마를 때까지
바람과 놀게 해다오.

● 고군산군도에는 풍장의 관습이 남아 있다는 것에서 착안해, 환상적인 배경을 펼쳐놓고 죽음을 다룬 시이다. 전자시계, 가죽가방, 전세 택시 이하 온갖 이질적인 것들을 함께 풍장에 내맡겨져 바람과 놀게 한다고 한 것이 놀라운 발상이다. 현대문명의 구속에서 벗어나 근원으로 돌아가고자 하는 열망을 충격적인 표현을 갖추어 나타냈다. 곰소에서 바다 건너 섬을 바라보면 누구나 시인이 될 수 있으니 너무 부러워하지 말자.

군산 즐기기

계곡가든

전북 군산시 개정면 금강로 470(개정면
아동리 616)

063) 453-4608

http://www.crabland.com

주요 메뉴 : 간장게장

가격 : 간장게장정식 27,000원, 양념게
장정식 25,000원, 꽃게탕 25,000원, 전
복장정식 24,000원 등

간보기

짜지 않고 깊은 맛을 담은 암게살 게장
이 탐스러워 이름이 높이 난 집이다. 곁반
찬도 실속 있어 손님이 더 많이 모여든다.

맛보기

2010년 9월에 찾아가 간장게장정식을
주문했다.

● **전체** _ 간장게장이 짜지 않다. 게살은
물론이고, 게살을 건지고 남은 간장도 별
로 짜지 않으면서 감칠맛 있다. 맨 김에 간
장만 놓고 싸먹어도 밥이 맛있다. 비린내
가 나는 뒷맛이 없어 더욱 좋다.

● **반찬 특기사항** _ 고등어 찜이 삼삼하고
부드럽다. 단호박튀김이 사각거린다. 새송
이버섯조림은 쫄깃쫄깃 실한 맛이다. 반찬
에서 당당한 솜씨와 기운이 느껴진다. 곁
반찬도 절기에 맞추어 착실하게 준비한다.

● **주메뉴** _ 간장게장 맛이 압권이다. 발효
되기를 기다리지 않고 생살 맛을 즐기도록
한다. 삼삼한 간 속에 엷게 느껴지는 한약
재 맛이 격조를 높이기까지 한다. 짠맛과
탄수화물을 겁내는 사람들도 단박에 사로
잡아 내숭의 음식으로 널리 자리 잡았다.

● **보조메뉴** _ 가지찜에서 프로 냄새가 난다. 비름나물은 된장 기운이 좋다. 샐러드의 신선한 맛이 게장과 잘 어울린다. 무말랭이 무침도 간혹 섞어 먹으니 게 맛이 더 좋아진다.

찌개, 국, 밥 : 된장국이 본연의 맛을 내서 반갑다. 밥은 좀 서운하다. 게장이 아무리 뛰어나도 가장 중요한 짝꿍인 밥도 맛있어야 한다. 밥이 좀 더 차지고 탱글탱글하면 상차림이 더욱 황홀했을 것이다.

김치 등 특징 : 젓갈 맛 진하고 때깔 좋은 김치에도 자주 손이 간다.

● **전체 맛 비결** _ 게장 맛의 진수를 보여주기까지 오랜 연구가 있어왔으리라. 마늘, 생강, 양파 등 기본 재료 외에 각종 한약 재료를 넣은 것이 고루 배어 품격을 높인다.

맛본 후

간장게장은 맛이 있지만 짜기 때문에 탄수화물 섭취를 겁내는 사람들에게는 부담스러운 음식이었다. 이제는 삼삼한 간으로 보존한 발효 전의 게살을 먹을 수 있게 되었다. 발효음식의 장점은 잃었지만 식재료 본연의 맛은 거의 원형 그대로 즐길 수 있게 되었다. 이것은 싱싱한 꽃게 유통이 가능하여 일어난 변화이다.

간장게장 식당은 급속도로 증가하고 전국화되고, 일부는 대형화되면서 공격적인 운영을 하게 되었다. 국내 판매로 만족하지 못하고 외국에까지 진출해 중국 상해에서도 호황을 누리고 있다는 소식이다. 음식 한류에 한몫을 하는 메뉴로 등장했다.

그러나 누가 무어라고 해도 간장게장은 군산에 와서 먹어야 제맛을 즐길 수 있다. 군산은 맛있는 꽃게 산지이다. 잡어가 풍부하고 갯벌이 발달해 게의 먹이가 풍부하다. 맛있는 꽃게에다 갯벌 덕에 맛있는 곁반찬을 해내는 고장이어서 꽃게의 맛을 제대로 즐길 수 있다.

군산의 '계곡가든'은 이런 간장게장 산업의 중심에 서 있다. 꽃게 가공공장을 만들고, 전문화·대형화된 식당을 운영하는 성공사례로 주목된다. 게장, 돌게장 등을 여러 단위로 판매해 세심하게 신경을 쓰는 한편, 꽃게박물관을 차려놓기까지 했다. 화장실에 치약을 비치하고, 차를 마실 수 있는 작은 정원을 만들어놓는 등의 섬세한 서비스에도 유의한다.

그런데 값이 계속 올라간다. 1인당 27,000원은 아무래도 부담스럽다. 23,000원에서 25,000원으로, 다시 27,000원으로 몇 개월 단위로 계속 오른다. 원가 상승의 압박을 대형화로 해결하지 못하는지 안타깝다.

군산은 꽃게 산지답게 꽃게를 재료로 하는 다른 음식, 꽃게미역국도 유명하다. 고군산군도에서 가장 큰 섬인 신시도의 꽃게미역국은 놓치면 안 되는 음식인 줄 아는데 이번에는 가지 못하고 다음 기회를 기다린다.

군산에는 채만식문학관, 금강하굿둑, 금강철새전망대가 있어 구경거리가 넘친다. 구경을 실컷 한 화려한 일정을 맛있는 음식으로 마무리할 수 있다.

김제

金堤

청하면　　공덕면　　백구면

만경읍　　백산면

진봉면　　　　　　　　　용지면

광활면

성덕면　　요촌동　　검산동

교월동　　● 김제시청

　　　　● 김제향교　　황산면

죽산면　　● 김제동헌　　금구면

　　　　　　　신풍동

벽골제 ●　　　　봉남면　　금산사 ●

　　　　　　　　　　　금산면

전북 중앙부 서쪽 서해 가에 있다. 동남부는 모악산(母岳山), 국사봉(國士峰), 상두산(象頭山) 등이 있는 산지이고, 다른 곳은 평야이다. 만경강과 동진강이 북쪽과 남서쪽 경계를 이루면서 서해로 흘러간다. 바다가 얕아 간척지가 많다. 새만금 방조제 건설로 확보된 간척지의 13%가 김제시 관할이다. '새만금(새萬金)'은 예부터 金堤·萬頃평야를 '金萬평야'로 일컬어왔는데, '금만'을 '만금'으로 바꾸어 만든 말이다. 만경평야는 한반도에서 가장 넓은 평야로 지평선을 볼 수 있는 지역이다.

벽비리국(辟卑離國)과 구사조단국(臼斯烏旦國)이었다가 백제에 병합되었다. 벽골제(碧骨堤)가 가장 오래된 큰 저수지이다. 벽골제와 관련되어 쌍용설화가 전해오는데 최근 벽골제와 함께 재현해놓았다.

금산사(金山寺)가 크고 오래된 절이다. 금산사는 후백제 견훤이 장자 신검에 의해 유폐된 절로 알려져 있다. 미륵불이 안치된 미륵전은 외부에서는 3층이나 내부는 통층이며 국보로 지정되어 있다. 미륵신앙을 바탕으로 하는 도량으로 미륵성지로 추앙된다. 최근 대규모의 증축이 이루어지고 있다.

임진왜란 때 승병을 양성했다는 귀신사, 만경강이 서해와 만나는 새만금과 김제 만경평야가 잘 보이는 망해사가 있다. 망해사의 낙서전은 진묵대사가 지은 것이라 한다. 진묵대사가 태어나고 태어난 그를 모신 사찰 조앙사, 그의 어머니 묘를 보존하고 있는 성모암이 있다. 청운사, 흥복사도 살펴볼 만한 사찰이다. 청운사 아래에는 전국 최대 백련지라는 하소백련지라는 연못이 있어 하소백련축제가 열린다.

구한말 모악산 일대에서 일어난 사회종교운동을 보여주는 증산법종교본부가 있다. 증산교의 교주 강증산 부부의 무덤이 봉안되어 있다. 당산을 모신 쌍용사는 민간신앙이 사찰형식으로 수용된 것이다. 월촌의 입석은 수호신 선돌이다.

민속으로는 입석동의 입석줄다리기가 전승되며 김제우도농악이 전승되어 보존에 힘쓰고 있다. 한학을 가르치는 학성강당은 최근에 외국인들에게 인기가 높다.

1905년에 한옥으로 세워진 금산교회, 1895년 건립되었던 수류천주교회 등이 기독교 관련 오랜 건축물이다.

'징게맹갱 외에밋들'이라고 하는 만경평야는 일제 식민지 시대에 많은 수탈을 당했는데, 조정래의 『아리랑』에 잘 나타나 있다. 이를 기리는 아리랑문학관 및 아리랑문학마을이 조성되어 있다. 지평선이 보이는 것을 축하해 1999년부터 지평선축제를 연다. 특산품으로 만경평야에서 생산되는 쌀을 '지평선쌀'이라는 상표로 출하한다. 이 지역 쌀은 전국 생산량 1/40 정도를 차지한다.

김제 알기

소원을 담은 금산사의 유래

금산사(金山寺) 김제시 금산면 금산리에 있는 절이다. 원래 백제 시대의 절인데, 신라 통일 후 진표(眞表)가 중창했다. 석가모니불을 모신 대웅전은 없고, 미륵불을 모신 3층의 미륵전이 절의 중심이다.

진표는 신라 성덕왕대인 718년 완산주 만경현(지금의 김제군)에서 태어났다. 속성은 정(井)이다. 출가동기가 『양고승전』에 기록되어 있다. 어느 날 논둑에서 쉬면서 개구리를 잡아 버들가지에 꿰어 물에 담가두고, 산에 가서 사냥을 하다 잊어버리고 그대로 집에 돌아갔다. 이듬해 봄에 또 사냥하러 논둑에 가보니 개구리들이 버들가지에 꿰인 채 울고 있어 크게 놀라 탄식했다. 이를 계기로 출가했다고 한다. 그때 열두 살이었다.

진표는 금산수(金山藪) 숭제(崇濟)법사를 찾아 가르침을 청했다. 수(藪)는 사(寺)보다 격이 낮은 곳이다. 스님들이 수행처소로 이용하는 수풀이 우거진 곳이란 뜻이다. 금산사는 당시에 그런 곳이었다. 『삼국유사』에 진표와 숭제의 대화가 전한다. "부지런히 수행하면 얼마나 되어 계(戒)를 받습니까?" "정성만 지극하면 1년을 넘지 않을 것이다."

진표는 명산을 두루 다니다가 변산(邊山) 선계산 불사의방(不思議房)에서 불굴의 용맹정진을 시작했다. 14일이 되자 마침내 지장보살이 나타나 정계(淨戒)를 전수했다. 더 정진해 미륵불로부터 두 개의 간자(簡子)를 받았다. 간자는 점찰법회(占察法會)를 거행하면서 사용하는 나무패이다. 그 뒤에 진표는 업장을 참회하면서 미륵불이 오기를 기다리는 신앙을 널리 퍼뜨렸다.

762년 금산사로 가서 절을 크게 다시 짓기로 했다. 앞에 있는 연못을 메워 절터를 마련하려고 했는데, 돌을 아무리 넣어도 연못이 그대로 있었다. 백일기도에 들어가 간청하니 지장보살과 미륵불이 나타나 못에 살고 있는 아홉 마리 용을 몰아내야 하므로, 돌이 아닌 숯으로 메우라고 했다. 숯을 지고 와서 못에 넣으면서 업장을 참회하면, 못의 물이 만병통치의 약이 될 것이라고 했다.

그러던 어느 날, 경상도에서 문둥병자가 숯을 한 짐 지고 금산사에 도착했다. 먼 길을 오시느라 수고했다고 하니, "스님, 저는 기쁜 마음으로 미륵부처님의 명호를 부르며 왔습니다. 설사 스님께서 절을 세우기 위해 거짓말을 하셨다 하더라도 불사를 위해 하신 말씀이니 기꺼이 동참할 것입니다."라고 했다. 문둥병자는 지고 온 숯을 호수에 넣고 발원했다. "부처님이시여! 이 못의 물을 마시고 목욕을 한 후 제 몸의 병이 낫지 않더라도, 저는 스님이나 부처님을 원망치 않을 것입니다. 다만 저의 이 작은 보시공덕으로 불사가 원만히 이뤄지고 다음 생에는 좋은 인연 받게 하여 주옵소서." 기도를 마친 문둥병자는 못의 물을 마시고 목욕하고 눈을 씻고 또 씻었다. 그러자 못가에 서기가 피어오르면서 미륵불이 나타나 앞으로 다가왔다. "오, 착하고 착하구나. 과연 장한 불심이로구나." 미륵불은 문둥병자의 머리를 쓰다듬으며 이렇게 말하고는 사라졌다.

"스님! 제 몸이 씻은 듯이 깨끗해졌습니다." 문둥병자는 기뻐서 어쩔 줄 몰라 하며 큰 소리로 외쳤다. 정말 신기한 일이었다. 좀 전까지만 해도 흉측하던 몸이 말끔해지다니. 너무도 신통한 부처님의 가피였다. "오! 미륵부처님 정말 감사합니다."

이 광경을 목격한 신도들은 잠시나마 진표스님을 의심한 것을 참회하며, 너도나도 숯을 지게에 가득히 지고 금산사 못으로 모여들었다. 소문은 전국 방방곡곡으로 퍼져, 하루에도 수천 명이 줄을 이었다. 호수 물은 며칠 안 가서 반으로 줄었다. 그렇게 수 주일이 지나자 호수는 아주 메워져 반듯한 터를 이루었다.

호수가 다 메워지던 날 해 질 녘, 한 청년이 새로 다져진 절터에서 통곡을 하고 있었다. "청년은 어인 일로 이곳에서 울고 있는가?" "예, 저는 남해에서 어머님의 병환을 고치기 위해서 왔습니다. 그런데 못이……." "참으로 장한 효심이로구나. 자네의 효성을 미륵부처님께서 알고 계실 테니 너무 상심치 말고 여기 연화좌대에 손을 얹고 기도해보게나." 진표는 청년을 위로하면서 미륵부처님의 가피력을 함께 빌었다.

청년은 스님이 시키는 대로 쇠로 된 연화좌대에 손을 얹고서 모친의 병이 완쾌되길 간곡히 염원했다. 1주일 정진을 마친 청년은 스님께 인사를 드리고 고향으로 떠났다. 몇 달 뒤에 그 청년은 어머니를 모시고 금산사를 찾았다. "스님, 부처님 가피로 건강을 회복하신 저의 어머님께서는 여생을 스님들 시중을 들며 불사를 돕고자 하십니다. 저의 어머님 청을 들어 공양주 보살로 허락하여주십시오." 진표는 청년의 노모를 금산사 공양주로 있게 했다.

이 소문이 다시 곳곳에 퍼져 갖가지 소원을 지닌 사람들이 또 금산사로 모이기 시작했다.

▲ 금산사 미륵전

　많은 사람들이 연화좌대에 손을 얹고 소원을 기원하여 가피를 입었으나, 불효자나 옳지 않은 일을 기도한 사람들은 손이 좌대에 붙어 떨어지지 않았다고 한다.

　전국에서 모여드는 신도 수가 날로 증가하여 금산사 불사는 쉽게 이뤄졌다. 미륵전이 낙성하고, 다시 거대한 청동 미륵불상과 양대 보살을 조성하여 봉안했다. 776년 대적광전을 완성하고, 자신이 미륵부처님께 수기받던 형상을 법당 남쪽 벽에 그려 봉안했다.

　● 견훤(甄萱)은 후백제를 세우면서 세상을 구원할 미륵이라 하면서 민심을 얻고자 했는데, 아들에 의해 금산사에 유폐되었다가 고려로 탈출했다. 미륵이 아니면서 미륵이라고 하면 멸망을 자초한다. 자칭 미륵이 미륵을 모신 절에 유폐된 것은 기만의 발본색원이 아닌가?

금산사에서 자면서(宿金山寺)　　　　　　　　　　　　　김시습(金時習)

雲氣微茫洞府寬　　　구름이 아득하게 뻗어나 골짜기는 넓고,
縈林絡石響鳴湍　　　숲과 돌이 얽힌 데서 들리는 소리 급하다.

中天星斗明金刹	중천 떠 있는 별처럼 밝게 빛나는 절간,
半夜風雷繞石壇	밤중이면 바람과 우뢰가 둘러싸는 돌탑.
苔蝕古幢微有字	이끼가 잠식해 돌기둥에 남은 글자가 적고,
風摧枯檜晚生寒	바람에 꺾인 마른 나무에서 늦추위가 난다.
脩然一宿招提境	초탈한 자취 승방에서 하룻밤 묵고 가는데,
煙裏疏鐘韻未闌	안개 속에서 성긴 종소리 사라지지 않네.

● 금산사가 자리 잡고 있는 자연환경을, 골짜기는 넓고 물은 급하게 흐른다는 말로 그렸다. 절간은 빛이 나고, 탑이 우뚝하다고 한다. 커다란 모습을 한 미륵불이 금빛으로 빛난다는 말이 것이다. 남은 글자가 적고 늦추위가 난다는 데서는 시간의 흐름이 확인된다. 자기는 초탈한 마음으로 떠돌아다니고 있어 하룻밤 자고 갈 따름인데, 이따금 어렴풋하게 들리는 종소리에 마음을 두는 것은 무슨 까닭인가?

금산사(金山寺) 밤 뜨락에서 　　　　　　　　　　　　　　　김지하

어미산 아래는
금산사
제비산 앞에는 금평못,
우주의 음부 곁에 우뚝 섰구나
미륵이 섰다
한밤
뜨락에 나서
달빛 속의 산
저 꼭대기에 깊이 박힌
쇠를 뽑으라 뽑으라
기도할 때

내 기도할 때
댓잎은 우수수 바람에 지고
디서 여자 울음소리
내내 들려라
여기가
진표와 진훤의 삼한 미륵땅
여기가
정여립의 대동계 미륵땅
여기가
갑오동학과
강증산의 큰 율려
큰 황극의 후천 미륵땅
또한
고수부(高首婦)의 땅 모악(母嶽)이니
내
신발을 벗고
조심조심 마루 올라라
금평물이
원평으로 콸콸콸 쏟아져라
미륵은 한순간,
이윽고
여자의 때가 되었으니
내 이제
다 마쳤구나
달은 검은 숲속에 잦아들고
내 넋은 이내 깊은 잠에 든다
아아
눈부신 황금이여

빛나는 금산이여

댓잎은 우수수 바람에 지고.

● 방황을 일삼던 시인이 정신을 차리고 찾아야 할 곳을 찾았다. 수많은 사연이 겹친 곳에서 내밀의 역사를 깊이 들여다보았다. 한 시대가 간 것을 알고 잠이 들어 아는 체하는 데서도 벗어났다.

울다 지친 울엉산

아주 먼 옛날 부안군에 계화도산과 형제산이 있었다. 이들은 언제나 다 정하게 잘 지내고 있었는데, 어느 날 뜻밖의 불행한 일이 생기고 말았다. 바다에 큰 폭풍이 일어나 거센 풍랑이 세차게 일어나더니 마침내 형제가 조난을 당하게 된 것이다. 두 산은 큰 파도에 휩쓸려 여기저기 둥둥 떠다 니게 되었다.

얼마 후 거센 풍랑이 가라앉게 되었다. 형 산은 다행히 그 자리에 안착 할 수 있었지만, 동생 산은 파도에 밀려서 여기 죽산까지 오게 되었다고 한다. 다정하게 살고 있던 두 형제간에 이렇게 헤어지는 아픔을 겪게 된 것이다. 한 번도 형 곁을 떠나본 적이 없는 동생 산은 자신의 기구한 운명 앞에서 울다 지쳐버렸다. 어쩔 수 없이 형을 잃은 동생 산이 울면서 이곳 죽산 땅에 안착하고 말았다. 지금도 사람들은 풍랑 때문에 형을 잃어버리 고 여기까지 오게 된 산이라고 해서 '울엉산'이라고도 한다.

● 두 산이 형제라고 하면서 이별을 안타깝게 여기는 것은 사람 마음 이다.

푸른 뼈로 쌓은 제방, 벽골제

벽골제를 축조한 곳은 원래 바다였다. 그래서 아홉 번이나 제방을 쌓아도 모두 무너져버렸다고 한다. 그래서 마을 사람들이 걱정하고 있을 때 산신령이 나타나서 푸른 뼈로 제방을 쌓으면 무너지지 않을 것이라고 했다. 마을 사람들은 거의 동시에 같은 꿈을 꾸어 신기하게 생각하고 푸른 뼈를 찾아보기로 했다. 푸른 뼈의 실체가 무엇인지 알 수가 없어 제방공사도 못한 채 시간만 보내고 있었다.

그러던 어느 날 이곳을 지나던 한 스님에게 푸른 뼈의 정체를 물었더니 그 스님께서 푸른 뼈는 말의 뼈라고 알려주었다. 마을 사람들은 말의 뼈가 푸른색임을 알고 난 후 말의 뼈를 갈아서 흙에 넣었다. 그리고 그 흙으로 제방을 쌓았더니 제방이 무너지지 않고 잘 쌓이게 되었다고 한다. 이런 일로 해서 많은 사람이 이때부터 푸른 뼈를 넣어서 쌓은 제방이라 하여 푸른 뼈 제방, 즉 '벽골제(碧骨堤)'라 했다고 한다.

벽골제가 오래되어 보수공사를 해야 했다. 이름난 토목 기술자인 원덕랑이 파견되어 공사를 지휘했다. 이때 김제태수의 딸 단야도 일을 도우면서 원덕랑에게 마음을 빼앗기고 있었다. 그러나 원덕랑에게는 정혼한 월내라는 낭자가 있었다. 공사가 순조롭게 진행되는가 싶더니 마무리 무렵 그만 둑이 터져버렸다.

벽골제 부근에 백룡과 청룡이 살고 있는데 심술궂은 청룡이 이기고 나서 둑을 무너뜨렸다는 소문이 돌았다. 살아 있는 처녀를 청룡에게 제물로 바쳐야 한다고 했다. 이런 와중에 원덕랑을 보기 위해 월내낭자가 왔다. 김제태수는 음모를 꾸몄다. 월내낭자를 보쌈해 청룡에게 제물로 바치면 공사를 성공할 수 있고, 딸을 원덕랑에게 시집보낼 수 있어서 좋겠다고 생

각했다. 김제태수는 사람들을 시켜 밤중에 월내낭자를 보쌈해 청룡이 사는 못으로 데려갔다.

낭자를 못에 던지려고 할 즈음 사람들은 낭자가 단야라는 사실을 알게 되었다. 아버지 김제 태수의 음모를 눈치챈 단야가 대신 보쌈이 되어 왔던 것이다. 단야는 순식간에 못에 몸을 던졌다. 그 후 보수공사는 순조롭게 끝났고, 원덕랑과 월내낭자는 결혼하여 잘 살았다 한다.

이런 일이 있은 뒤 이 곳 주민들은 단야의 거룩한 연정을 기념하는 뜻에서 쌍룡놀이를 하게 되었다. 쌍룡놀이를 하면서 벽골제 밑에서 백룡과 청룡이 싸우다가 백룡이 패하는 광경, 단야가 청룡 앞에서 제방의 영원한 보호와 원덕랑의 성공을 빌면서 희생되는 광경을 보여준다.

● 흔히 있는 바와 같이 생명체를 넣어야 난공사가 제대로 된다고 하는 이야기를 두 가지로 했다. 앞에서 말뼈를 넣었다고 하는 것에는 문제가 없다. 살아 있는 처녀를 제물로 바쳐야 한다고 한 뒤의 이야기에서는 자연과의 관계가 사람들끼리의 관계로 바뀌어 사연이 복잡하게 얽히고 사랑과 도리의 문제가 심각하게 제기되었다.

용 싸움에 끼어든 조연벽

김제조씨의 시조인 조연벽(趙連璧)이 어릴 때의 일이다. 꿈에 백의노인이 찾아와 자기는 벽골제를 수호하는 백룡인데, 외지의 흑룡이 습격해 자기 집을 빼앗으려 하니 구원해달라고 하였다. 이튿날 백룡이 흑룡과 싸울 때 조연벽이 활을 쏘아 흑룡을 죽였다. 그러자 백룡은 조연벽의 후손을 대대로 흥성하게 하겠다고 약속했고, 그 보은으로 조연벽은 이름이 세상에 크게 드러났으며 자손이 번창했다.

● 용 싸움에 사람이 개입하고 실수를 하지 않아 잘되었다는 이런 이야기는 드물다. 다른 이야기에서는 왜 실수를 해서 편들어야 할 용을 죽였는지 생각하게 한다.

신비한 도승 진묵대사

진묵대사(震默大師)의 이름은 일옥(一玉)이요. 진묵은 법호(法號)이다. 김제 만령면 화포리(火浦里)에서 태어났다. 어렸을 때 부친을 여의고 외로운 환경에서 자라나, 족성(族姓)과 세계(世系)를 알지 못한다. 화포리는 옛날 불거촌을 한자로 표기한 것으로 불거(佛居)가 불개(火浦)로 변한 것으로 부처님이 살았던 마을이란 뜻이다. 진묵은 뛰어난 고승이지만 깊은 산중에서 은둔하고 지낸 까닭으로 크게 역사에서 알려지지 않고 전설상의 인물이 되었다.

진묵은 봉서사(鳳棲寺)에서 출가했다. 사미(沙彌) 시절 신중단(神衆壇)의 향을 피우는 직책을 맡았다. 그날 밤 주지의 꿈에 부처가 향을 피우니 제

천(諸天)은 받을 수 없노라고 했다고 한다.

진묵이 또한 사미 시절, 김룡사(金龍寺)에서 대중공양에 쓸 상추를 씻는데 김룡사에서 10여 리 떨어진 대승사(大乘寺)에서 불이 나, 스님들이 우왕좌왕하는 모습을 보고는 손에 든 상추를 들고 물을 뿌려 불을 끄고 나니 상추는 먹지 못하게 되어 스님들의 호된 질책을 받았으나, 며칠 지난 후 대승사 스님이 김룡사에 볼일이 있어 들렀다가 대승사에 불이 났을 때 갑자기 소나기가 쏟아져 불을 껐으며 주변에 상추가 널려 있었다고 전하자, 사미의 신통력에 모두들 놀랐다고 하였다.

해인사의 팔만대장경을 모신 장경각에서 불이 나는 것을 관찰하고 상추로 물을 뿌려 해인사 장경각의 화재를 막았다고도 한다.

진묵이 창원의 마상포(馬上浦)를 지나갈 때 한 처녀가 진묵을 보고 사랑을 느꼈다. 그 처녀는 환생해 대원사에서 진묵의 시동 기춘(奇春)이 되었다. 진묵이 기춘을 아끼니 대중이 비난했다. 아끼는 것이 애착을 떠난 삼매행(三昧行)임을 보여주기 위해, 국수로 공양을 하겠다고 하고, 기춘으로 하여금 바늘 한 개씩을 대중의 발우 속에 넣도록 했다. 진묵의 발우 속 바늘은 국수로 변하여 발우를 가득 채웠으나, 다른 승려들의 발우에는 여전히 한 개의 바늘만 있었다.

득남을 위해 백일기도를 하기로 결심하고 절을 찾아온 사람에게 진묵은 "곡차(穀茶)를 가져다주면 아들을 낳게 기도를 해주겠다"고 해서 곡차를 가져다가 진묵대사께 드렸으나, 가져온 술만 마실 뿐 진묵대사는 한 번도 법당에 들어와 기도염불을 해주지 않았다. 백일기도가 거의 끝나갈 무렵 마을 사람은 진묵대사를 찾아가 "스님께서는 곡차를 가져다주면 아들을 낳기 위한 기도를 해주시겠다고 하고는 매일 곡차만 드시고 기도는 안 해주시니 너무하십니다."라고 말을 하자 진묵은 "그래, 그러면 내가 나한님에게 득남을 할 수 있게 부탁을 해보겠습니다."라고 했다.

진묵대사는 그날 나한전에 들어가 "이 마을에 한 보살이 아들 낳기가 소원인데 한 번만 들어주지." 하면서 나한의 뺨을 일일이 때렸다. 그날 밤 그 보살의 꿈에 나한들이 나타나서 "진묵이 우리 뺨을 때려서 아프니 득남의 소원은 들어줄 테니 제발 진묵에게 다시는 그런 부탁은 하지 말라."라고 하고 사라졌다. 그런 일이 있은 후 그 보살님은 아들을 낳게 되었고 그 후 많은 사람들이 그 절에서 기도를 한 후 신이한 영험을 보았다고 전해진다.

진묵은 늙은 어머니를 왜막촌(倭幕村)에서 봉양하고 있었다. 어느 여름 날 모기 때문에 어머니가 고생하는 것을 보고 산신령을 불러 모기를 쫓게 한 뒤로는 이 촌락에 영영 모기가 없어졌다.

진묵은 불량배와 천렵을 하면서 술을 마시고 고기를 먹었다. 술은 다 토하고, 물고기는 변(便)을 보아서 다 살려냈다.

진묵은 어머니가 세상을 떠나자 "무자식 천년향화지지(無子息 千年香火之地)"라는 명당을 잡았다.

가난한 누님이 진묵이 있는 절에서 곡식을 꾸어 갈 때, 갈 길을 밝게 하려고 해를 붙들어두었다가 누님이 집에 당도할 즈음에 해가 넘어가게 했다.

진묵은 김봉곡(金鳳谷)이라는 선비와 경쟁하는 관계였다. 어느 날 진묵이 김봉곡에게서 『성리대전(性理大全)』을 빌려갔다. 김봉곡이 곧 뉘우쳐 찾아갈 줄 알고 걸어가면서 한 권씩 보아 길가에 버려 절 동구에 이르기까지에 다 버렸다. 김봉곡이 책을 빌려준 뒤에 곧 뉘우쳐 생각하되, "진묵은 불법에 통했는데 유교에까지 정통하면 대적하지 못하게 될 것이요, 또 불법이 크게 흥왕하면 유교는 쇠퇴할 것이다."라고 해서 급히 사람을 보내『성리대전』을 도루 찾아오라고 했다. 그 사람이 뒤쫓아가면서 길가에 이따금 한 권씩 버린 책을 거두어 왔다. 그 뒤에 진묵이 김봉곡에게 가니 빌린 책을 돌려달라고 했다. 진묵이 말했다. "그 책은 쓸데없는 것이므로 다 버렸다." 김봉곡이 노하니, 진묵이 "내가 외우리니 기록하라." 하고 외우니 한 자도 착오가 없었다. 김봉곡이 그때부터 진묵을 더욱 시기했다.

그 뒤에 진묵이 상좌에게 여드레 동안 방문을 잠가두라고 부탁하고, 범서(梵書)와 불법(佛法)을 더 연구하려고 시해(尸解)로 서역에 갔다. 김봉곡이 이 일을 알고 절에 가서 그 방문을 열고, "어찌 시체를 방에 갚아두고 혹세무민(惑世誣民)하느냐?"고 꾸짖고 화장을 했다. 여드레가 지나 진묵이 돌아와서 신체가 없어졌음을 보고 공중에서 소리쳐 말했다. "이는 봉곡의 소위(所爲)라. 내가 각 지방 문화의 정수를 거두어 모아 천하를 크게 문명케 하고자 하였더니, 이제 봉곡의 질투로 인해 헛되게 되었으니, 어찌 한스럽지 않으리오? 이제 나는 이 땅을 떠나려니와 봉곡의 자손은 대대로 호미를 면치 못하리라." 이렇게 말하고 동양의 도통신(道通神)을 거느리고 서양으로 갔다.

● 파격적인 행보를 보인 도승 진묵은 기발해 후련한 이야기를 많이 남겨 큰 보시를 했다. 김봉곡이라는 선비가 대단하지만 진묵이 우위여서 유불 다툼에서 불교가 이기는 것을 보여주었다. 진묵 이야기를 증산교를 창시한 강증산(姜甑山)이 가져가 이용하면서 더욱 절묘하게 만들었다.

두 마을의 싸움

김제의 사철산은 옛날 신선들이 구름을 타고 가다가 잠시 쉬어가는 명산이다. 백화가 만발하고 경치가 좋아 산 밑에 사는 사람들은 어떻게 하면 그 산 위에 한번 올라가볼 수 있을까 하고 선망했지만, 산신령님이 엄하게 막아서 올라갈 수가 없었다.

하루는 와룡리 사람들이 모여 우리도 사철산에 올라갈 수 있도록 하여 달라고 산신령에게 청원을 했다. 산신령은 그 말을 듣고 "매년 5월 단오날 하루만은 이 산에 올라와 즐겨라. 그러나 백 명 이상은 올라오지 말고 또 산에 올라와 한사람도 오줌을 싸면 안 된다."고 하는 조건부 허락을 했다.

마을 사람들은 이런 조건이라면 별것 아니라고 모두들 좋아했다. 그러나 이러한 기쁨도 곧 사라지고 말았다. 항상 와룡리를 시기해오던 복흥리 마을에서 그 말을 듣고 우리도 사철산에 올라가겠다고 했다. 와룡리 마을 사람들만 해도 2백 명 넘는데 4백 명이 넘는 복흥리 사람들도 가겠다니 큰일이었다.

한 마을에서 50명씩 가기로 한다면 해결되겠지만. 와룡리에서 주장하는 선취특권과 복흥리에서는 인구 비례를 내세우니 타결을 볼 수가 없었다. 특히 예전부터 복흥리 사람들은 와룡리 사람을 깔보아 와룡리 사람들은 큰 피해를 당했으니 그런 면에서도 타결될 수가 없었다. 두 마을 사이에 몇 차례 타협안이 오고 갔지만 끝내 해결을 보지 못하고, 마침내 두 마을 사이에 무력 충돌이 벌어졌다.

와룡리에는 청석이라는 장수가 있어서 모든 동민을 통솔했다. 청석은 나이가 이제 겨우 열여섯밖에 되지 않은 어린 사람이었지만, 지혜가 뛰어났고 구척장신에 힘이 항우와 같았다. 어려서부터 복흥리 사람들의 행패에 분격하여 언제든지 복수해야만 한다는 생각으로 멀리 광주 무등산에 들어가 도사 밑에서 무술을 배우고 돌아왔다. 와룡리 사람들이 복흥리 사람들과 무력 대결을 결심한 것도 사실은 청석을 믿었기 때문이었다. 복흥리에서도 그런 눈치를 채고 군사훈련에 힘썼다. 특히 복흥리 장수 유청은 손으로 바람을 일으키는 이른바 장풍(掌風)에 특기가 있어 널리 알려진 장수였다.

　두 마을 사이에 접전이 시작되었다. 그때 사철산에 놀러와서 바둑을 즐기고 있던 신선들도 이들의 싸움을 흥미 깊게 지켜보았다. 주신인 산신령은 복흥리의 유청 장군에게 호감을 가지고 응원했으나, 아내인 여신은 와룡리의 청석 장군을 응원했다. 그래서 산신령은 유청에게 황룡을 보냈고, 여신은 청석에게 청룡을 보냈다.

　싸움이 유청과 청석의 말싸움에서 시작되었다. 유청이 "허허, 하룻강아지 범 무서운지 모른다고 와룡리에는 사람이 없어서 저런 계집애 같은 어린것을 보냈느냐, 나는 저런 애숭이와는 상대할 수 없으니 다른 사람을 보내라."라고 했다. 그랬더니 청석이 "우리 마을에선 항상 평화를 사랑하는데 너의 마을에선 무엇이 어떻다고 사사건건 우리를 괴롭히느냐, 내 이제 하늘의 뜻에 따라 이 자리에서 이상 그대들이 엎드려 사죄하지 않는 이상 단연코 용서치 않으리라."고 했다.

　유청은 청석의 말을 듣고 깜짝 놀랐다. 청석의 낭랑한 목소리는 저력이 있어 귓전을 크게 울리는 것을 보고 무술이 뛰어남을 알았기 때문이었다. 그러나 백전백승의 용장 유청도 물러날 사람은 아니었다. 유청은 벽력같은 고함을 치며 손바람을 일으켜 와룡리 쪽으로 보내자 와룡리 사람들은 큰 태풍을 만난 듯 비틀거리며 넘어졌다. 청석도 도술을 부려 복흥리 사람들을 쓰러뜨렸다.

　그때 구름 속에서 갑자기 빨간 땀방울이 몇 방울 떨어지더니 급기야는 누런 황룡이 쏜살같이 뇌성벽력을 치며 사철산으로 날아갔다. 뒤이어 청룡 한 마리가 날쌔게 황룡의 꼬리를 물고 쫓아갔다. 사철산 봉우리에 황룡과 청룡이 얽혀 격투가 벌어졌을 때 사방 천지에는 핏방울이 비 오듯 쏟아지고, 또 번개와 천둥은 삽시간에 억수같은 비를 몰고 왔다. 잠시 후 황룡이 청룡에게 패하여 축 떨어지더니 커다란 바위로 변했다. 그 바위는 용이 누워 있는 형상이다. 복흥리 사람들은 모두 땅 위에 엎드려 와룡리에 항복했다.

청석은 곧 몸을 날리어 구름을 타고 사철산으로 날아갔다. 그때 천지를 흔드는 무서운 뇌성과 함께 사철산이 와르르 무너졌다. 모든 사람들이 살펴보니 청석이 사철산 봉우리에 꿇어앉아 오줌을 싸고 있었다. 잠시 후 청석은 온데간데없이 사라지고 말았다. 사람들은 모두 앞을 다투어 사철산으로 올라갔다. 바위 위에는 조금 전에 청석이 무릎을 꿇었던 곳에 무릎자국이 패어 있었고 오줌 줄기는 희게 굳어져 있었다.

두 마을 사람들은 그때까지 헛된 싸움을 한 것을 후회하며 서로 부둥켜안고 이제부터 형제처럼 다정하게 살자고 다짐했다. 그 후 지금까지 잘 살아온다.

● 대단한 이야기에 깊은 뜻이 있다. 신들의 농간에 말려들어 함부로 싸우지 말고 사람들끼리 정신 차리고 평화스럽게 살라고 한다. 대단한 깨우침이다.

취객을 홀리는 여우고개

여우고개는 4백여 년 전부터 김제시 용동에 터를 잡고 살아온 진주강씨의 선산으로, 일명 귀비기재로 불린다. 옛적에 강태진이라는 사람이 장도감(場都監)으로 일하면서 장날마다 시장 사용료를 받아 고을 원님에게 바쳤다. 그런데 어찌나 술을 좋아했던지 항상 만취가 돼서 집으로 갔다.

여우고개 중턱을 넘어서 집으로 돌아갈 때 묘령의 아가씨가 나타나 강태진을 유혹해 함께 걸어갔다. 그런데 비석거리까지 같이 아가씨가 찬바람을 일으키며 사라져버렸다. 그 뒤로도 강태진이 술만 취하면 그 아가씨가 나타나서 같이 길을 걷다가 비석거리에만 오면 사라지곤 했다. 마을 사람들이 강태진의 말을 듣고 백 년 묵은 백여우라고 알려줬다. 강태진은 그 아가씨를 죽이기로 결심하고 칼을 숨긴 채 술에 취한 척 비틀거리며 여우고개로 향했다. 그 아가씨가 나타나자 칼로 찔렀지만 한쪽 귀만 잘린 채 그 아가씨는 백여우로 둔갑하여 도망쳐버렸다.

그 뒤부터 강태진은 되는 일이 하나도 없고 장도감 자리에서 쫓겨났다. 목구멍에 풀칠을 하기 위해 체 장수가 되어 충청도 어느 고을 농가에서 하룻밤을 지내게 되었다. 그런데 주인의 아내가 아프다고 무당을 불러서 굿을 하고 있는데 자세히 들어보니 "전라도 김제 땅 강태진이란 놈 하는 일마다 망하고 염병이나 앓다가 죽어라." 하며 주문을 외는 소리가 들리는 것이었다. 하도 이상해서 가까이 가보니 그 무당은 귀가 잘린 백여우가 틀림없었다.

강태진이 커다란 방망이로 그 무당을 내리치자 무당은 백여우로 둔갑하며 죽었다. 그 부인도 병에서 나았다. 강태진은 고향으로 돌아와 행복하게 살았다고 한다. 속담에 "여우도 돌봐야 잘 산다"는 말이 있는데 여우고개 이야기에서 비롯했다고 한다.

● 여우가 둔갑한다는 전승이 많은 상상을 하게 한다. 그런 이야기를 그리 복잡하지 않게 해서 이해하기 쉽다.

효성으로 놓은 홀어미다리

금산면 청도리 마을에 한 과부가 살고 있었다. 부자는 아니었지만 혼자 몸으로 남매를 키운 후 모두 출가시켰으므로 여장부라 했다. 그러나 과부는 나이가 많아질수록 삶의 허무함에 쓸쓸한 나날을 보내고 있었다. 그러던 어느 날 밭에 씨앗을 뿌리러 가던 과부는 어릴 적 한 동네 살았던 사내를 만나게 되었다. 둘은 오랜만에 만나 이야기를 나누다가, 사내도 홀아비라는 사실을 알게 되었고 그 후부터 둘은 사람들의 눈을 피해 서로 정을 나누는 사이가 되었다.

그 홀아비는 개울 건너 언덕바지에 집을 짓고 혼자 살고 있었기 때문에 과수댁이 만나러 가려면 개울을 건너야만 했다. 매일같이 밤이면 집을 나갔다가 새벽녘에 돌아오는 어머니의 행실을 수상하게 여긴 아들은 어느 날 밤 어머니의 뒤를 미행하여 모든 것을 알게 되었다. 그러나 아들은 어머니가 자식들을 위해 고생해온 세월이 측은하게 생각되어 모르는 체 덮어주고자 하였다. 그러나 밤마다 개울을 건너느라 젖은 옷을 말리는 어머니의 고생스러움에, 아들은 개울에 징검다리를 놓아주기로 하였다. 후에 이 사실을 알게 된 동네 사람들은 아들의 효성을 칭찬하며 그 다리를 홀어미다리라 부르게 되었다고 한다.

● 이런 다리가 여기저기 있어 전통사회가 경색되지 않았음을 말해준다. 윤리적 판단은 상대적이다. 관점에 따라 달라질 수 있다. 다른 관점이나 판단을 존중해야 한다. 이렇게 일러준다.

여름바람 불어오는 고잔들

남풍 부는 비에

남극엽(南極曄)

남풍 부는 비에 누역 삿갓 저 농부야
밭 갈아 밥 먹기는 그 아니 직분인가
고잔들 다 저문 날에 아름답다 농가로다

이런 시조가 있다. 한자어는 한자로 적고 풀이하면 "남풍(南風) 부는 비에 누역(도롱이) 삿갓 저 농부야, 밭 갈아 밥 먹기는 그 아니 직분인가. 고잔(古棧)들 다 저문 날에 아름답다 농가(農歌)로다"라고 하는 말이다.

● 남풍은 남쪽에서 불어오는 바람이고, 여름바람이다. 풍요로운 느낌을 자아낸다. 남풍이 불고 비가 올 때 도롱이 입고, 삿갓 쓰고 들에 나가 일하는 모습을 본다. 밭갈이 밥 먹는 것은 농부의 직분이다. 고잔(古棧)이라는 지명은 여러 곳에 있는데, 작자가 호남 사람이니 전라북도 김제에 있는 고잔이다. 고잔들 다 저문 날에 농사 노래가 아름답게 들린다.

김제 보기

미륵신앙의 성지, 금산사

금산사는 전라북도 김제시 금산면 모악산에 있다. 『금산사사적』에 의하면 이 절은 백제 법왕 1년인 599년에 창건되었다 한다. 금산사가 미륵신앙의 성지로 자리매김한 것은 통일신라 경덕왕 때 왕실의 후원을 받은 진표율사가 중창한 때부터다. 고려 시대에 들어와서는 미륵전을 중심으로 한 미륵계 사찰로 크게 발전했다. 금산사가 현재와 같은 미륵전과 대적광전이 공존하는 이불전형(二佛殿形) 사찰이 된 것은 임진왜란 후 폐허를 복구한 인조 13년(1635) 이후의 일이다.

지금 금산사의 가장 중요한 불교적 특징은 미륵사찰이 갖추어야 할 신앙 내용, 즉 미륵상생, 미륵하생, 미륵성불의 세계를 미륵전과 미륵장륙상을 통해 형상화하고 있다는 점이다. 미륵이 천인들을 위해 설법하고 있는 도솔천에서 다시 태어나기를 바라는 신앙을 '미륵상생신앙'이라 하고, 지금 당장 미륵보살이 사바세계로 내려와 중생을 제도하기를 바라는 신앙을 '미륵하생신앙'이라고 한다.

진표율사 때 융성한 금산사의 미륵신앙은 이후 면면히 계승되어 고려 시대에 이르러서는 금산사가 미륵을 주불로 모시는 법상종(法相宗) 근본도량이 되었다. 그 대표적 유적이 바로 미륵전(국보 제62호)과 미륵장육존상이며, 방등계단(보물 제26호) 역시 미륵신앙과 관련된 유적으로 추정된다.

금산사는 고려 혜덕왕사 대에 와서 삼원체제를 갖춘 대가람으로 발전했다. 1079년에 혜덕왕사는 인근에 광교원(廣敎院(경전연구와 교육)), 봉천원(奉天院(승방지구))을 설치하여 기존의 대사구(大寺區)와 함께 삼원체제로 발전시킨 것이다. 현재 대적광전 앞 왼쪽에 있는 다층석탑이 바로 정유재란 때 불타버린 봉천원 터에서 옮겨온 것이다.

금산사 경내에는 미륵전, 대적광전, 대장전(보물 제827호) 등의 목조 전각과 노주(露柱)(보물 제22호), 오층석탑(보물 제25호), 육각다층석탑(보물 제27호), 석등(보물 제828호), 당간지주(보물 제28호), 석련대(보물 제23호), 북강삼층석탑(보물 제29호), 혜덕왕사진응탑비(보물 제24호) 등 수준급 석조 유적이 많이 남아 있다. 이들 중 중요유적을 좀 더 자세히 살펴보자.

미륵전은 신라 경덕왕 21년(762)부터 혜공왕 2년(766) 사이에 진표율사가 가람을 중창하면서 미륵보살에게 계를 받았던 체험을 그대로 건물에 적용했다고 전한다. 미래의 부처인 미륵이 도솔천으로부터 하생하여 용화법회(龍華法會)를 열어 중생을 구제하는 법회 도량을 상징화한 법당이다. 지금의 건물은 인조 13년(1635)에 수문대사가 재건한 것이다. 금산사 미륵전은 법주사 팔상전과 함께 한국 불교 건축의 위대한 업적으로 꼽힌다.

미륵전에는 3개의 현판이 걸려 있는데, 1층은 '大慈寶殿(대자보전)', 2층은 '龍華之會(용화지회)', 3층의 '彌勒殿(미륵전)'으로 되어 있다. 미륵은 친구를 뜻하는 미트라(mitra)에서 파생한 마이트리야(Maitreya)를 음역한 것으로, 이것을 의역한 것이 자씨(慈氏)다. '大慈寶殿'이라는 이름은 여기서 나왔다.

▲ 미륵장육상

『미륵성불경』에, 미륵은 석가여래에 이어 먼 미래세에 도솔천에서 화림원(華林園)의 용화수(龍華樹) 아래로 내려와 세번의 설법을 통해 석가불이 구제하지 못한 중생들을 모두 구원한다고 돼 있다. 2층 편액 '龍華之會'의 용화가 바로 그용화수를 의미한다. 3층 편액 '彌勒殿'은 말할 것도 없이 미륵불을 직접 지칭한 것이다.

미륵전 내에는 거대한 장육존상(丈六尊像)인 미륵불과 협시보살인 대묘상보살(大妙相菩薩)과 법화림보살(法花林菩薩)이 봉안돼 있다. 경전에 의하면 미륵불이 하생할 미래세계는 인간의 수명이 84,000세, 키가 16척, 즉장육(丈六)이 된다고 묘사한다. 미륵계 사찰의 주불전들이 중층 혹은 3층인 이유는 거대한 미륵입상을 봉안해야 했기 때문이다.

현재 미륵전에 봉안된 미륵장육상은 우리나라 근대 조각의 개척자로평가받는 김복진(金復鎮, 1901~1940)이 석고에 도금한 불상을 다시 조성한 것이다. 지금도 남아 있는 불단 아래의 거대한 청동대좌는 정확한 조성시기를 알 수 없지만 통일신라 시대 진표율사가 단독상으로 조성한 미륵존상의 대좌가 아니면 조선 시대에 수문대사가 복원한 미륵존상의 것이아닌가 추측되고 있다.

방등계단(方等戒壇)의 기단은 상·하 2층으로 만들어져 있다. 계단은 불가에서 계를 설하는 신성한 장소이며, 계법을 수지(受持)하는 곳이다. 승가 생활에 있어서 승려로서 본격적인 의미가 부여되는 의례를 거행하는 곳으로 사찰에서 차지하는 위치는 막중하다.

현재 하층 기단 사면에 돌기둥이 남아 있는 것으로 보아 원래는 난간을 돌렸던 것으로 추측된다. 이 돌기둥마다 천인상(天人像)이 새겨져 있고, 사방 모서리에는 사천왕이 세워져 있다. 이와 같은 특별한 장엄과 공간 구성은 이 계단이 단순히 수계만을 위한 시설이 아니라 미륵상생 신앙과 관련이 있지 않을까 하는 추측을 불러일으킨다.

『미륵상생경』에 의하면 도솔천에는 내외 이원(二院)이 있다. 외원은 수많은 천인들이 즐거움을 누리는 곳이고, 내원은 미륵보살의 정토로서 내원궁(內院宮)이라고 불린다. 미래불인 미륵보살은 현재 내원궁에서 설법하면서 성불할 때를 기다리고 있다고 한다. 계단의 상하 2단의 기단은 도솔천궁의 내원(內院)과 외원(外院)을 상징한 것이며, 기단 면석에 새겨진 천인상들은 도솔천궁의 외원에 살고 있는 천인들을 표현한 것으로 보인다. 그리고 기단 바깥 아래의 난간은 도솔천궁과 그 아래의 천계(天界)를 구분하기 위한 것으로 이해된다.

일반적으로 계단 정면에는 석등이 설치되는 것이 통례이지만 이곳에는 석등 대신 석탑이 하나 서 있다. 그 위치에 석탑을 조성해놓은 의도가 무엇인지 확실히 알 수는 없으나, 아마 도솔천에 왕생하기 위해서는 탑을 깨끗이 하는 공덕을 쌓아야 한다는 믿음과 관련이 있는 것으로 보고 있다.

대적광전 오른쪽에는 독특한 형태의 노주(露柱)가 있다. 노주로 불리고 있지만 정체가 정확히 무엇인지 알 수 없다. 하지만 화사석(火舍石)을 잃은 석등을 연상할 수 있어 원래는 미륵전 앞에 놓아둔 석등이 아닌가 생각된다.

당간지주는 절에 중요한 행사나 법회가 있을 때 깃발을 걸어서 이를 알리거나 괘불을 거는 용도로 사용한다. 정연한 기단부와 지주의 다양한 조각 등이 우리나라에 현존하는 당간지주 가운데서 가장 완성된 격식을 갖

▲ 석련대　　　　　▲ 당간지주　　　　　▲ 노주

춘 작품이다.

　　대적광전에서 동남쪽으로 10여 미터 떨어진 곳에 석련대(石蓮臺)가 있
다. 하나의 화강석으로 각 면에 조각한 수법이 정교하고 아름답기 그지없
다. 그런데 이것이 불상을 올려놓는 대좌라면 대(臺) 위쪽에 넓고 깊게 파
놓은 구멍은 설명하기 어렵다. 따라서 법주사 석련지(石蓮池)와 같은 성격
의 유적이 아닌가 생각된다. 대적광전(大寂光殿) 왼쪽에 있는 육각다층석
탑(보물 제27호)는 점판암으로 되어 있다. 원래 금산사의 봉천원(奉天院)
에 있던 것을 옮겨온 것이다. 기단(基壇)은 지상에 6각의 화강암 석재 3단
이 놓이고, 각 면에 사자가 양각되었다. 하층은 복련(覆蓮), 상층은 앙련(仰
蓮)을 조각하였다.

　　혜덕왕사진응탑비(慧德王師眞應塔碑)는 고려 예종 6년(1111)에 세운 것
이다. 현재 탑비는 귀부와 비신만이 남아 있고 비의 머리 부분은 결실되었
다. 비의 앞면에 43행 77자씩으로 스님의 출생과 교화 활동, 입적 등을 적
었으며 그 둘레는 당초문으로 장엄했다.『해동금석원』에 의하면 이오가 짓
고 정윤(鄭允)이 썼으며 비음(碑陰)은 채추탄(蔡推誕)이 쓴 것으로 추정하
고 있다.

▲ 대장전

▲ 대적광전

　미륵전의 정면 서쪽에 앞면과 옆면 각 3칸씩의 다포식 팔작지붕인 대장전(大藏殿)이 자리한다. 대장전은 본래 진표율사가 절을 중창하면서 세워졌다. 미륵전을 짓고 이를 장엄하는 정중목탑(庭中木塔)으로서 가운데에서 우측 부분에 위치하였으며 정팔각원당형으로 조성했던 건물이다. 이렇듯 여러 차례 변화가 있었지만 전각 꼭대기에는 복발과 보주 등이 아직 남아 지금도 신라 때의 목탑 양식을 엿볼 수 있게 한다.

　마지막으로 대적광전이다. 정유재란 후 재건된 후 영조 52년(1776)에 중수했으며, 1926년에 보수를 했다. 1963년 보물 제476호로 지정됐으나 1986년 12월 6일 화재로 전소되어 보물 지정에서 해제되었다. 지금의 건물은 1990년에 복원한 것이다.

　법당 내부에 2단으로 불단을 쌓고, 그 상단에 서쪽에서부터 아미타여래·석가모니불·비로자나불·노사나불·약사여래의 순으로 좌상을 배열하고, 협시보살로는 아미타여래 좌우에 관음보살·대세지보살을 모셨으며, 비로자나불 좌우에는 문수보살·보현보살을 모셨고, 약사여래 좌우에는 일광보살·월광보살을 모셔 6구의 입상을 배치했다. 대웅전, 대광명전, 극락전, 약사전 등의 전각이 통합돼 있는 셈이다.

김제 관아와 김제향교

전라북도 김제시 동헌4길 46-1(교동 7-3번지)에 있는 김제관아는 부근의 김제향교와 함께 사적 제482호로 지정돼 있다. 동헌은 객사(客舍), 향교와 함께 지방의 핵심 건물이다. 김제관아 구역에는 지방 수령이 공무를 수행하는 청사로 썼던 동헌(東軒), 수령의 가족들의 생활했던 내아(內衙), 그리고 휴식공간인 피금각(披襟閣) 등이 현재 남아 있다. 김제동헌은 일제강점기부터 1960년대 초까지 읍사무소로 쓰이기도 했다.

김제동헌(전라북도 유형문화재 제60호)은 조선 헌종 8년(1667)에 창건되었다. 근민헌(近民軒)이라는 이름으로 불렸는데, 말 그대로 백성을 가까이하는 집이라는 뜻이다. 지방 관리로 나간 사람은 백성과 인화(人和)를 이루어 민복을 위해 힘써야 하는 의무를 진다. 조선 중기의 문신 신흠은 그의 「근민헌기(近民軒記)」에서 지방 수령이 백성을 가까이해야 하는 이유와 실천 방법을 이렇게 말한 바 있다.

> 가르치기를 엄한 아버지처럼 하고 무마하기를 인자한 어머니처럼 하며, 병폐를 제거하기를 용한 의원처럼 하고 자기 자신 검약하기를 처녀처럼 하면 백성들이 어떻게 가까이 하지 않을 것인가 아! 멀면 날로 성글어지고 성글어지면 백성은 떠나는 것이다. 반대로 가까우면 날로 친숙해지고 친숙해지면 백성이 모여든다. 가까이 하느냐 아니냐에 따라 떠나고 모여드는 것이 결정되는 것이다. 고을 하나는 비록 작지만 그것을 미루어 나라 전체에 확대 적용할 수 있는 것이니 수령이 고을에서 시험하고 있는 것은 바로 후일 조정에서 시험할 일이다."(『상촌집』)

김제동헌은 숙종 25년(1669) 당시 재임 중이던 김제군수 이세성이 중수하면서 당호를 사칠헌(事七軒)이라 지었다. '事七'은 지방 수령이 해야 할

▲ 김제 관아 근민헌

▲ 김제 관아 근민헌 내부

일곱 가지 업무를 힘써 한다는 의미다. 그 일곱 가지란 농업과 누에치기를 성하게 함(農桑盛)·호구를 늘림(戶口增)·학교를 일으킴(學校興)·군정을 정리함(軍政修)·부역의 균등(賦役均)·소송을 간명하게 함(詞訟簡)·간사하거나 교활한 자들과 단절함(奸猾息)을 말한다. 구조를 살펴보면 가운데의 오른쪽 6칸에 대청이 있고 왼쪽 4칸은 온돌방으로 되어 있다. 외벽은 사방 전체에 같은 형태의 문으로 되어 있고, 앞면 가운데 1칸과 뒷면 왼쪽에 출입문이 나있다.

한편 내아(전라북도 유형문화재 제61호)는 동헌과 함께 지어진 건물로 동헌 건물 뒤쪽에 위치하고 있다. 원래는 현존 건물 외에도 여러 부속 건물들이 있었을 것으로 생각된다. 전체적으로 간결한 모습이며 현재 남아 있는 내아 건물로서는 유일한 것으로 문화재적 가치가 높다.

근민헌 앞 오른쪽에 있는 작고 매력적인 목조 건물 한 채가 있으니 그 이름이 피금각이다. '피금(披襟)'은 '가슴을 열어젖힌다', '흉금을 털어놓는 다'는 뜻이다. 조선 중기의 문신 장유(張維)가 지방 수령으로 간 정홍명이 피금각을 지은 뜻을 헤아려 쓴 기문에서 피금각이 동헌 영역에 있는 이유가 밝혀진다.

　지금 군현(郡縣)에서 종사하고 있는 관원들을 보면, 해가 뜨자마자 정사를 행하면서 관아의 장부와 문서에 주묵(朱墨 : 붉은 글씨와 검정 글씨로 문장의 첨삭이나 퇴고를 함)을 가하고 문서를 관청에 올려 소송하는 일을 처리하며 곤장으로 혼내주느라 정신이 하나도 없는데, 그러는 동안에 먼지와 티끌만 눈앞에 가득하고 귀를 울리나니 시끄럽게 떠드는 소리뿐이다. 이런 상태가 극도에 이르면 정신은 뒤죽박죽이 되고 생각은 혼란스러워지면서 꽉 닫혀 막혀버린 채 해소할 길이 없게 된 나머지 다섯 개의 감각기관 역시 모두 그 기능이 정지되는 사태에 이르고 마는 것이다.

　(중략) 이런 때에 잠시 멍에를 풀어버리고서 앞이 탁 틔어 밝게 비치는 구역 속에 자기 몸을 들어앉히고 소요자적(逍遙自適)하며 시원한 바람과 천지간의 맑은 기운으로 답답한 회포를 날려버린다면, 마치 목마른 이가 물을 마시듯 무더운 여름철 물속에 뛰어들듯 숙취(宿醉)를 말끔히 풀어버리는 것 같이 될 것이다. 그리하여 조금 전에 혼미했던 정신이 명쾌해지고 어지러웠던 생각이 정돈되면서 눈은 밝아지고 귀는 잘 들리게 될 것이니, 이런 상태에서 계획을 세우고 일처리를 생각한다면 어느 경우건 온당하게 되지 않는 일이 없게끔 될 것이다. (중략) 기암자(정홍명)가 이 집을 지은 것 역시 이런 뜻을 터득한 것으로서 속리(俗吏)들의 행태와는 또한 다른 점이 있다고 해야 할 것이다.

　김제향교는 대성전, 명륜당을 비롯하여 동무·서무, 동재·서재. 내삼문, 만화루(萬化樓) 등으로 구성되어 있다. 공자를 위시한 유교 성현들을 배향하고 지방민의 교화를 위해 태종 4년(1404)에 창건되었다. 임진·정유 양란으로 거치면서 파괴된 것을 인조 13년(1635)에 중건했다. 입구의 누문 만화루는 고종 14년(1877)에 중건한 것이다. 이에 앞서 김종직이 이 향교의 만화루를 두고 지은 시가 전해지고 있는 것을 보면, 세종 성종 연

◀ 김제향교 명륜당

김제향교 대성전 ▶

간에 만화루가 그대로 있었던 모양이다. 갑오개혁 이후 신학제 실시에 따라 김제향교는 교육적 기능을 잃고 말았다. 현재 대성전에 5성(五聖)·송조 4현의 위패가 봉안되어 있고, 동무와 서무에 우리나라 18현의 위패가 모셔져 있어 배향의 장소로서의 의미는 유지되고 있다고 해야 할 것이다.

김제 즐기기

명천식당슈퍼

전북 김제시 공덕면 청공로 680-1(제말
리 289-17)
063-542-8486
주요 메뉴 : 제육볶음, 김치찌개
가격 : 제육볶음 8,000원(2인 이상 가
능), 김치찌개 6,000원, 닭도리탕
35,000원 등

간보기

넓은 투가리에 담겨 나오는 윤기 나는
제육볶음은 한눈에 당당한 전문가의 솜씨
임이 드러난다. 생활 경험 속에서 요리를
터득한 전문가가 양질의 신선한 재료를 가
지고 제 식구 음식 만들듯 거침없이 시원
하게 만든 음식이다.

맛보기

2016년 9월 찾아가 제육볶음을 주문했
다.

● 전체 _ 탱탱한 고기로 만든 제육볶음은
맛도 탱글탱글하다. 곁반찬도 성큼성큼 실
한 모습으로 맛에 대한 자신감, 신선한 재
료의 풋풋한 느낌이 한껏 묻어나와 입맛을
돋운다.

● 반찬 특기사항 _ 주메뉴 외에 곁반찬도
모두 다 오져서 신이 난다. 쑥갓무침, 오이
무침, 갓김치, 잔멸치볶음, 오이피클 모두
시골 아낙의 투박하면서도 속깊은 손맛이
나서 푸근한 기분으로 먹을 수 있다.

● 주메뉴 _ 제육볶음은 고기 자체의 맛을
그대로 투가리에 담아놓았을 뿐이라는 느
낌이 난다. 쫄깃한 식감과 적당히 볶인 고
기의 싱싱한 맛이 그대로 담겨 있다. 어릴

때 먹던 집돼지고기, 결혼이나 환갑에 잡던 돼지고기 맛을 그려도 실망하지 않을 거 같다. 양념은 그 고기 맛을 그대로 전하는 데 충실한, 요란스럽지 않은 품새가 좋다. 그러나 고기 맛을 살려내는 솜씨는 일품이다. 듬성듬성 썰어 넣은 파에도 약지 않은 인심이 살아 있다.

● 상차림 _ 그래도 서운한 것 한 가지는 말해야겠다. 국이 없다는 것. 김치찌개를 시키지 않으면 제육볶음만으로 국 없는 상을 소화해야 한다. 김치찌개를 시키는 것은 사실 추가 주문인 셈이어서 2인이 또 추가하기에는 양적으로 부담스럽다. 또한 그리하려고 해도 식당 사정으로 조기 소진되어 주문할 수 없다.

김치 : 갓김치도 배추김치도 맛있다. '살풋'보다는 조금 더 숙성한 김치가 사각거린다. 아마 이런 김치 덕에 찌개가 제 맛을 낼 것이다.

맛본 후

식당 모습에서는 한눈에 인근 마을사람들의 애정으로 커온 내력을 읽어낼 수 있다. 도대체 유명한 맛집이라곤 있을 것 같지 않은 전형적인 시골 동네 고샅길에 위치한 것과 아직도 겸하고 있는 슈퍼와 정육점이 이를 말해준다.

식당 입구에 있는 소박한 슈퍼와 작은 고깃집의 공간을 통과하면 식당으로 들어올 수 있나. 식닝 엉벅으로 늘어서년 입구 슈퍼 쪽에서는 짐작할 수 없는, 식탁이 놓인 대형 공간이 펼쳐진다. 슈퍼, 고깃집부터 시작하여 식당으로 영업을 확장해온 내력이 보인다.

전라도가 이래서 전라도인가 보다. 수준 높은 맛쟁이들이 어디나 있는 곳 덕분에 소박한 맛집이 고샅에 방앗간마냥 있다. 수준 높은 맛쟁이들이 키워낸 동네 맛집은 오늘이 처음인 양 소박하게 늘 그날처럼 고기 팔고 과자 팔고 하면서, 한편에서는 그 맛난 제맛 나는 전라도 음식을 만들어내었다. 덕분에 부담스럽지 않은 값에 오늘도 먹는 복을 감사하게 누렸다.

마침 찾아간 날이 지평선축제 하루 전날, 절기가 절기인지라 채 추수하지 않은 논에는 고개 숙인 익은 벼가 가득하다. 끝없이 펼쳐지는 만경평야, 바다처럼 아스라한 황금 들판 끝 어스름. 눈으로 더듬기도 쉽지 않다. 가도 가도 끝없는 논배미는 넋을 놓고 끝자락 어름을 찾아도 시야에 잡아넣기 힘들다.

캐나다 들녘을, 가도 가도 눈이 시린 곳이라고 했던가. 그곳은 여름에도 만년설 아래 펼쳐진 서늘한 들녘이라야 제맛이다. 눈만 시린 것이 아니다. 가슴도 시리다. 너무나 거대하고 아름다운 대자연은 그 자체로 온전하므로 그 안의 인간이 왜소하고 소외되어 기댈 데가 없고 시리다.

김제 만경평야는 가면 갈수록 가슴이 실해진다. '징게맹갱 외에밋들(김제 만경 너른 들)' 만경평야의 논은 자연에 심은 인간의 자국이다. 눈과 가슴이 실해지는 느낌은 자연을 품은 인간, 인간을 품은 자연의 힘이 전해오는 것, 이런 생각은 나만의 것일까. 이곳에서는 눈도 가슴도 시리지 않고 따뜻하다.

그곳에서 쌀밥에 제육볶음이다. 만경 부농의 곳간을 가진 부자의 호사스런 밥상이다. 따뜻하고 맛난 음식, 황금들녘을 눈속에 담은 부자. 더 바랄 것이 있는가.

혹시 김제에서도 가슴 시렸던 기억을 더듬고자 하면 조정래의 『아리랑』과 문학마을, 그 문학관을 찾을 일이다. 풍성해서 더 수탈에 노출되었던 김제, 일제시대의 그 아픈 기억과 마주하게 된다.

그래도 김치찌개를 먹을 수 없는 것은 작은 유감이었다. 어떻게 해도 세 끼의 미망에서 벗어나지 못하는 속인이 된다. 오늘은 일찍부터 김치찌개 재료가 다해 주문을 받을 수 없단다. 식사 후 들은 얘기로는 인근 공사장 인부들이 점심에 대거 김치찌개를 주문하기 때문에 4시경이면 떨어져 저녁상에는 올리기가 힘들단다.

소문난 김치찌개를 먹을 수 없어서 섭섭하지만 이것을 빌미로 다음을 기약할 수 있으니 그 또한 남은 복이리라. 다음을 또 기약하자. 추석 명절 기다리는 마음으로.

가까운 만경강은 놓치지 말 일이다. 제대로 보고 싶으면 20킬로미터 남짓에 있는 망해사를 권한다. 망해사 앞의 만경강과 서해의 기수역(汽水域), 새만금, 뒤의 만경평야가 김제를 제대로 보여준다. 그 잔상만으로도 1년은 행복할 것이다.

남원

南原

보절면

닥과면

아영면

산동면

사매면

인월면

황산대첩비 ●

향교동

도통동

대산면 죽항동 동충동

왕정동 ● 남원시청

금동 ● 광한루원

노암동

주생면

이백면

운봉읍

실상사 ●

산내면

주천면

뱀사골 ●

대강면

금지면 송동면

수지면

전북 남동쪽에 있다. 반야봉(盤若峰), 노고단(老姑壇), 명선봉(明善峰), 만복대(萬福臺)를 비롯해 많은 고봉이 솟아 있는 사이에 남원분지, 운봉분지 등의 분지가 있다. 여러 하천이 섬진강으로 흘러간다. 이중 요천은 시내를 가로질러 흐른다.

고랍국(古臘國)이었다가 백제에 합병되었다. 통일신라 때에는 남원경(南原京)이었다. 백제가 신라를 막기 위해 쌓은 교룡산성이 남아 있다.

실상사(實相寺)가 오래된 절이다. 이성계(李成桂)가 황산대첩(荒山大捷)을 이룩해 왜구를 격파했다. 관련 내용을 담은 황산대첩비지가 남아 있다.

지리산 둘레길은 인접한 세 개 도(전라남북도, 경상남도)가 조성한 300킬로미터의 도보여행길인데, 남원 지역의 지리산도 걸어서 돌 수 있다.

광한루(廣寒樓)가 조선 시대 세종 때 건립되었고, 나중에 「춘향전」의 무대가 되었다. 광한루를 포함한 광한루원은 산수정원으로 유명하고, 춘향제가 열린다.

춘향테마파크가 광한루 맞은편에 조성되어 있다. 「춘향전」이 영화화될 때 배경지로 많이 활용되었다. 남원 운봉은 동편제 창시자로 알려진 송흥록 출생지로서 '국악의 성지'에 관련된 기념물이 있다.

만복사지는 김시습의 『금오신화』 중 한편인 「만복사저포기」의 배경이다. 정유재란 때 소실되어 터만 남아 있다. '만인의총'은 정유재란 때 왜군에 맞서 싸웠던 관군과 민군의 합동묘이다.

사매면이 『혼불』의 무대여서 일대에 혼불문학관과 관련 기념물이 조성되어 있다.

지리산 권역에는 반야봉과 바래봉, 뱀사골계곡과 달궁계곡, 구룡계곡 등이 있으며 흥부골자연휴양림이 조성되어 있다. 이중 반야봉은 지리산의 주봉 중 하나로서 단풍제와 고로쇠약수제를 한다. 바래봉에서는 철쭉제와 눈꽃축제를 한다. 특히 뱀사골계곡은 오래된 관광지로 여름 피서철과 가을 단풍놀이철에 많이 찾는다.

남원 지역의 대표적 인물로는 거문고 명인 옥보고, 동편제 대가 송흥록, 여류시인 김삼의당 등을 들 수 있다.

추어탕을 대표음식으로 육성하고 있고, 추어탕거리가 조성되어 있다. 특산품으로는 목기와 칼이 유명하다.

남원 알기

미래를 예언하는 실상사

실상사(實相寺)는 산내면 입석리 지리산에 있는 절이다. 신라 흥덕왕(興德王) 3년(828) 홍척(洪陟)대사가 당나라에 유학하고 돌아와 선정처(禪定處)를 찾아 2년 동안 전국의 산을 다닌 끝에 현재의 자리에 발길을 멈추고 창건했다고 한다.

약사여래 철불은 국가에 좋은 일이 있을 때마다 얼굴과 가슴에서 땀을 흘리고 빛을 내는 것으로 유명하다. 해방될 때도 그랬고, 88올림픽을 비롯해 몇 차례 좋은 일이 있을 때도 그랬다.

법당 안에 동종(銅鐘)이 있다. 이 종에 한국 지도와 일본 지도가 새겨져 있어, 이 종을 치면 일본의 경거망동을 경고함과 동시에 한국을 흥하게 한다는 이야기가 있다. 이 같은 이야기 때문에 일제 말기에는 주지가 문초를 당하기도 하고, 종을 치는 것이 금지되었다고 한다. "일본이 흥하면 실상사가 망하고 일본이 망하면 실상사가 흥한다"는 말이 전하기도 한다.

석탑 안에 장차 어느 지도자가 정권을 잡을 것인지 알 수 있는 비결이 감추어져 있다고 한다. 박정희 대통령 시절에 청와대 비서가 찾아와서 비

▲ 실상사

결을 보여달라고 간청해도 주지가 거절했다고 한다.

● 신이한 곳 신이한 사찰에 신이한 전승이 있다.

이성계의 황산대첩

황산대첩의 경과

황산(荒山)은 남원시 운봉읍 소재지에서 동쪽으로 약 8킬로미터 떨어진 해발 695미터의 바위산이다. 우왕 6년(1380)에 삼도순찰사 이성계(李成桂)는 이 산에서 배극렴(裵克廉), 이두란(李豆蘭) 등과 함께 함양에서 공격해 오는 왜구들과 치열한 전투를 벌여 큰 승리를 거두었다. 적이 험지에 자리 잡고 버티자 이성계는 위험을 무릅쓰고 산 위로 올라가 무찌르고, 활을 쏘아 적장 아지발도(阿只拔都)를 사살했다.

▲ 황산대첩비

『용비어천가』의 노래

『용비어천가(龍飛御天歌)』에서 이에 관해 노래했다. 제47장에서는 "片
箭 ᄒᆞ나태 島夷 놀라ᅀᆞᄫᅵ니 어늬 구더 兵不碎ᄒᆞ리잇고"(짧고 작은 화살 하
나에 섬도적이 놀라니, 어느 것이 굳어 적의 군대가 부수어지지 않겠습니
까?)라고 해서 활로 적장을 죽인 것을 말했다. 제48장에서는 "石壁에 ᄆᆞᄅᆞᆯ
올이샤 도ᄌᆞᄀᆞᆯ 다 자ᄇᆞ시니 현번 ᄠᅱ운들 ᄂᆞᆷ이 오ᄅᆞ리잇가"(석벽에 말을 올
리시어 도적을 다 잡으시니, 한 번 아니라 몇 번을 뛰어오르게 한들 남이
오르겠습니까?)고 해서 석벽으로 말을 타고 올라가 도적을 잡는 것을 말
한다.

『동국여지승람』의 기록

『동국여지승람』 운봉현(雲峯縣) 조에 싸움의 경과가 자세하게 기록되어
있다.

애구(倭寇)가 함양(咸陽)을 도략히고, 또 남원산성(南原山城)을 지고는 물러나

운봉현(雲峯縣)을 불질렀다. 인월역(引月驛)에 주둔하고서 장차 북상(北上)하겠다고 소리치매 온 나라가 소란스러워졌다. 태조(太祖)가 변안렬(邊安烈)과 더불어 남원에 이르니, 배극렴 등이 길에 나와 배알하고 기쁘고 좋아하지 아니하는 사람이 없었다.

태조가 이른 아침을 기하여 적과 싸우려 하니, 여러 장수들이 모두 말하기를, "적은 험한 곳에 의지하고 있으니, 그들이 나오기를 기다려 싸우는 것만 못할 것"이라고 했다. 태조가 "나라를 위해 군사를 일으켰으니, 적을 만나지 못할까 두려워하는 것인데 이제 적을 보고서도 치지 아니한다면 되겠느냐."라고 했다. 밝은 아침에 군사들에게 맹세하고 동으로 운봉을 넘어 적과 수십 리를 두고 대치하게 되었다.

황산 서북쪽에 이르러 정산(鼎山)의 봉우리에 오르는데, 길 오른편에 험한 길이 있었다. 태조가 이미 험지에 들어, 적들이 날카로운 창을 가지고 뛰어나왔다. 태조가 50여 발을 쏘아 적의 면상을 적중시키니, 활을 당기기만 하면 죽지 않는 놈이 없었다. 적이 험한 산에 의지하고 스스로 굳게 지키매, 태조는 사졸을 지휘하여 요해지에 나누어 의거하니, 적은 죽을 힘을 다하여 대항했다. 태조는 다시 소라를 불어 군대를 정돈하고 개미처럼 붙어 올라가니, 적은 태조를 여러 겹으로 에워쌌다. 태조가 그 자리에서 여덟 놈의 적을 죽여 없애니 적이 감히 앞으로 나오지 못하였다. 태조가 하늘의 해를 가리켜 맹세하고 좌우에게 이르기를, "겁이 나는 자는 물러가라. 나는 적에게 죽을 터이다." 하니, 장사들이 감동되어 용기백배했다.

적장 중에 나이 겨우 15, 16세 되고 이름이 아지발도라는 자가 있었는데, 태조는 용맹스럽고 날랜 것을 아껴서 사로잡으려고 하니, 이두란은 "죽이지 아니하면 반드시 사람을 상해할 것"이라고 했다. 태조가 아지발도의 투구를 쏘아 맞히니 투구가 떨어졌고, 이두란이 재빨리 사살하니, 이에 적은 기세가 꺾였다. 태조가 선두에 서서 돌격하여 크게 격파하니, 시냇물이 붉은 핏물이 되었다. 처음에 적의 수는 아군의 10배나 되었는데 겨우 70여 명이 지산으로 도망하였다.

전설 1 : 아지발도와 할머니

왜구 장수 아지발도는 나이가 어린데도 무예가 뛰어나고 두꺼운 갑옷과 투구를 쓰고 있어서 화살을 쏘아도 잡을 수가 없었다.

이성계는 아지발도를 잡으려고 며칠째 황산에서 기다렸으나, 아지발도는 꼭 황산 앞에서 자기들 진지로 되돌아가 계속 실패만 하였다. 아지발도는 조선을 침략하기 전에 누이로부터 조선의 황산을 조심하지 않으면 죽을 것이라는 말을 들었다고 한다.

하루는 아지발도가 자고 있는데, 아직 새벽이 되지도 않았는데 닭이 울었다. 아지발도는 닭이 우니까 새벽인가 싶어 일어나 고남산 쪽으로 올라갔다. 이성계는 "옳다!" 싶어서 마침 그곳을 지나가는 할머니를 시켜서 아지발도 앞으로 보냈다. 아지발도가 "여기 어디에 황산이란 곳이 있느냐?" 하고 물으니 할머니는, "여기엔 황산이란 곳이 없다."고 거짓말을 했다. 그랬더니 아지발도는 안심하고 계속 앞으로 걸어왔다.

이윽고 날이 완전히 밝을 무렵 아지발도가 황산으로 올라오므로 퉁두란이 화살을 쏴서 아지발도의 투구를 맞추었다. 아지발도는 땅에 나뒹굴며 입을 벌렸다. 그때 이성계가 아지발도의 목구멍에 활을 쏘았다. 아지발도는 많은 피를 흘리고 죽었다.

아직도 황산 아래 바위가 벌겋다. 사람들은 그것이 아지발도의 피라고 하면서 그 바위를 피바위라고 부른다. 이성계가 아지발도를 죽인 것을 계기로 고남산은 태조봉이라고도 불린다.

전설 2 : 아지발도를 쏜 이성계의 화살

이성계는 왜구와 싸울 때 팔랑치 바람을 끌어들여 화살을 실어 쏘았다. 화살의 방향과 바람의 방향이 같아 화살의 위력이 두 배로 강해졌다. 결국 화살은 아지발도의 목을 뚫고 대승을 거두었다. 아지발도가 온몸이 갑옷으로 무장되어 있어 화살이 뚫을 수 있는 곳은 목뿐이었다. 바람이 불어와 갑옷을 날리니 아지발도가 "아! 황산바람 세구나." 하고 입을 열었다. 그 순간 입에 화살을 쏘았다. 바람을 인도해 왔다는 뜻으로 마을 이름을 인풍리(引風里)라 하였다.

전설 3 : 이성계와 울독치

이성계는 왜구와 전투에 대비해, 도술을 사용해 부근의 돌들을 모두 이곳 황산으로 모이도록 했다. 주변의 초목들도 황산 쪽을 향하라고 했다. 모여든 돌들은 적개심에 들떠 왜구와 싸울 때를 고대하고 있었다. 그러나 황산대첩으로 왜구는 섬멸되고 말았다. 돌들은 자신들의 역할을 다하지 못한 아쉬움에 눈물을 흘렸다. 돌들은 왜구가 인월(引月)에 침입해 온갖 만행을 자행했으므로 분함을 참지 못해 울고, 자기들이 왜구를 물리치지 못해 울었다고 한다. 그래서 울독치, 웃도치, 명석치라는 지명이 전해오고 있다. 그 후에도 전란을 당할 때마다 이곳 바위들이 밤새 서서 울었다고 한다. 지금도 돌들이 선 채로 있다.

황산대첩비

당시의 승전 사실을 길이 전하기 위해 선조 10년(1577)에 황산대첩비(荒山大捷碑)를 건립했다. 김귀영(金貴榮)이 글을 짓고, 송인(宋寅)이 글씨를 썼다. 1945년 1월에 일제의 경찰은 비를 폭파하고 비문의 글자를 긁어 버렸다. 1963년에 이 비를 사적으로 지정하고, 용을 새긴 이수(螭首)와 거북 모양의 귀부(龜趺)는 남아 있는 것을 그대로 이용하고 비를 만들어 세웠다. 1973년에는 비각을 세우고 주위를 정비했다. 깨어진 비는 파비각(破碑閣)에 보존하고 있다.

황산대첩비터에서 왼쪽으로 길을 잡아 약 50미터쯤 가면 어휘각(御彙

閣)이 있다. 황산대첩 후 1년이 지나 이곳을 다시 찾은 이성계가 황산대첩의 승전을 기리고자 자신의 이름과 함께 황산전투에 참가했던 장수들의 이름을 이 바위에 새겨 넣었는데, 일제는 이것도 정으로 쪼아 알아보지 못하게 만들었다.

황산대첩비를 읽고(讀荒山大捷碑)　　　　　　　　　정약용(丁若鏞)

溪邊繫馬杜棠枝	시냇가 팥배나무 가지에다 말을 매고
杖策上讀荒山碑	단장 짚고 올라가 황산비를 읽노라.
鐵畫巉巖伏虎豹	군센 획 가파른 바위 호랑이가 엎드리고,
璘霶煜霅遁魖魖	번쩍번쩍 빛이 나서 도깨비도 도망가네.
赫赫神威凜如昨	혁혁하고 신령스러운 위엄 어제 일 같으니,
何況當年身值之	당시에 몸소 겪는 분들이야 어쨌겠나.
螳螂可敬蛙可式	사마귀나 개구리라도 대견하도다.
阿只拔都奇男兒	아지발도라는 녀석 기이한 남아로다.
人年十五眇小耳	사람 나이 열다섯이면 어리기 짝이 없어
蔥笛堪吹竹堪騎	파피리 불어대고 죽마 탈 시절인데,
敢與虬髥作頡利	감히 규염과 같고, 길리가 되어서
越海萬里專旌麾	만 리 바다 넘어 깃발을 휘두르니.
彤弓百步落罌缶	붉은 활로 백보에서 항아리 끈 떨구고,
負樹發箭爭安危	나무 등지고 활 쏘아 안위를 다투었네.
妖星既隕衆彗倒	요망한 별 떨어지자 뭇 혜성이 뒤집어져,
澗石千年殷血滋	시내 돌에 천년토록 검붉은 피 배어 있네.
鄭公無謀和尙喋	정공은 무모하고 화상은 함부로 구니
天意人心當屬誰	천심 인심 마땅히 누구에게 돌아갈까.
此擧夜壑舟已徙	이 공적으로 한밤중 골짝에 배가 자리 옮겨,
不待威化回軍時	위화도 회군을 기다릴 것까지 없었네.

"사마귀나 개구리라도 대견하도다"는 왜적에도 인물이 있다는 말이다. "규염"과 "길리"는 중국 당태종 시절의 반역자이다. "붉은 활로", "나무 등지고 활 쏘아"는 이성계가 이두란과 활쏘기 시합을 하면서 뛰어난 기량을 보인 것을 말한다. 무모하다는 "정공"은 정몽주(鄭夢周)이고, 함부로 군다는 화상은 신돈(辛旽)이다. "한밤중 골짝이 배가 자리 옮겨"는 고려를 대신해 조선왕조를 건국하는 역사의 전환이 암암리에 시작되었다는 말이다.

● 황산대첩은 이성계가 민족의 영웅으로 숭앙되어 조선왕조를 창건할 수 있게 하는 대사건이다. 여러 갈래의 전승에서 다투어 찬양하는 것이 당연하다. 왜장 아지발도를 죽인 사람은 여진 귀화인 장수 이두란(李豆蘭, 또는 之蘭, 본명은 퉁두란)이었는데 이성계였다고 말이 바뀌어 전한다. 이성계만 숭앙되고 사람들의 공적은 약화되자, 이름 없는 할머니는 물론 바람이나 돌까지도 큰 사명을 맡았다고 하는 전설이 나타나 깊이 새겨야 할 반론을 제기했다.

황산대첩에 관한 전승을 모아서 장편 서사시를 이룩하는 것이 바람직하다. 『용비어천가』는 서사시이지만 단편인 언급을 하는 데 그쳤다. 정약용은 서정시를 짓는 데 그쳐 전투의 경과는 말하지 않았으며, 아지발도에 관한 이해나 서술이 서사시와는 거리가 멀고 치졸하다고 하지 않을 수 없다. 정약용이라도 다 잘할 수 있는 것은 아니다. 황산대첩비를 일제가 없애고 다시 만든 것까지 포함시켜 사건의 전모를 다시 말하면서 갖가지 전승에 나타난 상반된 목소리를 살리는 작업을 역량 있는 시인이 맡아서 할 만하다.

산신령이 귀양 가고 없는 뱀사골

남원시 산내면 반선리에 뱀사골 유래담이 전해온다. 이성계가 왕으로 등극하려고 할 때, 다른 산신령들은 다 허락했는데 지리산 산신령만은 허락을 하지 않았다. 그래서 이성계는 경상도에 있던 지리산을 전라도로 귀양 보냈다.

지리산 반선에 옛날에는 커다란 절이 있었다. 지리산의 다른 골짜기에도 절이 몇 군데 있었으나 반선의 절만 유독 번창하였다. 어느 해 섣달 그믐날 저녁에 뜬금없이 하늘에서 선녀가 내려오더니 스님 한 명을 싸가지고 올라갔다. 스님들이 생각하기를 "우리 절이 좋으니까 신선이 돼서 올라가는가 보다."라고 했다. 이듬해 또 선녀가 내려와 스님을 싸가지고 올라갔다.

여러 해를 계속해서 스님들이 하늘로 들려 올라갔다. 남은 스님들이 가만히 생각해보니까 선녀에게 들려 올라간 스님들의 순서가 나이순이었다. 이제 스님들은 올해는 누가 올라가느니, 내년에는 누가 올라가느니, 나는 몇 년 남았느니 등등의 이야기를 했다. 다들 신선이 된다는 생각에 마음이 설레었다.

그러다가 한 스님의 차례가 되었다. 신선이 되어 하늘로 올라갈 날이 얼마 남지 않은 때, 이 스님은 어릴 적 동문수학했던 친구를 만나보기로 하였다. 스님의 친구는 정승이 되어 있었다. 한양으로 올라간 스님은 정승 친구를 만나서 그동안의 이야기를 하고, 이제는 자기 차례가 되었는데 떠나기 전에 친구가 보고 싶어서 왔노라고 했다.

정승 친구는 가만히 듣고 있다가 장삼을 한 벌 지었다. 장삼을 지으면서 삼베 옷감에 비상을 버무렸다. 흰 겁을 그렇게 하고는 또 나른 한 겁에도 비상을 버무려 장삼을 두툼하게 만들었다. 스님이 떠날 때 그 만든 장삼을 주면서 하늘로 들려 올라갈 때 꼭 입으라고 했다.

장삼을 받아들고 절로 내려온 스님은 섣달 그믐날을 기다리고 있었다. 드디어 그날이 되어서 두툼한 장삼을 입고 앉아 있으니 과연 하늘에서 서기가 내리더니 선녀가 와서 스님을 싸가지고 올라갔다. 주변의 다른 스님들은 축원을 하였다.

이튿날 뱀사골 안에서는 하늘이 무너지는 소리, 산천이 다 어긋나는 것 같은 엄청난 소리가 났다. 사람들은 너무나 무서워서 문을 열고 나올 수조차 없었다. 하루 저녁 하루 낮을 그렇게 하더니 조용해졌다. 사람들이 하늘이 무너졌나, 산천이 무너졌나 궁금해하며 밖으로 나와보니 물가에서 핏물이 흐르고 있었다.

그 핏물을 따라 사람들이 올라가보니 뱀소 둔덩이에서 핏물이 흘러나오고 있었다. 가보니 이무기가 죽어 있었다. 이상해서 이무기의 배를 갈라보니 장삼을 입은 스님이 들어 있었다. 하늘에서 내려온 선녀는 조화를 부린 이무기였던 것이다. 이무기가 사람을 잡아먹으려고 선녀로 변하여 하늘에서 내려오는 것처럼 했던 것이다. 이렇게 이무기가 지리산에서 사람을 잡아먹은 것은, 지리산을 지키는 산신령이 귀양을 가고 없었기 때문이다.

그 뒤로 절은 쇠퇴하기 시작했다. 이무기한테 스님들이 잡아먹혀서 스님의 수도 줄었을 뿐만 아니라, 신선이 되어 하늘로 올라가는 줄 알았는데 이무기한테 잡아먹힌 것이었으니 남은 스님들도 힘이 날 리가 없었다.

하루는 대처 중이 이무기를 죽게 한 스님의 친구인 정승을 찾아갔다. 이무기가 죽은 일을 자세히 얘기하니, 정승은 절을 불로 다 태워버리고 그 골짜기를 반선(返仙), 곧 신선이 되어 올라간 곳이라고 부르라고 했다. 뱀사골이란 말은 뱀(이무기)이 죽었다는 데서 유래되었다.

● 선녀로 가장한 이무기에게 잡혀 무어가 무언지 모르고 하늘로 올라가는 스님은 어리석음의 표본이다. 잡혀가는 스님이 신선이 된다고 오판하고 축하하는 다른 스님들은 그럴듯하게 말하면 우림고수(愚林高手)이다. 불법을 수행하면 어리석게 되는가? 지리산 산신령이 귀양 가고 없어 스님들을 보호하지 못했다니, 부처는 직무유기를 일삼는데 섬겨서 무얼 하는가? 지리산 산신령이 등극을 반대했다고 귀양 보낸 이성계는 위대하다. 잡혀갈 순서가 된 스님 옷에 독약을 넣어 이무기가 먹고 죽게 한 정승도 훌륭하다. 이무기, 신선, 산신령, 부처 따위를 섬기는 어리석은 신앙을 우열을 가리지 말고 모두 버리고, 사람이 스스로 지닌 지혜를 발현해야 한다는 이야기를 조금도 어렵지 않고 흥미롭기만 한 방식으로 했다.

은혜 갚은 호랑이 전설, 호성암

남원시 사매면 서도리 노봉마을 노봉마을의 뒷산 중턱에 호성암이라는 절이 있었다.

어느 도승이 길을 가다가 이곳 골짜기에 이르게 되었다. 그때 난데없이 호랑이가 나타나 도승 앞에 꿇어 엎드리는 것이었다. 도승은 깜짝 놀라며 호랑이에게 물었다. "너는 어이 나를 해치려 하는가?" 이 말을 들은 호랑이는 입을 크게 벌리며 아니라고 고개를 흔들고 있었다. 도승은 호랑이가 자기를 해치려는 것이 아니라는 것을 알고 마지막으로 입을 벌리고 있는 호랑이의 목구멍을 살펴보았다. 그때 호랑이의 목구멍에 짐승 뼈가 박혀 있었다. 도승은 "너 이 뼈를 빼달라는 것이구나?" 하고 물으니 호랑이가 고개를 끄덕이는 것이었다. 이렇게 해서 도승은 호랑이의 목구멍에 있는 뼈를 빼주었다. 그랬더니 호랑이는 비호같이 어디론가 가버렸다.

이튿날 밤이었다. 어제 만난 호랑이가 도승 앞에 나타나 큰 산돼지를 물고 있다가 도승 앞에다 놓고 마치 "은혜를 갚기 위해서 산돼지 한 마리를 바치오니 거두어주소서."라고 하듯 고개를 숙여 보이는 것이었다. 그러나 도승은 고개를 저으면서 이를 거절했다. 이에 호랑이도 미안하다는 듯이 또 머리를 숙이더니 어디론가 가버렸다. 호랑이는 가다가 혼자 생각하였다. '도승께서 거절하셨는데 가장 좋아하시는 것이 무엇일까? 그러다가 "옳지, 도승님은 혼자 사시니까 여자를 잡아다 드려야겠구나!" 하고 생각했다.

며칠이 지났다. 다시 호랑이가 도승 앞에 나타나 무언가를 앞에다 놓았다. 도승은 살펴보니 이것은 기절한 여자아이였다. 이에 도승은 우선 기절한 여자를 살려야겠다는 심정에서 여자를 안고 법당으로 들어가 여자를 주무르기 시작했다. 그러면서 염불을 하였다. 다행히 오래지 않아서 여자는 소생하게 되었다. 도승은 여자를 돌려보내려고 여자에게 호랑이에게 잡혀온 내력을 물었다. 그랬더니 여자는 자초지종을 말하였다. 영남 어느 고을에 사는 처녀인데 밤에 몰래 잡혀왔다고 했다. 처음에는 몰랐으나 조금 지나서야 호랑이에게 잡혀온 것을 알았다고 한다. 처녀는 눈물을 흘리면서 스님의 은혜에 감사하다고 하였다.

다음 날 스님은 처녀를 앞세우고 집을 향해 떠났다. 그 무렵 처녀 집에서는 자기 외동딸이 없어져 온 마을이 난리가 났다. 갑자기 어느 스님과 딸이 나타나니 그 반가움은 이루 말할 수 없었다. 부모들은 도승의 말을 듣고 나서 다시 한 번 놀랐다. 부모는 도승의 은혜에 감사하는 마음으로 자기가 가진 재산을 처분하여 스님에게 주었다. 도승은 "이것은 호랑이를 만나서 생긴 인연이니 그곳에 절을 세워 호성암이라고 부를까 하오." 그리하여 이 절이 호성암이 되었다고 한다.

● 영주 희방사(喜方寺) 연기설화와 같은 이런 이야기가 여기저기 있다. 모두 훌륭한 일이라고 하는데, 사람을 잡아먹은 호랑이를 살려주어야 하는가 하는 의문을 제기한다.

비범한 서자, 유자광

유자광(柳子光)의 아버지 유규(柳規)는 지금의 남원시내 중부동 누른대(枯竹里)에서 살았다. 어느 날 잠을 자다가, 고산봉(高山峰) 셋이 나란히 서 있다가 자기 목구멍으로 넘어오는 꿈을 꾸었다. 혼자 생각에 대몽(大夢)이라 여겨 본처를 찾았으나 마침 본처가 집에 없었다. 그래서 집에서 부리던 여종을 취해 유자광을 낳았다. 이처럼 유자광은 첩의 자식으로 태어났다. 서얼 출신이었기 때문에 유자광은 형제들로부터 형제 취급을 받지 못하고, 아버지로부터도 아들 취급을 받지 못했다.

아버지는 유자광의 비범함을 미리 짐작하고 큰일을 낼 것을 염려하여 없앨 생각을 했다. 하루는 요천(蓼川)에 큰물이 나서 범람할 정도였다. 아버지는 유자광에게 요천 건너 메밀밭에 가서 메밀 싹이 잘 났는지 보고 오라고 하였다. 요천을 건너다가 물에 빠지면 죽을 것이라 생각한 것이다.

유자광은 흔쾌히 아버지의 영을 받아 요천으로 갔다. 아버지가 몰래 유자광을 뒤따라 가보니, 큰물이 난 요천을 유자광은 나무판자를 타고 건너갔다. 집에 돌아온 유자광에게 아버지가 메밀이 잘 났더냐고 물으니, 메밀이 날 데는 안 나고 안 날 데에 났더라고 빗대서 얘기했다.

얼마 뒤에 유자광의 어머니가 죽었다. 본처 자식에게 첩의 죽음을 알릴까 고민하던 아버지는, 유자광이 형에게 가서 알리겠다는 말을 듣고 마지못해 허락했다. 요천 건너 형님 집으로 간 유자광은 자기 어머니의 죽음을 알리고 함께 가자고 하였다.

유자광이 우격다짐으로 갈 것인지 안 갈 것인지를 따져 묻자, 형은 마지 못해 따라 나섰다. 유자광과 함께 나선 형이 요천을 건너게 되었는데, 물이 범람하여 쉽게 건널 수 없는 상황이었다. 이때 유자광은 형을 업고 건너겠다고 하였다. 형을 등에 업고 요천을 중간쯤 건너던 유자광은 다짜고짜 형에게, "머리를 풀 거요, 말 거요?" 하고 물었다. 그 시절에는 아버지의 첩이 죽어도 본처 자식들은 머리를 풀지 않는 것이 관례였다. 형이 그 이유를 묻자 머리를 풀지 않으면 그 자리에서 형을 내려놓을 거라고 하였다. 형은 죽을 것이 두려워 머리를 풀겠다고 약속을 하였다.

집에 돌아와서 형은 유자광과 함께 머리를 풀고 곡을 하며 호상으로 출상을 했다. 이것을 본 아버지는 내내 불안하였으나 큰아들은 학문이 깊지 못하고 배움이 떨어져 작은아들이 하자는 대로 할 수밖에 없었다.

● 유자광이 서자여서 뛰어났다고 하면서 하는 이야기가 모두 사실에서 그리 벗어나지 않았다. 전설은 사실을, 사실은 전설을 동반하고 있어 관심을 끌고 흥미를 자아낸다.

돼지 명당 이야기

이백면 초촌리 무동산(無童山) 돼지 명당에 얽힌 이야기가 있다. 옛날 초산리에는 대가집이 있었다. 다른 이웃집은 놓아두고, 유독 이 대가집에만 밤마다 호랑이가 나타나 식구들을 차례로 잡아먹어 끝내는 열여덟 살의 딸 하나만 남게 되었다. 딸은 호환을 각오하고 모든 것을 체념했으나 뒷사람의 희생을 막기 위해 천지신명에게 기도하기로 했다. 연지샘에 가서 목욕하고 연지를 바르고 비녀꼭지에 가서 비녀를 꽂고 거울바위에 가서 마지막 단장을 해 유부녀로 가장하고 호랑이를 기다렸으나 호랑이는 나타나지 않았다.

천지신명에게 감사하고 백일기도를 시작했는데, 마지막 날 옥황상제의 아들과 잠자리를 같이하는 꿈을 꾸었다. 그때부터 태기가 있어 아들을 낳았다. 처녀가 아이를 낳은 것이 부끄러워 무동산의 암굴에 들어가 살기로 했다. 산돼지 한 쌍이 들어와 같이 기거하게 되었다.

무동산 암굴이 돼지가 잡은 천하 명당이었다고 한다. 그때까지 마을에 빈번하게 일어나던 재난이 사라졌다. 아이는 장사로 자라났다. 아이가 미인봉에 가서 선녀들과 어울려 놀았으므로 산 이름을 무동산이라 했다고 전한다. 무동산에 묘를 쓰면 장군을 태어난다고 한다.

● 시작하다가 만 이야기 같다. 호랑이, 옥황상제의 아들, 돼지가 어떤 관련을 가지고 여인의 운명을 좌우하는지 조금은 해명해야 공백에 대한 추측이 가능하다. 누구든지 말을 보태 온전한 이야기를 만들 수 있다. 좋은 과제를 얻었다고 생각하고 즐거워하자.

광한루의 시인묵객

광한루(廣寒樓)   양성지(梁誠之)

方丈峯高萬丈橫	지리산 높은 봉우리 가로 누웠고
中天月色正分明	하늘에는 달이 아주 밝게 빛나네.
幾多豪傑登臨詠	얼마나 많은 호걸들이 올라와 노래했나?
檻外唯餘一水聲	난간 밖에는 오직 물소리만 들리네.

▲ 광한루원

● 광한루는 조선 초기부터 있어 이런 시가 전한다. 지리산, 밝은 달, 물 소리가 어우러진 곳에서 호걸들이 올라와 노래한다고 하면서, 빼어난 경 치는 배경이고 사람이 으뜸임을 광한루가 입증한다고 했다. 깊이 새겨볼 말이다.

남원 광한루에서(南原廣寒樓次韻)　　　　　　　　윤두수(尹斗壽)

銀漢徒聞白玉樓	은하수에 백옥루에 있다고 하더니,
羽衣今到蓼川頭	신선이 지금 요천 머리에 이르렀다.
鵲橋橫絕水淸淺	오작교가 가로지르는 물은 맑고 얕으며,
桂影婆娑雲卷收	계수나무 그림자 나부끼니 구름이 걷힌다.
蟻視人寰成下界	개미로 보이는 인간 세상 하계를 이루고,
雨過天柱辦淸遊	비 지난 하늘 기둥이 좋은 유람 갖춘다.

長生有藥如能借　　　　오래 사는 약 빌려 올 수 있다면
碧海靑天夜夜求　　　　바다 같은 푸른 하늘을 밤마다 찾겠다.

● 한가하게 유람하는 시인은 이렇게 읊조렸다. 광한루는 신선처럼 살고 싶게 하는 별세계라고 했다. 천상계를 떠나온 것도 이별인가?

광한루(廣寒樓)　　　　　　　　　　　　　　　　　남원 기생

織罷氷綃獨上樓　　　　하얀 비단 짜고 나서 광한루에 오르니,
水晶簾外桂花秋　　　　수정 발 바깥 계수나무 꽃이 핀 가을일세.
牛郞一去無消息　　　　견우 낭군 가신 후 소식 없으니,
烏鵲橋邊夜夜愁　　　　오작교 다리 가에서 밤마다 시름겹구나.

● 이 시를 지은 남원 기생은 춘향이 당한 이별을 몰랐는가, 알았는가? 가신 낭군 소식이 없어 시름겹다는 시가 먼저 있어 춘향 이야기를 지어냈는가? 그런 구절로 춘향 이야기를 전하는가? 선후 관계를 연구할 만하다.

「춘향전」의 현장

매년 5월이면 전라북도 남원에서 춘향제가 열린다. 올해 역시 시내 곳곳에 선전탑을 세우고, 청사초롱을 달았으며 별별 놀이가 다 벌어지는 광한루 일대에 수많은 구경꾼이 모여 흥겨워하고 있다. '열녀춘향사'라고 한 사당에 그려놓은 춘향의 화상을 구경하고, 춘향과 이 도령의 복색을 빌려 입고 광한루 앞에서 사진을 찍느라고 부산했다. 판소리와 소설의 주인공에 지나지 않는 춘향을 실제로 있었던 인물인 듯이 여겨 그렇게 크게 기념

하는 것은 국내외 어디서도 비슷한 예를 찾기 어려운 특이한 일이다.

「춘향전」은 비슷한 내용을 다르게 구체화한 이본이 1백 가지도 넘어 일률적으로 논할 수 없으나 무대는 항상 남원이다. 분량이 많고 사설이 다채로워 특히 힘써 연구할 만하다는 이본은 제목부터 「남원고사」여서 남원의 옛이야기라고 자처한다. 남원부사의 아들 이 도령이 광한루에 나갔다가 기생의 딸 춘향을 만나 사건이 시작되는 것이 불변요소다. 광한루가 또한 그렇게 중요하기에 판소리를 한시로 번역한 작품은 「광한루악부」라고 했다. 남원의 광한루야말로 남녀가 만나 사랑하게 되는 장소로 가장 적합하다 하고서 상상을 마음껏 펼쳐 보였다.

「남원고사」 본문을 다시 보면 남원부사가 나이 16세인 자기 아들을 데리고 부임해 와서는 여색에 상할까 봐 염려해 기생을 멀리하고 공부에만 전념하게 했다 한다. 그런데 만물이 번식하는 봄날이 되자 마음이 들뜬 이 도령이 시중드는 방자더러 구경 갈 곳을 대라고 했다. 방자가 천하 명승지를 차례로 들먹이다가 남원의 광한루 또한 경치가 빼어나다고 하자, 그리로 나가자고 졸랐다. 사또 분부를 내세워 난색을 보이는 방자에게 단 둘이 하는 일을 누가 알겠느냐고 했다.

광한루에 이르러 그 앞 숲 속에서 그네를 뛰고 있던 춘향을 보고 마침내 탈선이 실현되었는데, 춘향을 불러오게 하느라고 방자에게 간청한 수작이 걸작이다. 방자가 춘향은 기생의 딸이지만 성격이 매몰차고, 당돌하고, 교만해 어떻게 할 수 없다고 하자, "이 애 방자야, 우리 둘이 의형제 하자," 하며 방자를 동생이라 부르고 다시 형이라고 부르면서 "날 살려라."고 했다. 공부만 하라는 구속에서 스스로 벗어난 사춘기 소년이 동갑의 처녀를 감격스럽게 만나 둘의 몸이 한 몸 되는 탈선을 봄날의 상상에 걸맞은 들뜬 수작으로만 구체화하지 않고 냉혹한 현실의 인간관계를 동시에 문제 삼았다. 상대가 되는 처녀는 기생의 딸이라야 필요한 요건이 충족되었다.

방자가 가서 만약 말을 듣지 않으면 '네 어미 월매까지 생급살을 먹일 것이니' 되지 못한 수작 그만두고 '어서 가자'고 했다. 춘향은 이 도령과 결연을 회피할 수 없었다. 타고난 신분 탓에 자기 장래를 의심스럽게 하는 청을 받아들여야만 했다. 그렇지만 춘향은 영리했다. 철없이 구는 이 도령을 잘 구슬려 영원히 잊지 않겠다는 불망기(不忘記)를 받아내고 잠시 동안의 오입이 청산하지 못할 사랑으로 변하게 하는 데 성공했다. 그런 과정을 거쳐 비로소 서로 대등한 관계를 성취했다. 춘향은 자기 생각대로 이 도령을 변모시켰기에 기생 신분에서 벗어날 수 있었으며 갖가지 고난을 이기고 복된 결말에 이르렀다. 신관 사또가 수청 들라는 요구를 물리치고 정절을 지킨 것은 기생의 처지로 되돌아가지 않으려 한 투쟁이었다.

춘향제에 모여든 사람들이 춘향에 대해 어떻게 생각할까 궁금하게 여기면서 춘향 사당 앞에 잠시 머물러 눈앞의 광경을 살펴보았다. 남녀노소 어느 쪽도 빠지지 않고 동시대에 공존하는 갖가지 차림을 각기 대표하는 사람들이 춘향의 모습을 다투어 살피면서 저 모습이 최고의 미인인가 의아하게 생각하는 것 같았다. 김은호 화백이 그린 춘향의 화상은 연약하고 앳된 미소를 지니고 있기만 하고, 거듭 닥친 시련을 휘어잡아 뜻대로 돌릴 만한 능란한 거동은 보여주지 않는다. 춘향의 아름다움과 정절을 단순화해서 칭송하는 오늘날의 관점은 작품의 실상과 크게 어긋난다. 춘향은 거의 예측불허에 가까운 다면적인 행동을 해서 자기 운명을 돌려놓았는데, 모여들어 구경하는 사람들은 서로 너무 단순하게 평면화되어 있기만 한 화상을 보며 공인된 상식을 재확인한다.

광한루 앞에는 춘향과 이 도령의 복색을 빌려주고 사진을 찍게 하는 이들이 있다. 낫살이나 든 중년 남녀도 그 복색을 하고 사진기 앞에 서면 작품 속의 두 인물과 다름이 없어 보인다. 거기다가 방자·사또 등의 복색을 갖춘 다른 배역까지 곁들이면 금방 영화 한 편이 이루어질 것 같다. 〈춘향전〉 영화는 거푸 만들어도 관객을 모을 수 있었고 작품을 널리 알리는 데 기여를 했다. 춘향과 이 도령의 복색을 하고 기념촬영을 하는 사람들은 판소리도, 소설도 아닌 영화의 한 장면을 흉내 내고 있다 그러면서 소설도 영화와 같으려니 생각하고 있다.

그러나 소설은 풍물 구경거리가 아니며 사람이 어떻게 살아가야 할 것인가 하는 문제를 진지하게 제기했다. 춘향의 어미 월매는 밤중에 찾아온 이 도령에게 춘향이와 잠깐 놀다 가라고 했다. 뒷기약 같은 것은 생각할 수 없었다. 춘향이 신관 사또 수청을 거부하자, 자기는 젊어서 각 읍 수령을 무수히 겪으면서 돈 많이 준 이나 잊지 못했다고 했다. 이 도령이 걸인 차림을 하고 찾아가자, 춘향 옥바라지하느라고 집도 팔고 없다면서 자기 집에서 자지 못하게 내몰았다. 그렇게 사는 것이 춘향에게도 주어진 기생의 일생이었는데, 비상한 각오를 하고 거역했다. 거역할 수 있었던 이유를 상투적인 개념의 미모와 정절에서 찾을 수 없다. 그래서 상식과 진실이 크게 어긋난다.

춘향은 품성이 훌륭하다기보다 오히려 불량했다. 매몰차고, 당돌하고, 교만하다고 한 방자의 말이 거짓이 아니다. 신관 사또가 춘향을 잡아오라고 하자, 군노 사령들이 펄쩍 뛰고 좋아하면서 춘향이가 이 도령과 함께 지낼 때 자기네를 '개방귀로 알고' 거만을 떨더니 잘되었다고 했다. 그런데 춘향이 '분길 같은 고운 손으로 북도갈고리 같은 저의 손을 잡고' 다정하게 굴며 안부를 묻고 술을 권하자 잡으러 간 패들이 마음이 달라져서 그냥 돌아갔다. 그 과정을 묘사한 「남원고사」의 본문은 재기가 넘치고 빛이 난다.

춘향이 그런 방책으로 위기를 모면할 수 없어 마침내 잡혀가 신관 사또와 대결하는 장면도 영화에서 마구 단순화해버린 것과 딴판이다.

사또가 기생에게 수절이 당치 않다고 한 말은 반박하기 어려웠다. 어여쁘지도 않은 기생들이 궁둥이 흔들면서 '장마 개구리 호박잎에 뛰어오르듯' 하는 세태인데, '제법 반반한 계집' 춘향이 몸을 잘 지키니 칭찬할 만하다면서 어르는 수작은 단수가 높다. 보좌관 격인 이 낭청이 듣고만 있지 않고 대꾸를 해야 하므로, 그렇기도 하고 그렇지 않기도 하다는 양시양비론으로 쟁점을 모호하게 하는 것은 오랜 경험에서 얻은 처세의 요령이다. 그런 판국이라 말로써 자기주장을 관철할 수는 없어, 춘향은 죽기를 각오하고 완강히 항거했다. 그러자 사태가 일변해 남원 고을 한량들이며, 농부들이며 모두들 춘향을 지지하고 나섰다. 춘향이 설사 매에 맞아 죽어도 승리했다 할 수 있게 되었을 때 암행어사가 출두했다.

춘향제 행사에서 판소리가 가장 인기가 있었다. 넋을 잃고 흥에 겨워 판소리를 듣는 청중이 그득해 춘향의 이야기가 함부로 변질되지 않고 제대로 전하는 방도가 있는 듯했다. 그러나 지금의 판소리꾼들은 판소리를 국악이라고만 일컬으며 창을 다듬는 데나 힘쓰고 사설을 대단치 않게 여긴다. 음악으로서의 판소리는 이어져도 문학으로서의 판소리는 생기를 잃고 있다. 판소리가 확성기를 타고 크게 울릴수록 더욱 공허하게 느껴졌다.

여류시인 김삼의당

김삼의당(金三宜堂)은 전라북도 남원 서봉방(棲鳳坊), 지금의 향교동에서 몰락한 선비의 빈곤한 가정에서 태어났다. 여자이지만 글공부를 하고 상당한 문장력을 갖추었다. 정조 10년(1786) 18세가 되던 해에 같은 해,

같은 날, 같은 동네에서 출생한 하(河)씨 총각과 결혼했다. 첫날밤에 시를 주고받았으며, 넉넉하지 않은 살림살이를 함께 이룩하며 금슬이 아주 좋았다 한다. 남편의 시에 화답하고 차운한 작품이 여럿 있고, 남편과 함께 농사를 짓는 기쁨을 노래하기도 했다.

재능과 열의가 앞선 아내를 남편이 이해하고 도와주어 시작을 계속할 수 있게 했다. 일을 열심히 해 사는 보람을 찾고 시를 짓는 데까지 억척스럽다고나 할 열의를 보였다. 무슨 사연이든지 느낀 바 있으면 민요로 능란하게 읊어댈 것 같은 여성이 민요 대신에 한시를 택해서 거리낌 없는 표현을 해서 놀랍다.『삼의당집(三宜堂集)』이라는 문집이 필사본으로 전하다가 1930년에 간행되었는데, 시 99편과 문 19편이 수록되어 있다.

「촌거즉사(村居卽事)」 같은 작품에서 농촌의 정경과 흥취를 실감나게 나타냈다. 「십이월사(十二月詞)」에서 열두 달 동안의 명절마다 있는 일을 노래한 데서도 현장감이 생동한다. 「청야급수(淸夜汲水)」라고 한 것을 보자.

淸夜汲淸水	맑은 밤에 맑은 물을 긷노라니
明月湧金井	밝은 달이 우물에서 솟는구나.
無語立欄干	말없이 난간에 기대 서 있으니
風動梧桐影	바람이 오동나무 그림자를 흔드네.

● 할 말이 많아 장시를 즐겨 짓다가, 이처럼 집약된 표현을 산뜻하게 하기도 했다. 밤이 맑고 물도 맑다는 서두에서부터 아주 신선한 느낌을 나타냈다. 우물에서 솟는 밝은 달, 오동나무 가지를 흔드는 바람을 말하면서, 어둠과 밝음, 낮은 곳과 높은 곳, 고요함과 움직임의 오묘한 조화를 느끼는 황홀감을 전했다.

가세가 더욱 빈한해지자 생활고를 면하기 위해서 순조 1년(1801) 32세에 진안군 마령면 방화리로 이주하여 죽을 때까지 살았다.

지리산(智異山) 바라다가 최승범

이제야 나 알겠네
할아버지께서
바라 우러르던
지리산이던 것을
젊어선
저 산도 마구
발 아래란 생각이었지.

남녘 땅 뭇 생령들
먼 조상으로부터
애환도 생명도 이어
다스려온 품안인 것을
아 그래
할아버진 내림으로
일깨우자 함이던 것을

문득 눈길에 드러난
저 갈매 빛 능선을 바라
지리산 품안을
손차양하고 우러르노니
이제야
나 알았음일레
저 산을 어찌 젊음만의 것이라 하랴

● 지리산을 신앙의 대상으로 높이고, 시인은 사제자가 되었다. 산신 신앙의 연속인가, 향토 사랑인가? 지리산은 젊음만의 것이 아닌 줄 이제야 알았다고 했으니, 노년의 지혜를 지니고 바라보니 모든 것이 분명해진다는 말인가?

전북문화 찾아가기

남원 보기

「춘향전」의 무대, 광한루원

전라북도 남원시 요천로 1447(천거동 78번지)에 있다. 광한루의 전신은 광통루(廣通樓)다. 광통루는 조선 초기의 문신 황희가 그의 벗들과 어울려 산수 풍광을 감상하기 위해 지은 누각이다. 세월이 흘러 황폐화되자 세종 때의 부사 민여공이 다시 고쳐 지었고 그 후 하동부원군 정인지가 광한루로 이름을 바꾸었다. 선조 정유년의 왜란 때에 불타 없어진 것을 남원 부사 원진이 소규모로 다시 지었고, 인조 대에 와서 비로소 오늘날의 광한루 모습을 갖추었다.

산수정원이었던 광한루원

광한루는 남원 고을의 산과 물이 모여드는 풍광 좋은 곳에 자리 잡고 있다. 누각에 오르면 북쪽의 교룡산, 남쪽의 금암봉이 보이고 멀리 지리산 노고단과 반야봉의 아름다운 자태까지 한 시야에 잡힌다. 계류는 방장산에서 발원, 구불구불 멀리멀리 흘러내려 요천(蓼川)이 되고 다시 꺾어져서 광한루 근처에서 호수처럼 펼쳐진다. 이 아름다운 대자연의 중심에 광통루가 자리 잡고 있었고, 그 뒤를 이어 광한루가 들어섰다.

조선 중기 때의 문신 신흠(申欽)은 그의 「광한루기」에서 광한루 주변 풍
광을 이렇게 묘사했다. "넓은 평야, 긴 모래밭, 낭떠러지, 기이한 바위와
섬, 그리고 꽃과 대나무가 흡사 청성산(靑城山 : 신선들이 산다는 산) 신선
동굴 속과 같다." 또한 조선 전기의 문신 이석형은 「광한루」 시에서 주변
절경을 이렇게 칭송했다. "푸른 산머리에 붉은 사다리가 높이 걸렸네. 물
은 들판에 연하여 이내와 햇빛이 섞였고, 구름 걷힌 먼 산봉우리엔 비 기
운이 걷히었네. 물가에 임하니 천상에 앉은 듯, 바람 앞에 서니 달 가운데
서 노는 듯, 인간에 절로 달세계[淸虛府]가 있는데, 하필 구구하게 세상 밖
에서 구하리오."

이처럼 광한루는 주변의 아름다운 산수 자연 풍광을 감상하고 즐기기
위해 지은 누각이었던 것이다. 그러므로 원래 광한루원은 산수정원의 성
격을 가지고 있었다고 보는 것이 옳다. 그러나 후대에 들어와 누각 앞쪽에
연못을 파고 오작교를 놓고 삼신선도를 조성한 이후로 광한루원은 일반
서민이나 양반 자제들의 나들이 장소, 선비들이 시회(詩會)를 벌이거나 풍
류객들이 음주 가무를 즐기며 노는 사교의 장소로 변모했다. 과거에 무한
대로 확장해가던 풍류객들의 시선이 이제는 담장 안에 갇히고 만 것이다.

달의 궁전을 거닐다

요즘에 광한루원을 찾는 사람들은 대부분 정원 서편 주차장에 차를 세
우고 곧바로 후문인 서문을 통해 들어간다. 그런데 광한루원의 정식 출입
구는 이곳이 아니라 '청허부(淸虛府)'라는 편액이 걸려 있는 남문이다. '청
허부'가 전설상의 월궁 관아(官衙) 이름이므로 이 문을 통해 들어가야 월
궁 진입이라는 상징적 의미를 느낄 수 있다.

▲ '청허부(淸虛府)' 편액이 걸린 광한루원 정문

청허부 문을 들어서면 왼편으로 완월정(玩月亭)이 보이고, 완월정을 지나 조금 더 들어가면 큰 연못이 나온다. 연못 가운데에 세 개의 섬이 떠있는데, 가장 큰 섬에 '영주각(瀛州閣)'이라 이름한 정자가 있고, 가장 작은 섬에 '방장정(方丈亭)'이라는 편액을 단 정자가 세워져 있다. 연못 갓길을 따라 계속 가다 보면 연못을 가로지르는 아름답고 매력적인 돌다리—오작교가 나오고, 이 다리를 건너면 광한루에 이르게 된다. 이미 광한루원 깊숙이 들어온 것이다.

광한루 건물 뒤쪽에 누각을 오를 수 있게 만든 넓은 층계가 있지만 지금은 문화재 보호 명분으로 아무나 오르지 못하게 하고 있다. 그래서 옛 풍류객들처럼 누에 올라 주변 경관을 감상하는 풍류를 즐길 수가 없게 돼 있다. 누각이나 정자는 그 위에 올라 주변 경치를 감상할 수 있을 때라야 그 의미와 가치가 보존된다. 그렇지 못하면 그 누각과 정자는 박제된 건물에 불과한 것이 되고 만다.

광한루 건물 바깥쪽에 '광한루(廣寒樓)', '호남제일루(湖南第一樓)', 안쪽에 '계관(桂觀)'이라 쓴 편액이 걸려 있다. '광한루'는 달에 있다는 상상의 궁전인 광한전에서 따온 것이다. 광한전은 도교의 이상세계인 월세계의 궁전이며, 도교의 용궁과 비견되는 곳이다. 월궁은 옛 사람들의 상상 속에 자리 잡고 있었던 하늘의 선계(仙界)이며 이상향이었다. 사람들은 그곳에서 영원히 죽지 않고 오래 살기를 원했다. 그러나 월궁에 가서 산다는 것은 현실적으로 불가능한 일이다. 그래서 삶의 공간 속에 광한루라는 이름의 누각을 지어놓고 인간 세상을 월궁으로 탈바꿈시킨 것이다.

우리가 잘 아는 『홍길동전』의 저자 허균(許筠)의 누이 허난설헌은 여덟 살 때 「광한궁옥루상량문(廣寒宮玉樓上樑文)」을 지었는데, 내용 중에 이런 대목이 있다.

대저 보옥으로 만든 일산(日傘)이 창공에 걸려 있으매 구름 같은 수레는 현상계를 초월해 있고, 은으로 만든 누각이 햇빛에 번쩍거리고 노을 같은 들보는 티끌 같은 속세를 벗어났네. 신선이 부는 소라로 기틀을 운용하여 구슬 기와로 전각을 만들었으며, 푸른빛 입술로 안개를 불어 내어 옥기둥의 궁궐을 지었도다. 청성산 신선은 옥휘장을 만드는 기술을 다했고, 신선이 된 용왕의 아들은 금 궤짝을 만드는 방술을 다했도다. 이것은 하늘이 만들어 낸 것이지, 사람 힘으로 만든 것이 아니다. (…) 용을 타고 신선들의 궁궐로 향하매 아침에 봉래산을 떠나 저녁에 방장산에 묵으며, 학을 타고 삼신선도로 향할 때 왼편으로는 신선이 산다는 부구산(浮邱山)을 잡아당기고, 오른편으로는 홍애(洪厓 : 신선들이 사는 곳)를 치도다.

한편, 성임(成任)은 그의 「광한루」 시에서, "상쾌한 기운이 물가 누각에 스며드니, 요천(蓼川) 머리에 광한(廣寒)의 선경(仙境)이 펼쳐지도다. 남쪽 언덕에 바람이 일어나니 더위가 멀어졌고, 서산에 주렴 걷히니 저녁 비가 그쳤네. 달은 때마침 맑은 밤에 둥근데, 은하수 다리에서 누가 옛 사람을 이어서 놀꼬. 하늘빛은 상하에 명경처럼 밝으니, 몸이 청허부(淸虛府)에 바로 드달리네."라고 했고, 강희맹은 그의 시에서, "남방의 이름난 광한루에 6월에 올라오니 가을처럼 서늘하네. 달그림자 홀연히 비치니 하늘이 가깝고, 붉은 난간 굽은 곳에 견우성이 지나가네."라고 했다. 이 글에서 당시 사람들이 광한루를 달과 신선 세계와 연결시켜 생각하고 있었음을 알 수 있다.

한편 '호남제일루'는 말 그대로 호남에서 제일가는 누각이라는 뜻이고, '계관'은 달나라 계수나무로 지은 도관(道觀 : 도교의 사원)을 의미한다. 과거에 오르는 것을 달 가운데 계수나무 꽃을 꺾는 것에 비유하기도 했다.

신선들의 삼신선도

광한루원 연못에는 네 개의 섬이 있다. 하나는 오작교 서쪽에 있고, 나머지 셋은 오작교 동쪽에 있다. 동쪽에 있는 세 섬이 신선설에 나오는 삼신선도를 상징하는 섬이다. 봉래(蓬萊), 영주(瀛州), 방장(方丈)으로 불리는 삼신선도는 신선들이 살고 불로초가 자라는 환상의 섬으로, 모든 사람들이 그곳에 살고 싶어 하는 이상세계다.

이 세 섬에 대해 남원군(지금의 남원시) 읍지인『용성지(龍城誌)』에서는 "(광한루원) 연지의 중심 뇌는 섬이 봉래노

▲ 광한루원 영주각

로 푸른 대나무가 심어져 있다. 동쪽의 섬은 방장도로 배롱나무가 심어져 있으며, 서쪽 섬은 영주도로 연정이 있고 부교로 연결돼 있다."고 기록하고 있다. 이 내용대로라면 오작교에 가장 가까운 섬이 영주이고, 가장 멀리 떨어져 있는 곳에 있는 것이 방장이며, 두 섬 가운데쯤에 있는 것이 봉래가 된다. 그런데 지금 상황을 보면 영주에 방장정이 세워져 있고, 방장에 영주각이 지어져 있어 기록과 다른데, 그 연유를 알 수가 없다.

신선설 속의 자라와 토끼

삼신선도가 있는 광한루원 연지는 선계의 분위기가 감돈다. 이 분위기를 더욱 고조시키는 것이 있으니, 그것은 물가의 큰 자라 석상과 광한루 기둥에 장식된 자라와 토끼 조각상이다. 중국 역사서인『사기(史記)』「열자(列子)」편에 의하면, 발해의 동쪽 수억만 리 저쪽에 다섯 신산(神山)이 있는데, 그 높이는 각각 3만 리이며, 금과 옥으로 지은 누각이 늘어서 있고, 구슬과 옥으로 된 나무가 우거져 있다고 한다. 그 나무의 열매를 먹으면 영원히 죽지 않으며, 그곳에 사는 사람들은 모두 신선들로서 하늘을 날아다니며 살아간다. 다섯 신산은 본래 큰 자라의 등에 업혀 있었는데, 뒤에 두 산은 흘러가버리고 삼신산만 남았다고 한다. 광한루원 연못가의 자라 석상은 삼신산을 등에 지고 있다는 바로 그 자라를 상징하고 있다.

한편, 자라나 거북이는 해중 용궁으로 가기 위한 탈것, 또는 인도자(引導者)로서뿐만 아니라 특정 공간을 선계(仙界)로 탈바꿈시키는 상징물로도 존재한다. 광한루 건물 기둥머리와 평방에 조각된 거북이와 그의 등에 올라앉은 토끼 조각상 역시 광한루원을 선계로 조성하는 역할을 한다. 이 조각 장식은 달에 옥토끼가 살고 있다거나 도교의 여신 항아(姮娥)가 토끼더러 약초를 절구에 찧어 불사약을 만들게 했다는 전설과 관련이 있는 것으로 보인다.

항아가 달로 간 내력은 이러하
다. 태양의 어머니 희화(羲和)는 열
개의 태양을 낳았다. 동쪽 바다 탕
곡의 부상나무에 살면서 하늘에 뜰
순서를 기다리던 열 개 태양이 어
느 날 갑자기 한꺼번에 하늘로 솟

▲ 광한루원 자라 석상

아오르자 천지는 불바다가 되었다. 백성들이 괴로워하는 것을 안타깝게
여긴 천제(天帝)가 활 잘 쏘기로 유명한 예(羿)를 시켜 해를 쏘아 떨어뜨리
게 했고 그 공로로 예는 서왕모로부터 불로불사약을 상으로 받는다. 그런
데 그의 아내 항아가 그 약을 훔쳐 먹고 월궁으로 도망쳤는데 달에 도착하
자 항아는 두꺼비로 변했다는 것이다.

신선들이 놓은 다리, 오작교

선조 15년에 남원부사 장의국(張義國)은 광한루를 수리할 때 다리를 새
로 놓고 오작교(烏鵲橋)라 명명했다. 오작교라고 하면 사람들은 보통 혼인
한 하늘나라 견우와 직녀가 은하수 때문에 서로 만나지 못해 애태우다 까
마귀와 까치가 놓아준 다리를 건너 사랑을 확인한 전설을 떠올린다.

그러나 당시에 오작교라는 이름을 붙인 것은 남녀 간의 사랑 이야기를
염두에 둔 것이 아니라 광한루 연지를 신선의 세계로 만드려는 데 원래의
뜻이 있었다. 인조 때 문신 신흠은 광한루원의 오작교에 대해 이런 말을
했다. "(광한루원) 호수 위에는 공중에 걸쳐진 다리 넷이 있는데(다리가 네
개의 아치 구조로 되어 있기에 한 말이다), 흡사 무녀(婺女 : 직녀성 남쪽에
있는 별, 흔히 여성을 상징하는 말로 쓰임)별이 은하를 건너가게 하기 위

▲ 광한루원 오작교

해 신선들이 모여 일하여 그 다리가 놓이자 하늘이 평지로 변해버린 것과
도 같은 것이다. 이름을 오작교라고 한 것은 이 다리가 그와 비슷함을 말
한 것이다."

달을 감상하는 곳, 완월정

광한루원 조성의 주제는 달과 신선이다. 완월정(玩月亭) 또한 같은 발상
에서 나온 것이다. 비록 현대에 지어진 건물이지만 '완월'이 가진 의미만
은 옛 사람들의 풍류에 미치지 못할 이유가 없다. '완월'은 달을 바라보며
즐긴다는 뜻이다. 맑은 바람이 절로 불고, 밝은 달이 때마침 비칠 때, 모자
를 벗고 이마를 드러낸 채 정자 위에 앉아 있으면, 정신이 맑아지고 뼈 끝
이 상쾌하여 홀연히 바람을 타고 월궁의 광한전 위에 노니는 것 같은 기분
이 든다.

조선 초기의 문신 유의손은 달을 이렇게 노래했다.

달은 맑은 물체 중에서도 가장 맑고, 밝은 중에서도 가장 밝은 것이니, 나의 마음이 그와 같이 맑고 밝아 한 점의 티끌이 없으면 물이나 나의 사이에 천리(天理)가 유행하여 가는 곳마다 충만하여 어디든지 스스로 터득하지 않는 것이 없게 된다. 이렇게 된 연후에야 내 마음이 거울처럼 맑고 저울처럼 공평하여, 사물에 응접하는 데도 다 마땅함을 얻게 되며, 이렇게 된 연후에야 풍속을 관찰하고 맑고 흐림을 구별하여, 소중한 책임을 저버림이 없게 될 것이다.

관광 개발이라는 이름으로

1964년에 관광 개발을 목적으로 오작교 옆 담장을 헐어 면적을 남쪽으로 크게 확장하고, 여기에다 완월정과 그 앞의 방지, 그리고 있지도 않았던 월매의 집, 그네 터, 넓은 공원 등을 들여놓으면서 원형이 적잖이 훼손되었다. 그러나 광한루원이 다른 정원과 비교할 수 없는 점은 조선 후기의 문예부흥기라 불리는 영·정조 시대에 판소리계 소설 「춘향전」의 무대가 된 이후로 국악의 성지로 자리매김하고 있다는 사실이다.

선종의 도량, 실상사

실상사는 전라북도 남원군 산내면 입석리 지리산 천왕봉 서쪽 분지에 자리 잡고 있다. 대한불교조계종 제17교구 본사인 금산사의 말사이다. 신라 흥덕왕 3년(828)에 홍척(洪陟)국사에 의해서 선문(禪門)으로서는 처음 개창을 본 우리나라 구산선문의 하나다. 개산조인 홍척국사의 뒤를 이어 수철(秀澈)화상이 2대 조사가 되면서부터 실상사는 선적종(禪寂宗)의 근본 도량으로 종풍을 크게 선양했다.

구산선문이란 신라 말 고려 초의 사회 변동에 따라 주관적 사유를 강조한 신종(禪宗)을 산골싸기에서 펴뜨리면서 당대 사상계를 주도한 아홉 갈

▲ 실상사 보광전

▲ 실상사 철조약사여래좌상

래의 대표적 승려 집단을 말한다. 선문(禪門)은 산문(山門)이라고도 하는데, 경주 등 도시 중심이 아닌 지리산과 태백산 줄기 등 산을 중심으로 형성되었기 때문이다.

신라의 최치원은 "북산에는 도의(道義, 우리나라 최초로 중국의 남종선을 전한 고승)요, 남악에서는 홍척"(智證大師塔碑, 문경 봉암사)이라고 했다. 여기서 알 수 있듯이 도의화상이 설악산, 즉 신라 북방에서 선법(禪法)을 펴고 있을 때 홍척국사는 지리산, 즉 신라 남쪽에 자리 잡고 선풍을 드날렸다. 홍척국사의 제자 수철화상은 경문왕과 선과 교에 대해 토론했으며, 실상사에서 후학들을 지도하다가 "나는 가려 한다."라는 말을 남기고 열반에 든 이야기는 유명하다. 이처럼 실상사 개창과 발전 요체는 선에 있었다.

창건 이후 웅장한 전각과 화려한 누각을 자랑하던 실상사는 긴 세월 동안 수차례의 실화, 방화로 불타거나 정유재란 등의 병란으로 심하게 훼손당한 적도 많지만 끊임없는 중건공사에 힘입어 오늘날까지 그 면모를 유지

▲ 실상사 삼층석탑

▲ 실상사 증각대사응료탑

▲ 수철화상능가보월탑비

하고 있다. 현재 백장암, 약수암, 서진암 등의 부속 암자가 있으며, 유구한 역사만큼이나 경역에는 국보·보물급 신라 후기 석조 유적이 즐비하다.

실상사의 주법당인 보광전은 고종 20년(1883)에 방화로 조선 제일이라 던 대적광전이 소실되자 고종 21년(1884)에 월송대사(月松大師)가 옛터에 지금의 보광전을 건립했다. 법당 내에는 본존불과 관음보살, 대세지 두 보살이 그 좌우에 봉안되어 있고, 본존불 뒤에는 아미타회상도가 걸려 있다.

극락전은 1684년 창건한 이래 여러 차례의 개수·중수를 거쳐 오늘에 이르렀다. 목조아미타여래상을 봉안하고 있고 건륭14년명 후불탱이 걸려 있다. 극락전의 옛 이름은 부도전(扶道殿)이다. 계오(戒悟)대사가 숙종 10 년(1684)에 건물을 짓고 부도전(浮屠殿)이라 했는데, 근처에 홍척국사와 수철화상의 부도가 있었기 때문이다.

약사전에는 약사여래철불이 봉안돼 있다. 광배는 없고 대좌만 갖추고 있다. 두 손은 나중에 만들어 붙인 것인데, 약사전에 봉안하기 전 근처 전 아에 방치되어 있을 때 훼손된 것으로 보고 있다. 약사여래라 하면 왼손에 약함을 들고 있는 것이 통례이나 이 불상은 약함을 들고 있지 않다.

명부전은 원래 장육전 동편에 있던 것을 의암대사(義庵大師)가 길선당 터인 현 위치로 옮겼다 한다. 불전 안에는 명부시왕도가 걸려 있으며, 지장보살삼존상, 시왕상 10구, 판관상 6구, 인왕상 2구가 있다.

동·서 삼층석탑은 실상사의 석조 유적을 대표한다. 보광전 앞에 석등을 중심으로 동·서 쌍탑 형태로 서 있다. 양 탑이 수법과 규모가 대동소이하고 상륜부(相輪部)가 모두 완벽하게 보존돼 있어 신라 말기의 석탑 연구에 귀중한 자료가 되고 있다. 신라 통식(通式)을 따른 상륜부는 밑에서부터 위쪽으로 노반(露盤), 복발(覆鉢), 앙화(仰花), 보륜(寶輪), 보개(寶蓋), 수연(水煙), 용차(龍車), 보주(寶珠)가 얹혀 있다. 경주 불국사 석가탑이 도굴꾼에 의해 무너진 것을 복원할 때 상륜부를 이 석탑 상륜부를 모델로 삼았다.

석등은 상·하대와 화사석(火舍石) 옥개석(屋蓋石) 등은 통일신라 시대의 기본 형식인 팔각을 이루고 있다. 그러나 옥개석 위에 또 하나의 소형 옥개형의 보개를 얹은 것은 일반적인 신라식 석등 양식과 다른 점이다. 백장암삼층석탑과 석등은 부속 암자인 백장암에 있다. 현재 국보로 지정된 이 탑은 방형다층탑의 일반 형식을 크게 벗어나지 않고 있지만 목조탑을 많이 모방한 경향이 짙다.

실상사가 선종 사찰인 만큼 경내에는 선승의 부도가 많다. 증각대사응료탑(證覺大師凝寥塔)은 현재 극락전 동편 옆 언덕진 곳 평평한 대지 위에 세워져 있다. 증각대사응료탑비는 비신은 없고 귀부와 이수(螭首)만 돌이끼 낀 모습으로 남아 있다. 이 귀부는 편마암을 사용했기 때문에 마멸이 심해 세부적인 표현은 거의 알아볼 수가 없다.

수철화상능가보월탑(秀澈和尙楞伽寶月塔)은 실상사 제2대조인 수철화상의 부도로 극락전 오른편 원래 위치에 자리 잡고 있다. 수철화상능가보월탑비도 극락전 근처에 있다. 비문이 있기는 하나 풍우로 마멸이 심하여 완전한 해독은 힘들다. 이 비문에 의해 1765년에 중수한 사실이 밝혀졌다.

3대 조사인 편운(片雲)화상의 편운화상부도(片雲和尙浮屠)는 원위치를 알 수 없으나 현재는 극락전의 북서쪽 약 250미터쯤 떨어진 부도군 속에 일부재로만 남아 있다. 이 밖에 사찰 경역에는 다수의 부도가 산재하고 있는데, 자운대사화상탑명부도(慈雲大和尙塔銘浮屠), 회명당대선사탑명부도(晦明堂大禪師塔銘浮屠), 용정대화상탑명부도(龍淨大和尙塔銘浮屠) 등 선승의 부도들이 그것이다.

지금 동국대학교 박물관에 소장되어 있는 실상사동종이 신라 시대부터 이 절에 있었던 범종이다. 보광전 범종(중요민속자료 제137호)은 1694년에 주조한 것이다. 실상사 초입에 장승이 서 있는 것을 볼 수 있는데, 장승은 지역 간의 경계표, 이정표, 마을 수호신 역할 등의 역할을 한다. 이 장승 역시 같은 기능을 하고 있는 것으로 볼 수 있다. 장승을 절 입구에 세운 예를 나주 불회사 석장승, 함양 벽송사 목장승 등에서도 볼 수 있다.

남원 즐기기

새집추어탕

남원시 요천로 1397(천거동 160-206)

063) 625-2443

주요 메뉴 : 추어탕

가격 : 추어탕 9,000원, 추어숙회
30,000원(2인), 미꾸리깻잎튀
김 10,000원(반 접시), 도토리묵
4,000원 등

간보기

미꾸라지가 보신 보약을 넘어 얼마나
훌륭한 음식이 될 수 있는지를 보여주는
집이다. 60년 가까운 오랜 세월의 노력과
성실성이 이제는 남원의 명물 추어탕거리
를 이루었고, 춘향이가 아닌 새로운 아이
템이 남원발 전국구가 되는 또 하나의 역
사를 이루었다.

맛보기

2016년 10월에 찾아가 추어탕과 미꾸리
깻잎튀김를 주문했다.

● 전체 _ 단백질이 많고 소화가 잘되며 장
어보다 미네랄이 풍부하다는 식약동원(食
藥同源)의 증거인 추어탕이 깔끔한 곁반찬
과 함께 나온다. 도토리묵, 숙주나물, 열무
지, 깍두기 등이 먹기에 부담을 느끼는 분
들에게도 식욕을 돋운다.

● 반찬 특기사항 _ 도토리묵을 별도의 메
뉴로 제공하는 집답게 쌉쏘롬한 도토리 맛
이 그대로 살아 있는 묵, 고소한 숙주나물
등이 추어탕을 풍성하게 한다. 깍두기 한
쪽만 달랑 내놓는 야박한 밥상으로는 전라
도 인심과 솜씨를 보일 수 없다.

추어탕 : 추어탕이 얼마나 맛있는 음식
인지, 그 정체성을 보여주기에 부족함이
없다. 장어에 비해 왠지 저어해지던 소극

적인 태도가 국물을 한 번만 간보면 사라진다. 거기에 젠피를 약간 뿌려 냄새를 잡고 특별한 맛을 더하면, 그대도 이젠 추어탕 마니아가 될 것이다.

미꾸리튀김 : 바삭하게 튀겨진 미꾸리는 튀김옷 안쪽으로 깻잎 옷을 한 겹 더 입고 있다. 바삭한 튀김옷과 향긋한 깻잎 덕에 느끼하지 않은 미꾸리의 실한 육질이 고소하게 느껴진다.

추어탕은 시래기와 국물로 미꾸라지를 느껴야 한다. 미꾸라지는 갈아 나와 가시나 내장이 흔적을 가늘게 남기고 국물로 잦아들었기 때문이다. 시래기는 미꾸라지 맛이 깊이 배어 진한 영양에 구수한 느낌을 준다. 어떻게 시래기에 국물을 담을 생각을 했는지 조상의 지혜에 다시 한 번 감탄한다.

김치 : 주메뉴 외에 식당을 평가할 음식을 하나만 들라면 김치를 든다. 김치가 제대로 된 식당치고 음식이 맛없는 집이 없고, 김치가 맛없고 주메뉴가 맛있는 경우가 거의 없기 때문이다. 김치를 잘한다는

것은 음식을 잘한다는 것이다. 이 집 김치는 맛있다. 생김치에 나타나는 정성과 솜씨를 쉽게 느낄 수 있다. 자리를 차지하는 구색용이 아닌 추어탕 맛을 확실하게 돋우는 주연급 찬이다. 깍두기도 마찬가지다. 가을무의 단맛을 사각거리는 무 육질로 음미할 수 있다.

맛본 후

남원시는 오래전부터 전략적으로 추어탕을 지원해 지역의 대표 음식으로 육성해왔다. 추어탕을 먹으러 왔다가 광한루를 보러 가게 했다. 그 덕분에 50개소에 이르는 추어탕집이 추어탕거리를 이루어 남원의 명물이 되었다. 또한 남원 추어탕이 서울 등 전국에 진출해 남원의 얼굴이 되게 했다.

이 모든 이야기가 '새집'에서 출발한다. 55년 전 1959년에 처음 문을 열 때 지붕이 억새여서 '새집'이라고 했다. '새집'을 '샛집', '새집'(새로운 집)이라고도 했다. 이 식

당이 추어탕 종갓집 노릇을 하면서 지손을 퍼뜨려 오늘날의 번영이 이루어졌다.

새집 앞을 흐르는 섬진강 지류 요천은 미꾸리 서식에 좋은 환경이어서 최상급 추어탕 재료를 공급한다. 미꾸리와 미꾸라지는 조금 다른 품종이다. 몸통이 둥글어 '동글이'라고도 하는 미꾸리는 토종이며 '넙적이'라는 미꾸라지보다 맛이 더 좋다. 남원시에서는 미꾸리의 보존과 증식을 위해 많은 노력을 기울이고 있다. 몸통이 긴 미꾸라지는 중국산도 있다. 중국산 미꾸라지는 삶아 주무르면 딱딱해서 으깨어지지 않는다고 한다.

추어탕의 중요 부재료는 시래기이다. 시래기는 재배에서부터 신경을 쓰고, 중간 크기일 때 뽑아 쓴다. 한 번 끓인 후 하루 동안 숙성한 시래기로 추어탕을 끓여 맛이 배어들게 한다. 추어탕 국물에 들깨, 녹차, 햇된장 등등 수많은 재료를 넣어 맛을 낸다. 하나부터 열까지 온갖 정성을 들여 한 숟갈만 떠먹어도 혀가 놀라게 한다.

먹을 때에는 향신료 젠피를 넣는다. '젠피'는 전라도에서 전라도산을 지칭하는 말이다. 경상도에서는 '산초', 지역에 따라 '제피', '조피'라고도 하고, 표준어로는 '초피'라는 것들이 같은 품종인지 다른 품종인지 분명하지 않으나 모두 몸을 덥혀주는 효과로 알려져 있다. 남원 추어탕에 넣는 젠피는 맛이 강하므로 비린내를 제거할 정도로 조금만 넣어야 한다.

남원추어탕은 남원 음식을 대표하는 위치로 올라서서 전주비빔밥과 나란히 서게 되었다. 전국 어디서나 만날 수 있는 남원 추어탕의 원조는 남원의 새집이다. 새집은 남원의 대표적 관광지이자 유적지인 광한루원 옆에 아직도 건재하면서 원래의 맛이 무엇인지 알려준다. 초지일관하는 자세에 감사한다.

추어탕을 먹고 길 건너의 산수정원 광한루원에 들르자. 대만 학생이 광한루를 보고 감탄했던 것이 기억난다. 어떻게 소설 속의 배경이 오래된 유적지로 남아 있을 수 있느냐? 아닌게 아니라 대만에 가보니 문학과 역사가 공존하는 이런 유서 깊은 명소를 찾기 힘들었다. 하늘에 매달린 그네는 춘향이를 눈앞으로 불러올 것인가? 춘향전의 낭만을 기억하며 삼신선도를 거닐면 현실과 신선계를 넘나들 수 있다.

무주

茂朱

무주군청 ●
무주읍

부남면

적상산 ▲
적상면

설천면

무풍면

안성면 덕유산 ▲
백련사 ●

실연폭포 ●

▲ 나제통문(羅濟通門)

　전북 동북쪽에 있다. 덕유산(德裕山), 적상산(赤裳山), 민주지산(珉周之山), 대덕산(大德山), 흥덕산(興德山), 순룡산(舜龍山) 등의 고봉이 솟아 있는 산악지대이다. 금강이 서북쪽에서 흐른다. 백련사(白蓮寺)가 오래된 절이다. 신라와 백제의 교통을 원활하게 하려고 암벽을 굴착해 만든 나제통문(羅濟通門)이 있다. 나제통문을 사이에 두고 동서로 언어와 풍속이 달라진다.

　무주구천동 절경을 포함한 넓은 지역이 덕유산국립공원으로 지정되었다. 무주덕유산리조트에 이름난 스키장이 있다. 구천동 인근에는 구천송이라고도 하는 반송이 있다. 덕유산휴양림도 가볼 만한 곳이다.

　단풍이 여인의 치마와 같이 아름답다는 적상산은 조선왕조실록을 보관한 5대 사고 중 하나인 적상산사고가 있던 곳이다. 적상산의 안국사는 사고를 지키는 승병들이 숙소로 사용했던 곳이다. 적상산에는 절벽에 쌓은 적상산성이 있다.

　한풍루는 전주의 한벽당(寒碧堂), 남원의 광한루(廣寒樓)와 더불어 호남의 삼한(三寒)으로 불리우는 아름다운 누각이다.

　여름에 반딧불축제를, 겨울에 남대천얼음축제를 한다. 지방 특산물로는 머루와인, 표고버섯 등이 있고, 음식은 어죽과 산채비빔밥이 알려져 있다.

무주 알기

임제의 기행시

임제(林悌)는 자유분방한 시인이었다. 나주가 고향이어서 호남 여러 곳을 돌아다니면서 시를 남겼다. 「기행(紀行)」이라고 하는 이 시에서는 무주에 임실로 가는 도중에 있었던 일을 노래했다.

晨發茂朱縣	새벽에 무주현을 떠나니
雲陰氷路難	구름 어둡고 땅 얼어 힘들다.
偶得張家馬	장씨 집 말을 우연히 얻어
行李賴以安	짐을 편안하게 맡긴다.
多有好山水	좋은 산수가 많이도 있어,
頗足慰苦辛	괴롭고 힘든 것을 위로하겠네.
馬倦日已暮	말이 지치고 날이 이미 저물며,
川原暝色均	냇물과 언덕이 모두 어두워지네.
鎭安北十里	진안이 북쪽으로 십리나 되어,
投宿偃蹇村	퇴락한 마을에 투숙한다.
適屬鄕人飮	마을 사람들 술 마시는 곳에 가니

醉語方喧喧	취한 소리 바야흐로 떠들썩하구나.
勸客一盃酒	나그네에게도 술 한 잔 권하는,
其意亦慇懃	그 뜻이 또한 은근하구나.
翻思民樂樂	돌려 생각하니 백성들의 즐거움은
深賀明聖君	밝은 임금님께 깊이 축하할 일이다.
淸曉照松明	맑은 새벽에 관솔 불 붙여 밝히고,
束裝我行發	행장을 챙기고 나는 떠나간다.
雲霧迷前途	구름 안개 앞길을 가리면서도,
遙遙指任實	멀고 먼 임실을 가리킨다.

● 걸어가면서 여러 사람의 도움을 받고, 후한 인심을 확인했다. 좋은
시절이다. 지금은 차를 타고 가니 시골 깊숙이 들어갈 수가 없다. 주차간
산(走車看山)이 자랑스러울 수 없다.

청풍대와 사선암

청풍대 바삐 올라   서문택(徐文澤)

청풍대 바삐 올라 사선암을 건너오니
천간 지비하여 몇천 년을 기다린다
아마도 갈 길이 천 리니 다시 볼까 하노라

● 이런 시조가 있다. 한자어를 한자로 적어 풀이하면 "淸風臺 바삐 지나
四仙巖을 건너오니 天慳地秘(천간지비, 하늘과 땅이 신비)하여 몇千 年을
기다리는가? 아마도 갈 길이 千 里니 다시 볼까 하노라"라고 하는 말이다.
사선암은 전라북도 무주군 무풍면 철목리에 있는 바위이다. 주위가 절

전북문화 찾아가기

경이어서 옛적의 신선 상산사호(商山四皓)가 놀다 갔다고 하고, 신라 때 영랑(永郎), 술랑(述郎), 남랑(南郎), 안상(安詳)이 머물렀다고도 한다. "淸風臺"는 확인되지 않으나 그 근처에 있을 듯하다.

둘 다 어디 있는지 몰라도 이름을 보면 맑은 바람이 불고 신선들이 노는 곳임을 알 수 있다. 바삐 오르고 건너와 바라보는 두 곳의 빼어난 경치는 하늘과 땅의 신비를 간직하고 몇천 년을 기다리고 있는가 하고 묻는다. 갈 길이 천 리여서 이번에는 오래 보고 있지 못하고 다시 와서 볼까 한다.

"아마도"는 다시 와서 보게 되리라고 추측하는 말이면서, 화제를 전환하는 표시이기도 하다. 기다린다는 "천 년(千年)"과 갈 길이 "천 리(千里)"라는 말이 짝을 이룬다. "아마도"가 대조를 이루는 것들의 경계를 만드는 또 하나의 기능을 수행한다.

구천동의 유래 세 가지

구천동(九千洞)이라는 지명은 구천 명의 생불(生佛)이 나올 정도로 깊고 그윽한 계곡이라 해서 구천둔(九千屯)이라 불리던 데서 유래했다고 전한다. 구천 명의 스님이 살았다는 데서 연유했다는 말도 있다.

구(具)씨와 천(千)씨가 사는 계곡이라는 데서 유래했다고도 한다. 구씨가 천씨에게 부당하게 핍박을 당해 죽을 지경에 이르렀는데, 어사 박문수가 지나다가 알고 구씨를 구하고 천씨를 귀양 보냈다는 이야기도 있다.

● 구천동은 이름이 별난 명소여서 유래 전설이 있어야 한다. 이 정도로 만족하지 못하면 이야기를 더 지어내야 한다. 오늘날의 우리도 가만있을 수 없다.

▲ 적상산사고

▲ 적상산성

염소가 버리고 간 매산바위

설천면 청량리에 매산바위가 있다. 그 유래에 관한 이야기가 전해오고 있다. 아주 오랜 옛날에 염소 두 마리가 각각 바위를 지고 이동하고 있었다. 매산바위 두 개는 숫매산바위와 암매산바위였다. 숫매산바위에는 소나무가 두 그루 있었다. 암매산바위는 잡풀만 나 있었다.

두 바위는 "저녁에 가자, 낮에 가자" 하고 옥신각신을 했다. 염소 두 마리는 이런 바위 두 개를 지고 이동을 하다가 너무 무거워 그 자리에서 집어 던지고 가버렸다. 이후부터 이곳에 매산바위가 자리를 잡게 되었다. 마을 사람들은 이 바위를 성역으로 여기면서 고기를 구워 먹지 못하게 하고, 조용하게 노는 것만 허용한다.

● 염소가 바위를 지고 이동했다는 것은 무슨 말인지 알기 어렵다. 알기 어려워 더욱 신이하다. 비슷한 예가 보이지 않아 비교 고찰로 타개책을 삼지도 못한다.

백련사 스님과 구렁이

무주군 설천면 삼공리에 백련사(白蓮寺)가 있었다. 고승들이 도를 닦았던 곳이다. 창건 연대를 확인할 수 있는 기록은 없다. 구전에서는 신라 때 창건했다고 한다.

해마다 섣달 그믐이 되면 절 근처에서 이상한 소리가 들려왔다. 소리가 들려오면 스님들이 사라졌다. 백련사 큰스님은 올해는 반드시 이 소리의 정체를 밝혀내려고 했다. 삼경이 가까워올 무렵이었다. "여보시오, 누구좀 이리 와주시오." 드디어 이상한 소리가 들리기 시작했다. 첫해에는 당당하게 들렸던 이 소리가 해가 지날수록 점점 힘을 잃고, 이제는 애원하는 것처럼 바뀌고 있는 것이었다. 그러나 백련사 승려들은 하나같이 두려워하고, 불안한 얼굴을 하고 있었다. 소리가 나는 곳으로 간 승려는 한 사람도 돌아오지 않았기 때문이다.

큰스님은 자신이 직접 소리가 나는 곳을 찾아가기로 했다. 다른 승려들의 만류에도 불구하고, 소리가 나는 곳으로 갔다. 간 곳은 앞산에 있는 못봉이었다. 못봉에는 커다란 구렁이 한 마리가 있었다. 구렁이를 본 큰스님은 뒷걸음질을 쳤다.

"놀라지 마십시오. 절대로 해치지 않습니다."

구렁이는 애원하듯이 말했다.

"저는 본래 제자동 중화사 수좌였으나, 전생에 많은 죄를 지어서 이러한 모습으로 살고 있습니다."

"왜 해마다 무고한 승려들을 끌어다 죽였는가?"

스님은 노기 띤 얼굴로 구렁이를 크게 꾸짖었다. 구렁이는 눈물을 흘리면서 말했다. 구렁이는 자신이 승려들을 해친 것이 아니라고 말했다. 소리를 듣고 자기를 찾아온 승려들이 순간적으로 혼절을 해서 숨을 거둔 것이라고 했다. 구렁이는 큰스님에게 간절한 소원이 있다고 말을 한다. 구렁이의 소원은 자기를 위해서 재를 한 번 지내달라고 했다. 스님은 구렁이를 위해서 백련사로 돌아와 정성껏 재를 지내주었다.

재를 지낸 후 백련사에 큰 불이 났다. 백련사 스님들은 불에 탄 절을 다시 세우기로 하고, 힘을 쏟았다. 그러나 불에 타서 소실된 절을 재건하는 것은 쉽지 않았다. 조금씩 들어오는 시줏돈도 턱 없이 부족했다.

큰스님은 평소에 잘 알고 지내던 명나라의 스님에게 도움을 얻기 위해서 길을 떠났다. 당시 명나라 황실은 공주가 태어나는 경사를 맞이하고 있었다. 그런데 태어난 공주는 울지 않았고, 자라면서 말도 제대로 하지 못했다. 오른손을 꼭 쥔 채 손가락을 펴지도 못했다. 그리고 병이 나서 점점 쇠약해지고 있었다. 명나라 황실은 공주를 조용한 절로 보내 요양을 하도록 했다.

이 무렵에 백련사 큰스님은 돌아다니다가 유서 깊은 절 하나를 찾아서 들어갔다. 큰스님이 절로 들어가려는데, 병사들이 길을 막고 있었다. 명나라 황실의 공주가 요양하는 절로 백련사 큰스님이 들어가려고 한 것이었다. 잠시 쉬어가겠다는 백련사 큰스님과 병사들은 옥신각신하는데, 때마침 시녀들과 함께 산책을 하던 공주와 큰스님의 눈이 마주쳤다.

마주치는 순간 놀라운 일이 일어났다. 지금까지 태어나서 말 한마디 못했던 공주가 갑자기 "스님! 스님!" 하고 소리쳤기 때문이다. 그리고 공주는 큰스님에게 가는데, 움켜쥐고 있던 손바닥이 펴지면서 그 안에서 무엇인가 떨어지는 것이 있었다. 거기에는 "해동조선국 덕유산 제자동 선승후신(禪僧後身)"이라는 글이 적혀 있었다. 그러고는 공주는 병이 나았다.

명나라 황제는 공주의 병이 낫자 크게 기뻐했고, 백련사 큰스님을 대궐로 모셔와 대접을 극진하게 했다. 큰스님은 여기까지 온 자초지종을 설명했다. 황제는 큰스님의 설명을 듣고, 큰 상금을 내렸다. 백련사 큰스님은 돌아와서 받은 상금으로 백련사를 재건했다. 못봉의 구렁이가 공주로 환생해서 백련사의 큰스님에게 받은 은혜를 갚은 것이었다.

● 승려가 죄를 짓고 구렁이가 되어 사람을 해쳤으나, 가엾게 여겨 재를 지내주니 좋은 일이 생겼다고, 흥미로운 사건을 갖추어 이야기를 펼치면서 듣는 사람들이 자리를 뜨지 못하게 한다.

도사가 고행하던 칠연폭포

무주군에는 칠연폭포가 있으며, 아름다운 경치로 유명하다. 이 폭포에는 다음과 같은 전설이 전해온다.

아주 오랜 옛날에 세상 이치를 깨달은 도사 한 사람이 있었다. 도사의 꿈은 신선이 되어서 영생복락을 누리는 것이었다. 그래서 더욱 공부를 해야겠다는 마음으로 천제님께 빌었다. "천제님, 세상의 학문은 다 익혔으나 하늘에는 오를 수가 없으니, 어찌하면 되겠습니까?"

어느 날 도사는 하늘로부터 계시를 받았다. 지금의 안성면 봉산 밑에 가면 책바위라는 커다란 바위가 있는데, 그 속에는 신선이 되는 보배로운 책이 있다는 것이다. 도사는 계시를 받은 후에 책바위가 있는 곳으로 갔다. 그러나 사람의 힘으로는 바위문을 열 수 없었다. 다시 책바위 밑에서 간절히 빌었다. 빌었더니 천제가 용마를 타고 내려와 바위의 문을 열어주었다.

지금도 이 책바위 위에는 용마가 내렸던 발자국이 남아 있다. 도사는 책바위 속에서 고행을 했다. 하늘의 이치를 깨달은 날에 보배로운 책은 사라지고, 바위문도 닫혔다. 도사는 이제 하늘로 올라가는 일만 남았다. 도사가 하늘로 올라가기 위해서 지금의 용추폭포로 가게 되었다.

시장기를 느낀 도사는 근처에 사는 최부자 집으로 들어갔는데, 문전박대를 당했다. 격분한 도사는 최부자 집터를 물이 넘실거리는 소로 만들어 버렸다. 이 소가 지금의 용추소이다. 이 소는 얼마나 깊은지 명주실 한 꾸리가 다 들어가도 바닥에 닿지 않는다고 한다.

도사는 도술이 생기자 마음이 오만해졌다. 거드름을 피우면서 칠연폭포로 발길을 향했다. 그런데 천제가 칠연폭포로 내려오더니 도사를 꾸짖었다. 한 인간에 대한 분한 마음을 견디지 못하고 도술을 행한 것이 잘못이라고 했다.

도사는 경솔함을 깨닫고, 천제께 용서를 빌었다. 천제는 한 번 속죄의 기회를 주었다. 속죄의 길은 7년 동안 매일 차가운 물속에 들어가서 목욕을 한 뒤, 기도를 하라는 것이었다. 도사의 고행은 시작되었다. 비가 오나, 눈이 오나 하루도 거르지 않고, 고행을 했다. 고행을 모두 마친 도사는 하늘로 올라갈 수 있었다.

지금의 칠연폭포 명제소는 천제가 무지개를 타고 내려와서 도사에게 다시 수행을 하라고 명령을 내렸던 곳이었다. 도사가 7년 동안 수행할 때 마음을 시험하기 위해 선녀가 내렸던 소는 선녀탕이라고 한다. 도사가 모든 수행을 마치고, 하늘로 올라갔다는 바위는 하늘바위라고 한다.

● 도사가 하늘에 올라가기까지 있었다는 일이 그리 대단하지 않아 수준이 낮은 전설이다. 오만을 경계하고 성실한 노력을 권장하는 뜻이 있다고 변명하면 결함이 더 커진다.

잡혀가는 아기장수

총명하고 힘이 센 소년이 홀어머니와 둘이 이곳에 살고 있었다. 소년이 장차 큰 장수가 될 것이라는 소문이 퍼졌다. 역적이 될까 염려한 조정에서 찾으려 하자, 소년은 좁쌀 한 말과 수수 한 말을 구해달라 하며, 어머니에게 백 일 동안은 자신이 있는 곳을 알리지 말라 하고 마을에서 떨어진 바위 밑으로 가서 무예를 닦았다.

조정에서 내려온 군졸들은 어머니를 묶어놓고 아들이 있는 곳을 대라고 윽박질렀다. 군졸들이 끝내 입을 열지 않는 어머니를 죽여버리기로 하자, 어머니는 약속 날짜를 하루 남겨놓고 죽기 전에 마지막으로 아들의 얼굴이라도 보기 위해 밤에 몰래 바위 밑 굴 속으로 들어갔다. 좁쌀 한 말과 수수 한 말이 수만의 군사로 둔갑하려다가 그만 말에서 떨어져 죽고 말았다.

소년은 잡히는 신세가 된 것이 분하고 원통하여 잡혀가면서 머리로 바위를 들이받았다. 지금도 그 자국이 안성면 명천마을 장군바위에 남아 있다고 한다. 그 이듬해 임진왜란이 일어났다.

● 아기장수를 죽인 탓에 이듬해 일어난 임진왜란에서 패배했다고 연결시켜 이해하면 할 말이 많다. 흔히 있는 이야기를 얼마든지 다르게 이끌어 갈 수 있다. 전설은 무궁한 창조의 원천이다.

두꺼비의 보은

무주읍 북리에 전하는 이야기이다. 아주 먼 옛날에 가난한 총각 한 사람이 살고 있었다. 이 총각은 홀어머니늘 극진하게 모시고 사는 효자였다.

그는 이웃마을에 사는 마음씨가 착하고, 효성이 지극한 처녀와 혼인을 하게 되었다.

새색시가 시댁으로 신행을 하는 날, 가마꾼들이 길가에 가마를 내려놓고 잠깐 쉬고 있었다. 그런데 난데없이 두꺼비 한 마리가 가마 안으로 뛰어들었다. 갑작스런 일에 깜짝 놀란 신부는 두꺼비의 징그러운 등을 보면서 어찌할까 망설이고 있었다. 하지만 두꺼비의 맑은 눈망울을 보고, 그냥 버릴 수 없어서 자신의 가마에 태워서 시댁으로 갔다. 시댁으로 데려온 두꺼비는 계속 새댁의 뒤만 졸졸 따라다녔다. 새색시는 자신을 따라다니는 두꺼비를 위해서 부엌 한쪽에 집을 마련해주었다.

새댁은 가난한 살림살이를 유지하고 있었는데, 식구들뿐 아니라 작은 동물까지 음식을 나눠줘야 했기 때문에 걱정이 태산이었다. 할 수 없이 새댁은 자기가 먹는 밥을 절반씩 두꺼비에게 나눠 먹였다. 먹을 것을 제대로 먹지 못하는 새댁은 점점 쇠약해지고, 두꺼비는 무럭무럭 자랐다. 식구들은 사람도 먹지 못하는 양식을 두꺼비에게 준다고 새댁을 꾸짖었다. 마을 사람들은 흉물을 키운다고, 손가락질을 했다.

새댁이 들어오면서 신랑의 집안 살림살이가 줄어들었다고 생각한 마을 사람들은 새댁을 욕하기 시작했다. 새댁이 시집을 오면서 데려온 두꺼비가 집안에 재앙을 몰고 올 것이라고 말하는 사람들도 있었다. 그러나 새댁은 아랑곳지 않고, 두꺼비를 계속 키웠다. 그리고 시어머니 병간호도 힘을 다해서 했다. 그러나 시어머니 병세는 점점 악화되어갔다. 새댁은 약한 첩 쓸 수 없는 현실이 너무 원망스러웠다.

한편 정월대보름이 다가오자 마을 사람들은 서낭당에 제사를 지내기 위한 준비를 하고 있었다. 그리고 서낭당에 바칠 젊은 여인을 구하는 문제에 대해서 어른들은 이야기를 나누고 있었다. 새댁은 이와 같은 사정을 들고는 제주를 찾아가 자신을 제물로 받아달라며 간청을 했다. 제물로 바쳐지는 사람은 천 냥의 돈을 받는다는 말이 있었기 때문이다. 제주는 사람을 구하는 부담을 덜고 싶어서 승낙을 했다.

새댁은 천 냥을 받아 들고 집으로 향했다. 새댁은 받은 돈으로 시어머니의 약과 논, 밭 등을 샀다. 새댁이 죽더라도 시댁은 잘 살아야 했기 때문이었다. 시어머니는 새댁이 달여준 약을 먹고, 건강을 회복했다. 새댁은 받은 돈에 대해서 식구들에게 말하지 않았다.

정월대보름이 내일로 다가왔다. 마을 사람들은 제물로 바쳐질 여인에 대해서 궁금해했다. 새댁의 시어머니도 마찬가지로 궁금해했다. 그런데 새댁이 옷을 깨끗이 갈아입고는 갑자기 하직인사를 하는 것이었다. 시어머니는 그제야 며느리가 한 일을 알게 되었다. 시어머니는 통곡을 하며 만류를 했다. 남편은 너무 놀라서 말도 나오지 않았다. 새댁은 남편과도 하직인사를 하고는 가마에 올랐다.

그날 밤이었다. 마을 사람들이 서낭당 주위에 숨어서 지켜보는데, 서낭당 느티나무 위에서 빨간 불덩이가 쏜살같이 내려오고 있었다. 그리고 이번에는 밑에서 파란 불덩이가 느릿느릿 나무 위로 올라가는 것이었다. 얼마 동안 그렇게 진행이 되다가 파란 불빛만 남게 되었다. 마을 사람들은 무서움에 질려서 집으로 돌아갔다. 이튿날이었다. 서낭당으로 마을 사람들이 몰려들었다. 서낭당 주변에는 커다란 지네 한 마리와 두꺼비 한 마리가 쓰러져 있었다. 그 옆에는 새댁이 정신을 잃고, 쓰러져 있었다. 마을 사람들은 가까스로 새댁을 업고 집으로 돌아왔다.

새댁은 제물로 바쳐질 뻔했으나 두꺼비의 보은으로 살아남을 수 있었다. 미물인 두꺼비였지만, 자기를 키워준 새댁의 은혜를 갚기 위해서 지네와 싸우다가 함께 죽은 것이다. 새댁은 자기를 위해서 죽은 두꺼비의 시신을 잘 거두어서 양지바른 곳에 묻어주었다. 그 후로도 새댁은 시어머니와 남편에게 효도를 다했다고 전하고 있다.

● 이 이야기 속의 두꺼비를 어떻게 평가해야 하는가? 작은 은혜를 크게 갚아, 두꺼비가 사람보다 더 훌륭하다고 할 것인가? 지나치다고 할 정도의 희생을 감수한 것은 두꺼비가 미련하기 때문인가? 자력으로 살아가지 않고 밥을 얻어먹을 때부터 두꺼비는 잘못된 길에 들어섰다고 할 것인가?

무주 즐기기

천지가든

전라북도 무주군 무주읍 괴목로 1313
(당산리 302)
063-322-3456
주요 메뉴 : 한정식, 버섯전골, 산채비
빔밥
가격 : 버섯전골정식 13,000원, 한정
식 4인분 한상 60,000원, 산채비빔밥
7,000원

간보기

단체 관광객 수용이 가능한 대형 식당
이다. 단체 손님 위주의 식당에서는 개별
손님의 홀대가 우려되는데, 개별적인 음식
맛에서 이런 우려가 불식되어 놀랍다.

맛보기

2015년 11월에 찾아가 버섯전골정식을
주문했다.
● 주메뉴 _ 버섯전골은 목이, 석이, 표고,
느타리 등의 버섯 주재료와 미나리 등 부

재료가 어우러지고 진하지 않은 양념으로 자극적이지 않고 깔끔한 맛이 난다.

● 반찬 특기사항 _ 젓갈처럼 보이는 비지 무침이 특별하다. 각종 나물무침도 하나하나에서 연륜과 깊은 손맛이 느껴진다.

취, 고사리, 더덕, 표고 등 인근 내륙 산간 지방에서 생산 가능한 산채와 토속적인 재료를 많이 사용해서 무주 냄새가 물씬 난다.

밑반찬 모두 그 상차림을 위해서 금방 만든 것처럼 신선하고 살아 있는 맛을 느낄 수 있다. 흔한 김치 반찬, 배추김치, 알타리김치에서도 때를 넘지 않은 아삭이는 맛, 적당하게 간이 된 손맛을 느낄 수 있다. 김치가 기초 음식이면서 전문성의 기준임이 확인된다.

맛본 후

대형 식당인데도 토속식당, 동네식당의 분위기가 같이 있다. 이 식당이 자랑하는 주메뉴인 한정식을 못 먹어서 아쉽다. 이 찬 그대로 풍부하고 깊은 맛으로 한상을 차려내면 아마도 토속적이면서 정감 있고 듬직한 한정식 밥상이 될 것이다. 다음에는 무주 한정식을 맛보기로 하자.

식당이 추구하는 것이 손님에게 만난 거 대접하면서 영업 이익을 추구하는 것일진대 이 두 가지를 다 얻고 있는 거 같아 보기에 흡족하다.

금강식당

전북 무주군 무주읍 단천로 102(읍내리 246-7)
063-322-0979/010-5494-3531
주요 메뉴 : 어죽 및 민물매운탕, 쏘가리탕
가격 : 어죽/어린이어죽 7,000원, 쏘가리탕 중 70,000원, 빠가탕 중 45,000원 등. 중자는 3인 정도 분량

간보기

매우 간단한 밑반찬과 어죽, 상차림은 간단하다. 어죽은 쌀죽에 수제비 건더기가 들어 있다. 단순한 상차림 품새에 자신감과 역사가 배어 있다. 식당에 가득한 손님들도 수긍하는 분위기다.

맛보기

2016년 6월에 방문, 어죽을 주문했다.
● 전체 _ 매우 간단한 밑반찬과 어죽이 제공된다. 어죽은 쌀죽에 드문드문 작은 수제비가 들어갔으나 많이 걸쭉해지는 않다. 단순한 상차림, 자신 있는 상차림이다. 역시 죽 맛이 예사롭지 않다.

● 반찬 특기사항 _ 밑반찬이 전라도식 풍성한 상차림은 아니다. 그러나 듬성듬성 썬 깍두기나 소박한 김치 모두 과하지 않

을 내는 것은 숙성된 솜씨가 아니면 불가능하다. 음식점 명성이 허명이 아니다.

민물고기를 싫어하는 사람도, 아이들도 영양식으로 편하게 먹을 수 있게 느끼하지 않고 부담스럽지 않은 맛. 어려운 재료를 가지고 좋은 음식을 만들었다. 여러 물고기를 골고루 섞고, 핏물을 반드시 빼내어 죽을 끓이므로 비린내가 없다고 한다. 비린내 없이 민물고기의 영양은 섭취할 수 있는 음식이다.

은 양념으로 주재료 맛을 살리며, 자신 있는 솜씨를 보여준다. 재료는 모두 탱탱한 신선함으로 본래의 맛을 제대로 낸다. 어죽을 즐기는 데 몰두할 수 있도록, 어죽을 즐기는 데 필요한 최소한의 곁반찬만 내겠다는 자세가 읽힌다.

● 주메뉴 _ 어죽은 작은 수제비가 들어 있고, 밥알이 들어 있다. 국물은 아마 민물고기를 갈아 체에 받쳐낸 듯 고기 덩어리나 가시는 보이지 않는다. 국물도 약간 걸쭉하긴 하지만 많이 탁하진 않다. 냄새도 나지 않고 깊은 맛이 난다. 많이 맵지도 짜지도 않아 부담 없이 먹을 수 있다. 국물을 만드는 과정에서 이미 냄새는 제거되고, 부추와 들깨로는 향기를 낸다.

'어죽' 하면 맵고 짠 맛을 상상하여 회피하는 사람들이 많다. 고기의 비린내를 잡고 고유의 맛을 살리려다 보니 익지 않은 솜씨로는 쉽게 매운 맛, 짠 맛에 의존하기 때문이다. 그러나 이 집 어죽은 맵지도 짜지도 않다 약간 매콤하면서 깊고 웅숭한 맛이 느껴진다. 민물고기로 이 정도 맛

맛본 후

30년이나 된 집이라니 유명한 집임에 틀림없다. 식당 명함에도 자랑거리가 많다. 대한지적공사 선정 맛집, 중앙일보 선정 맛집 등등 명성을 자랑거리로만 삼지 않고 이름값을 하는 집이라 다행이다. 지속적 발전을 빈다.

그런데 도리뱅뱅이를 먹지 못해 섭섭하다. 메뉴에서 아예 지워져 있다. 요즘은 하지 않는다고 한다. 쏘가리탕이 주요 메뉴인 거 같은데 점심으로는 부담스러웠다. 하지만 기약할 다음이 있어 부자가 된 기분이다. 어죽만 먹으면 허허로운 느낌이 나니, 보조메뉴가 있으면 좋겠다는 생각이다.

부안
扶安

위도면

위도면

● 계화 봉수대

계화면

동진면

● 신석정 고택
● 부안군청

행안면

부안읍

백산면

하서면

● 변산 해수욕장

상서면

● 개암사

주산면

변산면

● 수성당

● 내소사

진서면

보안면

줄포면

▲ 변산 채석강

　전북 중서쪽에 있다. 동쪽은 평야이고, 서쪽 변산반도(邊山半島)는 산악지대이다. 1414년 부령현(扶寧縣)과 보안현(保安縣)의 병합으로 '부안'이 되었다. 위도(蝟島)·하섬(蝦島) 등 7개의 유인도와 28개의 무인도가 있다. 변산반도 일대는 변산팔경으로 유명하며 『택리지』에서는 우리나라 십승지(十勝地)의 하나로 꼽았다. 변산반도국립공원으로 설정되어 있으며 내변산의 산악 경승지와 외변산의 해안 경승지가 어우러져 전국의 관광객이 찾는 명승지이다. 내변산(內邊山) 연봉이 절경으로, 고찰 내소사(來蘇寺)를 비롯 개암사, 월명암 등의 사찰이 있다. 내소사 뒤쪽에는 직소폭포가 있다. 개암사는 죽염이 유명하다.

　외변산(外邊山)이라고 하는 해안에는 침식으로 바위가 층층이 쌓여 장관을 이루고 있다. 채석강, 적벽강 등에서 수려한 경관을 볼 수 있다. 해안 일주도로를 따라 변산·고사포·격포·상록·모항 등 해수욕장이 발달해 있고, 이 중 변산해수욕장은 전국에 알려져 있다. 북쪽으로는 전국 최대의 연륙(連陸) 간척지인 계화도 간척지가 있다. 하도는 바다가 갈라지는 것으로, 위도는 띠뱃놀이와 바다낚시로 유명하다.

　해안 곳곳에는 갯벌이 잘 발달되어 있다. 그중 곰소항은 갯벌, 염전, 젓갈로 유명하다. 줄포의 유천리 도요지는 고려청자의 산지이다. 부안 각지에서 양잠을 하고 관련 연구와 전시 및 사업을 하고 있다. 새만금 방조제가 군산에서 시작하여 김제를 지나 부안에서 끝나서 새만금 관광에 좋다.

　조선 시대에 실학자 유형원(柳馨遠), 기녀시인 이계랑(李桂娘, 호는 梅窓)이 난 고장이다.

　특산품으로는 간척지 등에서 해풍을 맞고 자란 쌀과 잡곡이 좋은 품질로 알려져 있다. 뽕나무 관련 오디, 뽕잎차 뽕와인, 뽕잎고등어 등이 있다. 곰소천일염, 젓갈, 꽃게장 및 죽염과 죽염간장, 죽염된장 등 발효식품, 전어, 설숭어, 갑오징어 등 수산물이 있다.

부안 알기

천 년 전과 변함없는 내소사

내소사(來蘇寺)는 진서면 석포리에 있는 신라 고찰이다. 처음에는 '소래사(蘇來寺)'였는데, 백제를 치러 온 중국 당나라 장수 소정방(蘇定方)이 찾아와 시주했으므로 내소사로 이름이 바뀌었다고 한다.

대웅보전은 인조 1년(1623)에 완공되었는데 기법이 매우 독특하다. 못 하나 쓰지 않고 나무를 깎아 서로 교합하여 만들었다고 하며, 법당 내부의 벽면에 그려진 관세음보살상 등의 그림도 일품이다. 호랑이가 화현(化現)한 대호선사(大虎禪師)가 지었다 하고, 벽화는 관세음보살의 화현인 황금빛 날개를 가진 새가 그렸다고 한다.

변산 내소사에서(題邊山來蘇寺)　　　　　　　　　　　　정지상(鄭知常)

古徑寂寞縈松根　　　옛길 적막하고 솔뿌리 얽혔으며

天近斗牛聊可捫　　　하늘이 가까워 두우성을 만질 듯하네.

浮雲流水客到寺　　　구름 흐르는 물인 듯 객이 절에 이르니,

紅葉蒼苔僧閉門　　　붉은 잎 푸른 이끼에 중이 문을 닫는다.

秋風微凉吹落日	가을바람 선들선들 해 질 녘에 불어오고.
山月漸白嘯淸猿	산달이 밝아오니 잔나비 소리 들린다.
奇哉厖眉一老衲	기이하도다, 저 눈썹 흰 늙은 스님
長年不夢人間喧	오랫동안 세상 시끄러움 꿈꾸지도 않았네.

● 정지상의 시대인 12세기부터 지금의 21세기까지 천 년 가까운 세월이 흘렀어도 내소사는 그 모양 그대로이니 놀랍다.

내소사(來蘇寺)　　　　　　　　　　　　　　　　　　　　김시습(金時習)

梵宮倚山隈	절간이 산을 의지해 비스듬하고,
夕陽樓閣開	석양인데도 누각은 열려 있다.
僧尋泉脈去	스님은 물 긷는 수맥을 찾아서 가고,
鶴避茗煙廻	학이 차를 끓이는 연기 피하면서 거닌다.
寺古松千尺	절이 오래되어 소나무가 천 척이나 되고,
山深月一堆	산이 깊으니 오직 달 하나만 있다.
無人堪問話	묻고 이야기할 사람이라고는 없어,

庭畔獨徘徊	뜰 가에서 나 홀로 배회한다.

● 그때에도 내소사는 아주 오래된 절이었다. 세상에서 벗어나 별세계에 간 느낌을 대구를 잘 맞추어 전한다. 홀로 있어도 쓸쓸하다는 말은 없다. 지금의 내소사는 너무 소란하지 않은가?

이규보의 변산 기행

고려 문인 이규보(李奎報)는 1199년부터 2년 동안 전주막부(全州幕府)라고 하는 지방 수령이 되어 전주에 있는 동안 인근 여러 곳까지 둘러보면서 「남행월일기(南行月日記)」라는 산문과 여러 편의 시에 견문한 바를 기록했다. 그 가운데 당시에 부령현(扶寧縣)이라고 하던 부안의 변산(邊山) 기행 대목에 흥미로운 특히 내용이 있다.

변산 길에서 짓는다(邊山路上作)

旌旗先客路	깃발은 앞에서 펄럭이고
鼓角壯人心	고각 소리 사람 마음 씩씩하게 하네.
野鼠跳藏竹	들쥐는 대숲으로 달아나고,
山麕走覓林	산노루 숲을 찾아 숨는구나.

군사를 거느리고 변산으로 가는 모습을 자랑스럽게 노래했다. 그러나 변산에 가는 것은 벌목 감독을 하기 위해서이다. 이에 관해 다음과 같이 썼다.

조정의 명을 받들어 변산에서 벌목(伐木)하는 일을 맡아보았다. 변산이란 곳은 우리나라의 재목창(材木倉)이다. 궁실(宮室)을 수리·영건하느라고 해마다 재목을 베어내지만 아름드리나무와 치솟은 나무가 항상 떨어지지 않는다. 내가 벌목하는 일을 항시 감독하므로 나를 작목사(斫木使)라고 부른다. 노상에서 장난삼아 다음과 같은 시를 지었다.

| 權在擁軍榮可詑 | 군사 거느리고 영화 자랑할 만한데. |
| 官呼斫木辱堪知 | 벼슬 이름이 작목사라 하니 부끄럽네. |

이것은 내가 맡은 일이 담부(擔夫)나 초자(樵者)와 같기 때문이다.

변산에 들어가니, 층층한 봉우리와 겹겹한 멧부리가 솟았다 엎덨다 구부렸다 폈다 하고, 머리나 꼬리의 놓인 곳과 뒤축과 팔죽지의 끝난 곳이 도대체 몇 리인지를 알 수가 없었다. 옆에 큰 바다가 굽어보이고 바다 가운데는 군산도(群山島)·위도(蝟島)·구도(鳩島)가 있는데, 모두 아침저녁에 이를 수가 있다. 바다에 나다니는 사람들이 "순풍을 만나 쏜살같이 가면 중국을 가기가 또한 멀지 않다."고 한다.

산중에는 밤(栗)이 많아, 이 고장 사람들이 해마다 이것으로 생계를 유지한다. 얼마쯤 가노라니, 수백 보가량 아름다운 대나무가 마치 삼대처럼 서 있는데, 모두 울타리로 막아놓았다. 대숲을 가로질러 곧장 내려가서 비로소 평탄한 길을 만났다. 그 길로 가서 한 고을에 이르니, 바로 보안(保安, 지금의 부안)이라는 곳이다.

밀물이 들어올 때는 평탄한 길이라도 순식간에 바다가 되므로 조수의 진퇴를 보아서 다니는 시기를 정해야 한다. 내가 처음 갈 때에는 조수가 막 들어오는데 사람이 선 곳에서 오히려 50보 정도의 거리는 있었다. 그래서 급히 채찍질하여 말을 달려서 먼저 가려고 하였더니, 종자(從者)가 깜짝 놀라며 급히 말린다. 내가 듣지 않고 그냥 달렸더니, 이윽고 조수가 쿵쾅 하고 휘몰아 들어오는데, 그 형세가 사뭇 만군(萬軍)이 배도(倍道)로 달려오는 듯하여 아주 겁이 났다. 내가 넋을 잃고 급히 달려 산으로 올라가서 겨우 화는 면하였으나, 조수가 거기까지 따라와서 말의 배에 넘실거린다. 푸른 물결, 파란 멧부리가 숨었다 나타났다 하고, 음청(陰晴)·혼조(昏朝)에 경상(景狀)이 각기 다르며, 구름과 노을이 붉으락푸르락 그 위에 둥실

떠 있어, 아스라이 만첩(萬疊)의 화병(畫屏)을 두른 듯하였다. 눈을 들어 그 경치를 바라볼 때 시를 잘하는 두세 명과 더불어 말고삐를 나란히 하고 가면서 함께 읊지 못한 것이 한스러웠다.

부령현령(扶寧縣令) 이군(李君) 및 다른 손님 6~7인과 더불어 원효방(元曉房)에 이르렀다. 높이가 수십 층이나 되는 나무 사다리가 있어서 발을 후들후들 떨며 찬찬히 올라갔는데, 정계(庭階)와 창호(窓戸)가 수풀 끝에 솟아나 있었다. 듣건대, 이 따금 범과 표범이 사다리를 타고 올라오다가 결국 올라오지 못한다고 한다. 곁에 한 암자가 있는데, 사포성인(蛇包聖人)이란 이가 옛날 머물던 곳이다. 원효(元曉)가 와서 살자 사포(蛇包)가 또한 와서 모시고 있었는데, 차를 달여 효공(曉公)에게 드리려 하였으나 샘물이 없어 딱하던 중, 이 물이 바위틈에서 갑자기 솟아났는데 맛이 매우 달아 젖과 같으므로 늘 차를 달였다 한다. 원효방은 겨우 8척쯤 되는데, 한 늙은 중이 거처하고 있었다. 그는 삽살개 눈썹과 다 해진 누비옷에 도모(道貌)가 고고(高古)하였다. 방 한가운데를 막아 내실(內室)과 외실(外室)을 만들었는데, 내실에는 불상(佛像)과 원효의 진용(眞容)이 있고, 외실에는 병(甁) 하나, 신 한 켤레, 찻잔과 경궤(經机)만이 있을 뿐, 취구(炊具)도 없고 시자(侍者)도 없었다. 그는 다만 소래사(蘇來寺)에 가서 하루 한 차례의 재(齋)에 참여할 뿐이라 한다.

또 이른바 '불사의 방장(不思議方丈)'이란 것이 어디에 있는가를 물어서 구경하였는데, 높이 1백 척쯤 되는 나무 사다리가 곧게 절벽에 걸쳐 있었다. 3면이 모두 위험한 골짜기라, 몸을 돌려 계단을 하나씩 딛고 내려와야만 방장에 이를 수가 있다. 한 번만 헛디디면 다시 어떻게 해볼 도리가 없다.

나는 평소에 높이 한 길에 불과한 누대(樓臺)를 오를 때도 두통이 있기 때문에 오히려 정신이 아찔하여 굽어볼 수 없던 터인데, 이에 이르러는 더욱 다리가 와들와들 떨려 들어가기도 전에 머리가 벌써 빙 돈다. 그러나 예전부터 이 승적(勝跡)을 익히 들어오다가 이제 다행히 일부러 오게 되었는데, 만일 그 방장을 들어가보지 못하고 또 진표대사(眞表大士)의 상(像)을 뵙지 못한다면 뒤에 반드시 후회할 것이다. 그래서 어정어정 기어 내려가는데, 발은 사다리 계단에 있으면서도 금방 떨어질 것 같은 기분이었다.

드디어 들어가서 부싯돌을 쳐서 불을 만들어 향(香)을 피우고 율사(律師)의 진용(眞容)에 예배했다. 율사는 이름이 진표(眞表)이며 벽골군(碧骨郡) 대정촌(大井村) 사람이다. 그는 12세 때 현계산(賢戒山) 불사의암(不思議巖)에 와서 거처하였는데 현계산이 바로 이 산이다. 그는 명심(冥心)하고 가만히 앉아 자씨(慈氏, 미륵보살)와 지장(地藏, 지장보살)을 보고자 하였으나 며칠이 지나도록 보이지 않자 이에 몸을 구렁에 던지니, 두 명의 청의동자(靑衣童子)가 손으로 받으면서 말하기를, "대사의 법력(法力)이 약한 때문에 두 성인이 보이지 않습니다."라고 했다. 그래서 더욱 노력해 삼칠일(三七日)에 이르니, 바위 앞 나무 위에 자씨와 지장이 현신(現身)하여 계(戒)를 주고, 자씨는 친히 『점찰경(占察經)』 2권과 패쪽 199개를 주어 중생을 인도하는 도구로 삼게 했다.

그 방장은 쇠줄로 바위에 박혀 있기 때문에 기울어지지 않는데, 세속에서 전하기를 바다 용이 그렇게 한 것이라 한다. 돌아오려 할 때 고을 원님이 한 산꼭대기에 술자리를 베풀고는 "이것이 망해대(望海臺)입니다. 제가 공(公)을 위로하고자 먼저 사람을 시켜서 자리를 베풀고 기다리게 했으니, 잠깐 쉬십시오."라고 했다.

올라가서 바라보니, 큰 바다가 둘러 있는데, 산에서 거리가 겨우 백여 보쯤 되었다. 한 잔 술, 한 구 시를 읊을 때마다 온갖 경치가 제 스스로 아양을 부려 도무지 인간 세상의 한 점 속된 생각이 없어 표연히 속골(俗骨)을 벗고 날개를 붙여 육합(六合) 밖으로 날아 나가는 듯, 머리를 들어 한 번 바라보니 장차 뭇 신선을 손짓하여 부를 듯하였다. 동석한 10여 인이 다 취하였는데, 내 선군의 기일(忌日)이므로 관현(管絃)과 가취(歌吹)만이 없을 뿐이었다.

팔월 이십일에 능가산 원효방을 제목으로(八月二十日題楞迦山元曉房)

변산을 능가라고도 한다. 옛날 원효가 살던 방장(方丈)이 지금까지 있는데, 한 늙은 비구승(比丘僧)이 혼자 수진(修眞)하면서 시중드는 사람도 솥·탕반 등 밥 짓는 도구도 없이 날마다 소래사(蘇來寺)에서 재만 올릴 뿐이었다.(邊山一名楞迦 昔元曉所居方丈 至今猶存 有一老比丘獨居修眞 無侍者 無鼎鐺炊爨之具 日於蘇來寺趁

一齋而已) 이런 설명을 붙였다.

循山度危梯	산을 따라 위태로운 사다리 건너고,
疊足行線路	발을 겹치며 한 가닥 길로 다니네.
上有百仞巓	위에 백 길의 산마루 있는 곳에
曉聖曾結宇	원효 성인 일찍이 집짓고 살았네.
靈蹤杳何處	신령의 자취 어디로 사라지겠나.
遺影留鵝素	남긴 그림자 희고 깨끗한 곳에 남았네.
茶泉貯寒玉	다천에 차고 맑고 맑은 물이 고여 있어,
酌飮味如乳	마셔보니 그 맛이 젓과 같도다.
此地舊無水	이곳은 옛날에 물이 나오지 않아,
釋子難棲住	스님들이 살아갈 수 없었다는데.
曉公一來寄	원효가 한번 와서 산 뒤에는
甘液湧巖竇	바위 구멍에서 단물이 솟았다네.
吾師繼高蹤	우리 선사가 높은 도를 이어받아,
短葛此來寓	짧은 갈옷 입고 이곳에 사네.
環顧八尺房	돌아보건대 팔 척쯤 되는 방에
惟有一雙屨	신발 한 쌍이 있을 뿐이구나.
亦無侍居者	시중드는 사람 아무도 없이,
獨坐度朝暮	홀로 앉아 아침저녁을 헤아리는구나.
小性復生世	소성이 다시 세상에 태어난다면,
(曉師俗號小性居士 원효대사를 세상에서 소성거사라고도 한다.)	
敢不拜傴僂	감히 굽혀 절하지 않겠는가

불사의방을 제목으로(題不思議房)

불사방장은 옛날 진표율사(眞表律師)가 살면서 도를 닦은 곳이고 자씨(慈氏)와
지장(地藏)이 현신 수계(授戒)한 곳이다. 나무 사다리가 백 척이나 솟아 있고 사다

리를 따라 내려가면 바로 방장에 이르게 되는데, 그 아래는 헤일 수 없는 계곡이다. 쇠사슬로 집을 이끌어 바위에 못질했으므로 세상 사람들이 바다의 용이 만든 것이라 한다.(不思議房者 昔眞表律師寓居修眞 而慈氏地藏顯身授戒之所也 有木梯高可百尺 緣梯而下 乃得至於方丈 其下則皆不測之壑也 以鐵索引其屋 釘之於巖 俗傳海龍之所爲也) 이런 설명을 붙였다.

虹蝀危梯脚底長	무지개 같은 사다리 발밑에 뻗쳐,
回身直下萬尋强	몸을 돌려 만 길 아래로 내려간다.
至人已化今無跡	지극한 분은 가고 자취조차 없는데,
古屋誰扶尙不僵	옛집을 누가 돌보는지 넘어지지 않네.
丈六定從何處現	장륙은 어느 곳에 나타나는가?
大千猶可箇中藏	대천은 이 속에 감출 만하도다.
完山吏隱忘機客	세상을 잊고 숨은 완산의 관리가
洗手來焚一瓣香	손을 닦고 한 가닥 향을 사르러 왔네.

"장륙"은 길이가 육척인 장대한 불상이다. "대천"은 광대무변한 세계이다. "세상을 잊고 숨어 완산의 관리"는 이규보 자신을 말한다. 완산(전주)에서 관리 노릇을 하지만 세상을 잊고 숨어 산다고 자부한다.

● 이규보다운 호기심이고 필력이다. 무심하게 보고 듣는 것이 없고, 지금 보고 듣는 것 같이 전한다. 8백 년 전의 일이 눈앞에 벌어지는 것 같다. 말없이 은거하는 노승과 사방 돌아다니면서 마구 떠들어대는 호사가, 어느 쪽이 바람직한가 하는 질문을 오늘 다시 던진다.

칠산바다의 신, 개양할미

변산반도 서쪽 맨 끝 지점, 변산면 격포리 죽막동 해안가 높은 절벽 위에는 당집이 있는데, 개양할미를 모신 곳이다.

개양할미는 딸 여덟을 낳아 위도, 영광, 고창, 띠목 등, 칠산바다 요소에 보내 바다를 지키게 하고, 개양할미는 막내딸을 데리고 구랑사(九娘祠)라고 하는 이 당집에 머물며 서해바다를 총괄했다. 구랑사를 지금은 수성당(水聖堂)이라고 한다. 얼마 전까지 만해도 이 지역 사람들은 매년 음력 정초에 수성당에서 제사를 성대하게 지냈다.

이 당집이 언제부터 있었는지는 정확히 알 수 없으나, "道光 三拾年 庚戌 四月二十八日 午時 二次上樑"이라고 쓰여 있는 것을 보면 1850년 훨씬 이전부터 있었음을 알 수 있다. 그러나 1992년 전주박물관에서 수성당 주변을 발굴하여 이곳이 선사시대 이래로 바다 혹은 해신에게 제사를 지내왔던 곳임을 확인했다. 수성당의 연원은 그 시기까지 소급된다고 보아 마땅하다.

개양할미는 칠산바다를 관장하는 해신이다. 아득한 옛날 적벽강의 대막골 뒤 '여울굴'에서 개양할미가 나와 바다를 열고, 풍랑과 깊이를 조정하여 어부들의 생명을 보호하고 풍어를 관장해왔다고 한다. 개양할미는 키가 매우 커서 굽나막신을 신고 서해를 걸어 다니면서 수심을 재고, 풍랑을 다스려 어부들이나 이곳을 지나는 선박들을 보호했다고 한다.

나막신을 신고 바다를 걸어 다녀도 버선도 젖지 않았는데, 다만 곰소의 계란여에 이르러 발이 빠져 치마가 젖었다. 화가 난 개양할미가 치마에 돌을 담다 계란여를 메웠다고 한다. 지금도 깊은 물을 보면 "곰소 둠벙 속 같다"는 속담이 전해오고 있다.

변산을 장광팔십리(長廣八十里)의 겹산이라 하여 소의 천엽 속처럼 겹겹의 험산이라 말한다. 그래서인지 변산에는 호랑이가 많이 살았으며, 변산 호랑이는 특히 영악했다고 한다. 변산에 호랑이가 많아지면 피해가 많아 주민들이 골머리를 앓았는데, 이 호랑이를 칠산바다를 관장하는 개양할미가 다스렸다고 한다.

격포의 채석강 북쪽 끝에 청동으로 만든 큰 사자가 있어, 변산에 호환으로 인한 주민들의 원성이 높아지면, 개양할미가 청동사자 머리를 남쪽의 고창 선운산 쪽으로 돌려 선운산 쪽으로 쫓고, 또 선운산 쪽이 시끄러우면 다시 청동사자 머리를 변산 쪽으로 돌려가며 호랑이의 피해를 막았다고 한다. 그 청동사자가 언제 없어졌는지는 아는 사람이 없다.

● 개양할미는 여러 곳에서 이야기하는 거인 여신 가운데 성격과 기능이 가장 분명하다. 거대한 체구로 휘젓고 다니면서 산천을 만들었다고만 하지 않고, 바다를 관장하고, 호랑이를 다스리는 등으로 사람에게 유익해 섬김을 받는 당신(堂神)으로서 오랜 내력이 있다. 여덟 딸이 여러 마을을 각기 맡아 모두 당신 노릇을 하는, 가족끼리의 당(堂) 나눔은 제주도에서 볼 수 있는 바와 같다. 제주도의 설문대할망까지 포함한 여러 곳의 거인 여신이 원래 모두 이와 같았을 것이다. 소중한 자료가 있어 잃어버린 과거를 되찾게 한다.

이성계가 공부한 곳

보안면 우동리 뒤에 큰 저수지가 있는데 그 저수지의 동북쪽 산 일대를 선계(仙溪)안 또는 선계골이라고 한다. 일찍이 조선왕조를 세운 태조 이성계가 청년 시절에 큰 뜻을 품고 팔도를 두루 편답하면서 지리도 익히고 인심도 살피다가 부안의 변산 선계안에 이르렀다. 이런 영산에는 큰 도인이 있을 것이라고 생각하고 암자를 짓고 공부하기 시작했다.

어느 날 두 노인이 이 암자에 찾아왔다. 옷차림은 남루하나 높은 기상이 엿보여, 범상한 사람이 아님을 알고 이성계는 극진하게 대접했더니, "우리는 유산(遊山)하는 사람으로 잠시 다리를 쉬어 가려는 것이오."라고 했다.

이성계는 노인들에게 글과 무예에 대하여 이것저것 물어보았더니 아무 막힘이 없이 척척 대답해주었다. 이성계는 속으로 크게 기뻐하며 "두 분 선생님께 청을 드릴 말씀이 있사온데 허락하여주시겠습니까?"라고 했다. 노인들은 "잠시 다리를 쉰 것도 인연이고 신세를 진 일인데, 우리 힘으로 할 수 있는 일이면 하여보지요."라고 했다.

"오늘부터 두 분을 스승으로 모시고 열심히 공부하여 큰 뜻을 펴보고자 하오니 물리치지 마시고 시생의 앞날을 지도하여주시면 그 은혜 잊지 않겠습니다." 이렇게 말하고 엎드려 청하니, 두 노인이 처음에는 한사코 사양하더니 이성계의 끈질긴 간청과 정성에 감복해 승낙하고 사제의 의를 맺게 되었다.

그날부터 두 노인은 선계암에 묵으면서 이성계의 스승이 되어 한 분은 문(文)을, 또 한 분은 무(武)를 지도했다. 이성계가 총명해 학업이 일취월장하여 문무를 겸비한 훌륭한 청년이 되었다. 두 노인은 그의 뛰어난 총명을 찬양하며 "이제 우리의 힘으로 더 가르칠 것이 없으니 세상에 나가 큰 뜻을 성취하라."고 했다.

이성계는 그동안 베풀어준 가르침에 대하여 깊이 사례하고 작별을 하게 되는데 헤어지기가 안타까워 한 걸음 한 걸음 떼어놓는 것이 선계안 암자에서 북쪽으로 삼천 보(三千步)나 떨어진 어느 봉우리까지 오게 되었다.

두 노인 이성계를 돌아보며 이만 돌아가라고 했다. 어쩔 수 없이 두 스승에게 하직의 절을 올리고 일어서 보니, 두 스승은 간 곳이 없고 그 앞에 높은 봉우리 두 개가 우뚝 솟아 있었다.

● 산봉우리 둘이 사람으로 변해 이성계의 스승 노릇을 했으니, 이성계는 하늘이 낸 인재이다. 과연 그런지 여러 이야기를 한데 모아 본격적으로 따져볼 만하다.

왜군을 몰살시킨 팔장사

지금은 도로가 넓게 확장되고 포장까지 되어 길이 많이 달라졌지만 하서 백련초등학교 정문 앞이 옛날엔 야트막한 고개였다. 이 고개에서 임진왜란 때 왜군이 몰살당했다는 전설이 있다.

이 근동에 힘이 세고 몸이 날랜 여덟 청년이 있었다. 뜻이 크고 힘도 세었으나 당시의 사회제도가 천민들에겐 벼슬길이 막혀 있는 때라 울분을 새기면서 여덟 청년이 자주 만나 형제의 의를 맺었다. 이들은 날마다 만나서 산야를 헤매며 무술을 닦고 나무를 한 짐씩 하여다 이 고개 마루에 돌성을 쌓고 그 안에 나무를 쌓아두는 것이었다. 사람들은 이 건달 같은 팔장사(八壯士)를 비웃었다. 남들이 비웃거나 말거나 이들 팔장사는 세상을 두루 편력하고 세상인심을 살피고 돌아오더니 두문불출하고 있었다. 왜몰치고개에 미리 나무성을 쌓고 장군봉 위에 큰 바위와 돌을 모아두었다.

그러더니 얼마 후에 난리가 났다. 왜놈들이 부안에도 밀어닥쳐 사람들이 갈팡질팡 어찌할 바를 모를 때 이들 팔장사들이 앞에 나서서 수백 명의 왜군을 이곳 나무를 쌓은 성안으로 유인하여 큰 불을 지르고 돌성을 헐어 공격하여 몰살을 시켰다. 이 격렬한 싸움에서 팔장사도 최후까지 싸우다 죽었다.

이들을 비웃었던 마을 사람들이 그들의 장한 뜻을 알고 칭찬을 아끼지 않았다. 죽은 팔장사의 시신을 수습하여 그들이 뜻을 모아 쌓았던 돌성과 나무성이 있었던 이 고갯마루 밑에 가지런히 묻어주고 봄가을로 제사를 지내주었다. 그 고개를 왜군을 몰살시킨 고개란 뜻으로 왜몰치(倭殁峙)라고 부르고, 팔장사의 제사를 지내는 고개라는 뜻으로 젯등이라고도 한다.

● 팔장사를 장황하게 소개하고 했다는 일은 너무 간략하다. 이야기를 더 지어내야 할 것 같다. 나중에 효종이 된 봉림대군(鳳林大君)이 심양(瀋陽)으로 볼모가 되어 잡혀갈 때 호송한 여덟 장사를 병자팔장사(丙子八將士)라고 한다. 이와 짝을 이루는 임진팔장사가 있었다고 할 만하다.

육지였다가 섬이 된 계화도

계화도(界火島)는 간척공사로 지금은 육지가 되었지만, 1968년 이전에는 서해바다의 외로운 섬이었다. 주봉인 매봉은 해발 265미터 높이인데 옛날의 통신수단 봉수대 자리가 남아 있다. 조선조 말의 큰 학자였던 전우(田愚)선생이 말년을 이곳에 숨어 살며 3천여 제자를 가르치던 곳으로 유명하다.

아주 먼 옛날에 계화도가 육지에 붙어 있을 때의 이야기다. 계화산의 한쪽 모퉁이에 돌부처 하나가 서 있었다. 하루는 어떤 과객이 지나가다가 "이 돌부처 콧구멍에서 피가 나면 이곳이 모두 소(沼)가 될 것이다."라고 했다.

이 말을 들은 마을 사람들이 모두 "별 미친놈 다 보겠네." 하면서 아무도 그 말을 믿지 않았다. 그런데 이 마을의 고지식한 영감 하나가 그 말을 헛되이 듣지 않고 마음에 새겨 식구들을 모두 모아놓고 "너희들 지나가는 과객의 말 들었지? 돌부처 콧구멍에서 피가 나면 우리 마을이 소가 된다니 우리 이곳을 떠나자." 하고 하니, 식구들은 귀 담아 듣지 않았다.

영감은 매일같이 그 돌부처 콧구멍을 가서 보는 것이 일과였다. 밥만 먹으면 돌부처 코에서 피가 나는지 가서 확인하여보고 오곤 해서 마을 사람들의 웃음거리가 되었다. 몇 해가 지나 마침 추석 때라 동네에서 소를 잡았다. 마을 사람들이 그 영감을 골려줄 양으로 소 피를 돌부처 콧구멍에 몰래 발라놓았다.

영감은 그런 줄도 모르고 아날도 또 그 돌부처를 찾아가 보니까 아 이게 웬 일인가? 돌부처 콧구멍에서 피가 흐르는 것이 아닌가! 앗 뜨거라 하고 급히 집으로 달려와서 식구들을 모아놓고 "얘들아! 돌부처 코에서 피가 난다. 어서 빨리 여기를 떠나자." 하고 재촉하니 식구들은 들은 척도 안 하고, 아무도 따라 나서지 않았다.

그런데 일곱 살 먹은 손자가 "나는 할아버지 따라 갈래요."라고 따라 나서서, 조손(祖孫)이 손을 잡고 마구 뛰어 지금의 계화면 마을 근처까지 왔을 때 비바람이 크게 몰아치며 천둥소리가 진동하고 큰 바닷물이 밀어 닥치더니 삽시간에 계화산을 삼켜버리고 산이 반만 남아 섬이 되어버렸다. 그래서 계화산이 계화도가 되고 손자를 데리고 간신히 탈출한 그 영감은 멀리 해남(海南)으로 가서 잘 살았다고 한다.

● 돌부처 코에 피가 나면 바다가 밀려온다는 예언이 사람이 피를 가져가 묻혀도 실현되었다. 피가 저절로 나야 한다는 말은 없었다. 그냥 두면 생기지 않을 참변이 사람이 경망스럽게 굴어 닥쳐왔다.

아기장수의 비운

월포마을 옆 장포리(長信浦) 마을에는 유(柳)씨 성을 가진 부부가 살았는데 생활은 넉넉하나 나이 50이 되도록 혈육 한 점 없는 것이 한이어서 두 부부는 늘 한탄하여왔다. 하루는 부부가 의논하여 부처님께 불공을 드려보기로 하고 변산(邊山)의 절에 들어가 백 일 동안 정성을 다해 공을 들였더니, 부처님의 영험으로 태기가 있어 그로부터 열 달 후에 옥동자를 낳았다. 부부의 기쁨은 말할 것도 없고 마을 사람들도 모두 함께 기뻐했다.

그런데 생기고 귀한 아이에게 한 가지 흠이 있었으니, 밤과 낮을 가리지 않고 울기만 하는 것이었다. 아무리 달래어도 소용이 없고, 부부가 서로 교대로 업어주고 안아주건만 막무가내로 울기만 하는데 그 소리 또한 우렁차고 커서 이제는 마을 사람들도 듣기 싫어하고 미워했다. 그러던 어느 날, 아이가 잠이 든 사이 잠깐 빨래를 하고 들어와 보니 그때까지도 조용하였다. 지금까지 자나 하고 문틈으로 방 안을 들여다보니 이게 웬일인가? 아기는 책을 뜯어 다닥다닥 붙여놓은 벽의 글자를 읽고 있는 것이 아닌가! 부인이 놀라 방문을 열고 들어가니 글 읽기를 멈추고 또다시 울기 시작하는 것이었다.

그날 밤, 남편에게 낮에 있었던 이야기를 하니, 남편은 미친 소리라 하며 믿으려 하지 않았다. 그 후 어느 날, 방 안에서 아이 울음소리가 그치고 이상한 소리가 들리므로 부부가 함께 문틈으로 들여다보니 아이가 방 안의 천장을 이리저리 날아다니는 것이었다. 방문을 열고 들어간 남편이 아이의 겨드랑을 살펴보니 새털 같은 작은 날개가 나 있었다. 이를 본 부부는 서로 쳐다보며 할 말을 잊고 말았다.

한참 만에 남편이 "이것 큰일 났소. 큰 장수감이 태어난 모양이오. 보통

일이 아니오." 하고 걱정하니 부인이 "큰 장수가 나면 나라에서 가만두지 않는다면서요. 천행으로 얻은 아이인데 어떡하면 좋지요?" 하고 역시 근심이 이만저만이 아니다. 한참 만에 남편은 "우리같이 미천한 집에 요술까지 하는 장수감이 태어난 줄 알면 나라에서 역적으로 몰아 죽이고 우리 집안도 모두 도륙을 당할 터이니, 차마 할 수 없는 일이지만 하루빨리 죽여 없애버립시다."라고 했다.

부부는 근심근심 하다가 다듬잇돌로 눌러 아이를 죽여버렸다. 그러자 어디서인가 눈부시게 하얀 백마(白馬) 한 마리가 뛰어와 슬피 울면서 유씨 집을 밤낮 사흘을 돌면서 울더니 월포 앞바다의 느들바위 속으로 들어가 버리는 것이었다. 이 백마는 죽은 아기가 장차 타고 다닐 말인데 제 주인이 죽으니 슬피 울었던 것이다.

이 느들바위는 그 흰 용마가 그 밑에서 항시 떠받고 있기 때문에 바닷물이 많으나 적으나 항시 그만큼 솟아 있다 하여 그래서 '느들바위'라고 부른다는 것이다. 이 바위가 물에 잠기려면, 변산의 제일 높은 의상봉이 잠겨야 이 바위도 잠긴다고 한다.

변산면의 대항리 앞바다에 빡스바위라는 바위가 있는데 느들바위 속으로 들어간 백마가 삼 일 동안 나오지 않을 때, 이 빡스바위에도 큰 백마가 나타나 울면서 뛰어다녀 그 발자국이 지금도 남아 있다고 전하고 있다.

● 아기장수 이야기가 많고 많아 의문을 누적시킨다. 아기장수를 그대로 두어도 큰 탈이 없는데, 부모가 공연히 겁을 내서 죽인 것은 아닌가? 아기장수가 자라서 나라를 지키는 용사가 될 수는 없었는가? 기회만 있으면 역적이 생겨날 만큼, 나라가 취약했는가? 아기장수가 역적이 되어 나라를 뒤집어엎었으면 좋은 세상이 되었을까?

이계랑의 섬세한 시심(詩心)

매창(梅窓)이라는 호로 널리 알려진 부안 기생 이계랑(李桂娘)은 한시도 짓고 시조도 지었다. 여성다운 섬세함과 기생으로서의 정감을 충실하게 나타냈다. 어느 작품이든 길지 않고 말도 쉽지만 느낌의 응축이 예사롭지 않다.

醉客執羅衫	취한 손님 비단 적삼을 잡자
羅衫隨手裂	비단 적삼 손길 따라 찢어지네.
不惜羅衫裂	비단 적삼 찢긴 것이야 아깝지 않아도
但恐恩情絕	다만 사랑이 끊어질까 염려해요.

취객에게 준다는 뜻으로 '증취객(贈醉客)'이라고 한 것이다. 기생이 아니고서는 할 수 없는 말을 절실한 매듭을 갖추어 나타냈다. 「춘원(春怨)」이라는 칠언절구는 봄 동산의 아름다운 정경을 그리면서 님이 그리워서 눈물 짓는 마음을 나타낸 사랑의 노래이다.

> 이화우 흩뿌릴 제 울며 잡고 이별한 님
> 추풍 낙엽에 저도 나를 생각는가
> 천리에 외로운 꿈만 오락가락 하노매

이 시조에서도 이별을 노래했다. '梨花雨'와 '秋風落葉'은 흩뿌리는 모습으로 이별의 정황을 그리면서, 봄과 가을의 거리를 나타냈다. 봄에 이별한 임을 가을에 떠올리면서 "저도 나를 생각는가"라고 하는 의문을 제기했다. "저는 나를" 생각하지 않고 "나는 저를" 생각할 것 같아 "千里에 외로운 꿈만 오락가락" 한다고 한다.

● 뛰어난 시인이 불행히도 기생이었다. 기생이 아니면 뛰어난 시인일 수 없었으므로 기생인 것이 다행이었다. 어느 말이 맞는가?

변산의 도적들

박지원(朴趾源)의 「허생전(許生傳)」에 변산 도적들이 나온다.

그때 변산(邊山)에 수천의 도적 무리가 우글거리고 있었다. 각 지방에서 군사를 징발하여 수색을 벌였으나 좀처럼 잡히지 않았다. 군도들도 감히 나가 활동을 못해서 배고프고 곤란한 판이었다. 허생이 도적들의 산채를 찾아가서 우두머리를 달래었다.

"천 명이 천 냥을 빼앗아 와서 나누면 하나 앞에 얼마씩 돌아가지요?"

"일 인당 한 냥이지요."

"모두 아내가 있소?"

"없소."

"논밭은 있소?"

도적들이 어이없어 웃었다.

"땅이 있고 처자식이 있는 놈이 무엇 때문에 괴롭게 도둑이 된단 말이오?"

"정말 그렇다면, 왜 아내를 얻고, 집을 짓고, 소를 사서 논밭을 갈고 지내려 하지 않는가? 그럼 도둑놈 소리도 안 듣고 살면서, 집에는 부부의 낙(樂)이 있을 것이요, 돌아다녀도 잡힐까 걱정을 않고 길이 의식의 요족을 누릴 텐데."

"아니, 왜 바라지 않겠소? 다만 돈이 없어 못 할 뿐이지요."

허생은 웃으며 말했다.

"도둑질을 하면서 어찌 돈을 걱정할까? 내가 능히 당신들을 위해서 마련할 수 있소. 내일 바다에 나와 보오. 붉은 깃발을 단 것이 모두 돈을 실은 배이니, 마음대로 가져가구려."

허생이 도적들과 언약하고 내려가자, 도적들은 모두 미친놈이라고 비웃었다.

이튿날, 도적들이 바닷가에 나가 보았더니, 과연 허생이 삼십만 냥의 돈을 싣고 온 것이었다. 모두들 대경(大驚)해서 허생 앞에 줄이어 절했다.

"오직 장군의 명령을 따르겠소이다."

도적들이 다투어 돈을 짊어졌으나, 한 사람이 백 냥 이상을 지지 못했다.

"너희들, 힘이 한껏 백 냥도 못 지면서 무슨 도둑질을 하겠느냐? 인제 너희들이 양민(良民)이 되려고 해도, 이름이 도둑의 장부에 올랐으니, 갈 곳이 없다. 내가 여기서 너희들을 기다릴 것이니, 한 사람이 백 냥씩 가지고 가서 여자 하나, 소 한 필씩 데리고 오너라."

허생의 말에 도적들이 모두 좋다고 흩어져 갔다.

허생은 2천 명이 한 해 동안 먹을 양식을 준비하고 기다렸다. 도적들이 빠짐없이 모두 돌아왔다. 드디어 다들 배에 싣고 그 빈 섬으로 들어갔다. 허생이 도둑을 몽땅 쓸어 가서 나라 안에 시끄러운 일이 없었다.

● 살길을 마련해주면 바로 양민이 되는 선량한 도적이었다. 살길을 마련해주는 일을 나라는 하지 못하는데 허생은 한다고 나섰다. 박지원이 근거 있는 말을 했는가, 공상을 늘어놓았는가?

변산 도적은 역사 기록에 자주 오르내렸다. 도망친 노비들이 거기 가서 도적이 되어 대단한 세력을 이루었다고 했다. 1728년에 흔히 이인좌란이라고 하는 대규모 변란이 일어났을 때 이들이 크게 가담했다. '부안극적괴수(扶安劇賊魁首)'라고 기록된 김단과 부장 위재고초를 잡아 문초한 방대한 문서가 남아 있다. 그래도 없어지지 않고 더욱 강성해지는 변산 도적떼를 다스리는 것이 당시 정치력의 한계를 드러내는 커다란 과제였다. 그 점을 안타깝게 여긴 박지원이 자기가 구상하는 방책을 허생을 통해 제시했다. 그때가 정조 5년(1781)이다.

아내를 얻어 가정을 이루고, 소를 마련하고 농토도 있어 농사를 짓는다면 도적이 도적 노릇 할 까닭이 없다. 허생이 마련한 그처럼 명백한 해결책이 실행될 수 없었던 것은 따지고 보면 두 가지 이유 때문이다. 도적은 본래 흉악하니 반드시 징계하고 다스려야 한다고 한 사고방식이 문제였다. 도적들에게 생업을 마련해줄 돈도 없고 땅도 없었다. 그런데 허생은 도적이 바로 양민임을 알고 장사해서 모은 거금을 기울이고, 경험 많은 사공의 안내로 나라 밖 멀리 있는 섬을 찾아 모든 문제를 한꺼번에 해결했다. 수천 명이 함께 개척해 옥토로 만들었다는 그 섬은 제주도에서 동남쪽으로 가서 사문과 나가사키 사이에 있다 했으나 가상의 공간임은 물론이다.

유쾌 통쾌, 조팡구 이야기

조팡구는 철종 12년(1861) 부안읍 봉덕리에서 가난한 농가의 아들로 태어나 일찍 부모를 잃고 천애의 고아로 깔담살이와 심부름꾼 등으로 이집 저집을 전전했다. 깔담살이는 소 먹이는 아이이다. 성인이 되어서는 부안 읍내와 그 주변 여러 곳을 전전하면서 결혼도 못하고 70여 세 때까지 머슴살이를 했다.

타고난 건강과 낙천적인 성격, 구수한 해학과 신소리로 사람들을 웃기면서 거침없이 살았다. 마누라도 없고, 아들딸도 없고, 친척도 없으며 인생의 밑바닥에서 궂은일을 도맡은 머슴살이를 했어도 결코 비굴하거나 남의 눈치나 보며 살지 않았다. 맺힌 것이 있으면 해학과 풍자로 풀었다.

머슴에 어울리지 않는 짜가사리 수염이 있고, 기운도 세고, 두주불사하는 호인이어서 어른 아이, 남녀를 막론하고 모두 좋아하며 따랐다고 한다. 원래 이름은 조판구(趙判九)인데 사람들은 "조팡구, 조팡구" 하면서 허물 없게 불렀다고 한다.

조팡구가 부안 읍내 신아무개 집에서 머슴살이 할 때의 일이다. 새벽같이 일어나 물을 길어 부엌의 큰 물항아리에 가득 부어놓고 조반을 먹다가, 갑자기 조기 대가리를 들고 부엌으로 들어오더니 물항아리 속에 넣었다. 계집종이 화들짝 놀라 안주인에게 일러바치니 안주인이 "이보게, 이게 대체 무슨 짓인가?" 하고 나무랐다.

조팽구는 시치미를 뚝 떼고 말했다. "조기가 맨날 대가리만 있고 몸둥이와 꼬리는 없어, 더 커서 몸둥이와 꼬리를 달고 나오라고 넣었어요." 머슴 밥상이라고 조기 대가리만 올려놓는 것을 비꼰 말이다. 그 뒤로는 조팽구 밥상에도 몸뚱이까지 붙은 조기가 올라왔다.

한번은 조반을 먹던 조팽구가 소에 쟁기를 채워가지고 "이랴! 차차, 이랴! 차차……" 하면서 부엌으로 몰고 오는 것이 아닌가. 기겁을 한 부엌 여인들이 이게 무슨 짓이냐고 나무라니까, "솥에 물이 잘 안 빠져서 밥이 허구한 날 진 것 같으니 쟁기로 고랑을 내려고 그래요." 이런 엉뚱한 소리에 여인들은 아무 말도 못 하고 그다음부터는 밥을 질지 않게 했다.

머슴에게 좋은 옷을 지어줄 리 없지만, 오랜만에 조팽구가 삼베 잠방이 하나를 얻어 입었다. 삼베 잠방이가 허름하고 질이 낮아서, 입고 마당에 앉아서 보리타작을 하는데 속이 훤히 비쳐서 귀중한 것이 딜렁덜렁 민망하기 그지없었다.

조팽구가 아무도 부르는 사람이 없는데도 갈퀴를 탁 놓으며 "어이! 나감세." 하고 나가더니 한참만에 혼자 두런두런 하면서 들어왔다.

주인이 "자네 어디 갔다 오는가?" 하고 물으니, "별 미친놈들, 새포 안성리 놈들이 내 이 삼베 잠뱅이를 팔라고 왔소." 안성리는 계화도 간척공사 이전에는 바닷가 마을이었다.

"그 잠뱅이를 뭣 할라고 그런다는가?"

"아 고개미 잡는 그물 하였으면 참 좋겠다고 그래요." 고개미는 작은 새우이다.

주인이 자세히 보니 아닌 게 아니라 속이 민망하게 다 보인다. 다음 날 조팡구는 제대로 된 베잠방이를 얻어 입었다.

옛날엔 새로 사돈을 맺은 집안끼리 명절이 되면 그 전날 '명일애끼'라고 하는 이바지를 주고받았다. 큰 먹서리나 가마니 등에 쇠갈비, 돼지다리, 떡, 술, 과일 등을 한 짐씩 지워 보내고 받고 했다. 첫 아이가 태어날 때까지 이렇게 하는 것이 상례였다.

조팡구가 이 명일애끼 이바지 짐을 지고 가다가 지게를 받쳐놓고 잠시 쉬고 있는데, 지나는 사람이 "사돈집에 가는 이바지 짐이구만! 거 먹을 것 많겠다. 속의 든 게 머요?" 하고 물으니, 조팡구 대답이 "소고(小鼓) 든 것은 거사(居士)지요, 머겠소?" 하고 퉁명스럽게 쏘아버렸다.

물은 사람은 말문이 막혀버릴 수밖에. "속의 든 것"을 "소고(小鼓) 든 것"으로 받아서 남사당패의 소고(小鼓) 든 거사(居士)로 받아 넘긴 것이다.

하루는 주인이 "팡구 자네 내일 줄포 좀 갔다 와야겠네." 하고 심부름 보낼 것을 미리 말하여두었다. 그리고 다음 날 팡구를 찾으니 팡구가 보이지 않는다. 집안 식구들이 모두 찾아보았으나 알 길이 없다. 그런데 해가 뉘엿해서야 조팡구가 나타났다.

화가 머리끝까지 난 주인이 "자네 어디 갔다 이제야 나타나는가?" 하고 나무라니, 조팡구는 태연하게 "어제 나보고 줄포 좀 갔다 오라고 안 했소?"

"머? 내 말도 안 듣고 줄포에 갔다 왔단 말인가?"

"다른 말씀 없이 그저 줄포 좀 갔다 오라고 안 했소?"

주인이 하도 어이가 없어, "그래 줄포엔 가서 무엇을 봤는가?" 하고 물으니, 조팡구가 빙긋이 웃으며 "바다 위에 조고만 배 두 척이 떠 있더군요." 이렇게 말하는 것이었다.

조팡구가 하루는 또 무슨 심통이 났는지 보리밭에 똥오줌 거름을 주는데, 보리밭 골을 따라 고루 주지 않고 밭 제일 높은 데다가 통째 모두 부어버렸다.

주인이 화가 나서 "이 멍청아! 보리밭 고랑에다 주어야지 한 곳에 다 부어버리면 보리가 거름을 어떻게 먹겠냐?" 하고 나무라니까, "배고픈 놈은 쫓아와서 먹을 테지요." 하는 것이었다.

"이놈아 보리가 사람이냐?"

주인은 화가 났지만 조팡구가 불만과 심술을 이렇게 풀고 있음을 잘 알았다.

● 조판구는 독신으로 살다 갔지만, 조판구 이야기는 전해지면서 아들과 손자가 여럿 생겨 많이 늘어난 것 같다. 전설은 계속 늘어나 자손이 번성할 수 있다.

부안의 시편

시인 신석정(辛夕汀, 1907~1974)은 부안 사람이다. 부안읍 선은리 고택이 문화재이다. 고향의 정서를 읊은 시를 하나 든다.

들길에 서서   신석정

푸른 산이 흰 구름을 지니고 살듯
내 머리 위에는 항상 푸른 하늘이 있다.

하늘을 향하고 산림처럼 두 팔을 들어낼 수 있다는 것이 얼마나 숭고한 일이냐

두 다리는 비록 연약하지만 젊은 산맥으로 삼고
부절(不絶)히 움직인다는 둥근 지구를 밟았거니……

푸른 산처럼 든든하게 지구를 디디고 사는 것은 얼마나 기쁜 일이냐

뼈에 저리도록 '생활'은 슬퍼도 좋다
저문 들길에 서서 푸른 별을 바라보자……

푸른 별을 바라보는 것은 하늘 아래 사는 거룩한 나의 일과이거니……

● 고향 들길에서 지구를 디디고 서서 하늘의 별을 바라본다. 마음을 편안하게 하면 무엇이든지 들어온다는 말인가? 근본을 분명하게 하면 모든 가능성이 있다는 말인가?

채석강 연사   문병란

옛날에 헤어진 연인은
다시 찾아오지 않고
지는 해가 아름다운 서쪽
봄이 오면 채석강은 혼자서 운다.

영원히 헤어지지 않을 사람들이 와서
하루 낮 꿈 같은 사랑을 나누고
단란과 화목을 가지고 돌아가는 곳.
소라 한 접시 바가지 요금에도

바다는 모른다고 흥겹게 출렁댄다.

뜻 없이 서성이는 나그네 강둑에 서서
짝 없는 나들이, 혼자만의 시름.
분홍빛 지는 해를 가슴에 안고
파도가 밀려간 백사장 위에
긴 나의 그림자 외로이 던진다.

내사 슬픔을 숙명으로 타고난 사람
사랑도 없었기에 이별도 없었던 곳
술 한 잔에 휘파람 날리고
헤어질 사람이 없는 나는
그림자를 거두어 쓸쓸히 돌아간다.

나의 선녀, 이 봄에 어디서
그 무지갯빛 고운 옷을 벗었나
훔쳐갈 꿈이 없는 절벽 아래서
혼자만의 사랑 하루해가 진다.

잘 있거라, 손길 흔드는 사람 없어도
바다는 등 뒤에서 슬픈 노래로 울고
갈매기마저 짝을 찾아 돌아간 백사장에서
나는 혼자서 사랑하고 혼자서 헤어졌다
그대 나의 사랑하는 사람아!

● 채석강에서 느껴야 할 것이 실연의 슬픔인가?

부안 보기

전나무 숲길 따라 내소사 탐방

내소사는 전라북도 부안군 진서면 석포리에 있는 절로, 대한불교조계종 제24교구 본사인 선운사의 말사이다. 내소사의 창건과 창건 이후에 대한 내력은 남아 있는 자료가 미미하여 구체적인 것은 확인하기 어렵다. 다만 1995년에 건립된 내소사사적비는 인조 11년(1633)에 청민(靑旻)이 중건하였고 1902년 관해(觀海)가 수축한 뒤 오늘에 이르고 있다고 기록하고 있다.

『신증동국여지승람』부안현 불우(佛宇)조에 "소래사는 신라의 혜구(惠丘) 두타가 창건하였는데, 크고 작은 두 소래사가 있다."라고 기록되어 있어 당시까지는 대소래사와 소소래사가 있었음을 알 수 있다. 그런데 소래사라는 절 이름이 언제부터 지금과 같은 내소사로 변경되었는지는 분명치 않다.

일설에 나당연합 때 당나라 장군 소정방(蘇定方)이 석포리에 상륙한 뒤 이 절을 찾아와서 시주했기 때문에 이를 기념하기 위해 내소사로 고쳐 불렀다고 하나 확실한 것은 아니다. 더욱이 『신증동국여지승람』 기록에 소래사만 있고 내소사라는 명칭이 나타나지 않는 것을 보면 당나라 소정방 운운 하는 것은 신빙성이 없어 보인다. 어쨌든 김시습(1435~1493)의 『매월

▲ 내소사 일주문　　　　　　▲ 전나무 숲길

『당집』 등 조선 시대 문집에 내소사에 관한 시가 등장하는 것을 볼 때 15세기 이후부터 내소사라는 이름으로 불린 듯하다.

내소사 진입은 한 칸 규모의 일주문에서부터 시작된다. 일주문부터 천왕문에 걸쳐 약 600미터에 이르는 전나무 숲길이 유명하다. 이 숲은 2006년 제7회 아름다운 숲 전국대회에서 '함께 나누고픈 숲길'로 선정되어 아름다운 공존상(우수상)을 수상했다. 새벽이면 이 절 스님들과 템플스테이에 참여한 사람들이 이 길을 산책하기도 한다.

숲길이 거의 끝나는 곳에서 왼쪽으로 보면 드라마 〈대장금〉의 촬영 장소였던 작은 연못이 보이고, 그 건너편 약간 높은 대지에 부도전이 눈에 들어온다. 계속 앞으로 나아가면 천왕문을 만나게 된다. 천왕문 문로 양쪽에 사천왕상이 배치돼 있는데, 대웅전의 본존을 중심으로 했을 때 왼쪽에 있는 두 천왕이 북방 다문천왕(비파)과 동방 지국천왕(칼)이고, 오른쪽에 있는 두 천왕이 남방 증장천왕(용과 여의주)과 서방 광목천왕(삼지창 보탑)이다.

사천왕문을 나와 넓은 마당에 서면 왼쪽으로 보종각(寶鐘閣)이, 오른쪽으로 근래에 지은 범종각이 보인다. 보종각에는 보물 제277호로 지정된

▲ 부도전　　　　　　　　　　▲ 보종각

고려동종이 보관돼 있다. 고려 고종 9년(1222)에 내변산 청림사(靑林寺) 종으로 제작된 것인데, 조선 철종 원년(1850)에 내소사로 옮겨졌다. 정상부의 음통과 큰 용머리를 가진 용뉴, 꽃잎 모양의 화문대와 보개(寶蓋) 아래에 앉은 삼존불 등은 고려 후기 종의 전형적인 모습이다.

대웅보전 바로 앞에 있는 누각 건물이 봉래루(蓬萊樓)다. 이 누각은 태종 12년(1414)에 창건된 것으로 알려져 있다. 정면 5칸, 측면 3칸의 2층 맞배지붕 건물로 1987년 우암혜산(愚岩慧山)스님이 복원했다. 봉래라는 누각 이름은 불교적이라기보다 오히려 도교적 정서에 가깝다.

봉래루 밑을 통과해서 돌계단을 오르면 이 절의 중심 전각인 대웅보전(보물 제291호)이 나온다. 문짝은 단청이 퇴색되어 화려함은 잃었지만 문살 문양의 다양한 변화와 조화, 그리고 뛰어난 조각 솜씨가 아직도 선명하다. 모두 8개의 문짝이 있는데, 법당을 향해서 오른쪽으로부터 3번째 문과 6번째 문의 연꽃 문양이 주목된다. 자세히 보면 아래쪽에 10여 개의 꽃봉오리가 배치되어 있고, 그 위쪽에서 활짝 핀 꽃들이 에워싸고 있는 형태로 되어 있는데, 이것은 만개한 꽃들이 사방 연속무늬를 이루는 일반적인 꽃살문과 다른 점이다. 꽃봉오리가 성숙한 꽃으로 피어나듯이 불성의 깨우

침의 단계를 꽃봉오리와 만개
한 꽃에 비유한 것이다.

▲ 내소사 대웅보전 문살

법당 내부 불단 위에는 석
가모니불을 중심으로 왼쪽(향
해서 오른쪽)에 문수보살, 오
른쪽(향해서 왼쪽)에 보현보살
이 협시로 모셔져 있다. 삼존
불 뒤 벽에는 석가모니 부처님
이 영축산에 베푼 법회 모습
을 축약해서 그린 〈영산회상
도〉가 걸려 있다. 대웅보전에
서 눈여겨볼 것은 대들보 위의
용 조각이다. 용은 보통 여의
주를 물고 있는데, 이 용은 특
별하게도 물고기를 물고 있다.
물고기에 대해 말한다면, 중

▲ 내소사 대웅보전 대들보의 물고기를 문 용

국에서 물고기는 '여의(如意)'의 상징물로 해석되었는데, 그것은 '魚[yu]'의
발음이 '如[ru]'와 비슷한 데 연유한다. 여기에 신령과 벽사(辟邪)의 의미가
더해지면서 물고기 도상(圖像)은 최고의 길상 상징이 되었다. 따라서 용이
물고 있는 물고기는 여의주와 같은 상징물로 볼 수 있다, 결국 '물고기를
문 용'은 '여의주를 문 용'의 또 다른 표현인 셈이다.

내소사 경역에는 지금까지 말한 유적 외에 전라북도 유형문화재 제125
호인 요사채 설선당(說禪堂), 전라북도 유형문화재 제124호로 지정된 삼
층석탑 등이 있으며, 보물 제1268호로 지정된 괘불(掛佛) 또한 유명하다.

▲ 개암사 전경

▲ 개암사 대웅보전 석가여래 삼존상

화엄사상에 바탕한 개암사

전라북도 부안군 상서면 개암로 248(감교리 714번지)에 있다. 대한불교 조계종 제24교구 본사인 선운사의 말사다. 절 이름은 백제 무왕 35년(643)에 묘련왕사가 변한의 궁전을 절로 고쳐 지을 때 묘암의 궁전을 묘암사, 개암의 궁전을 개암사라고 부른 데서 비롯되었다고 한다. 고려 충숙왕 때에는 황금전, 청련각, 청허루, 팔상전을 비롯한 30여 동의 건물들이 삼립(森立)한 대규모 가람이었다고 하나 전통 사찰이 대개 그렇듯이 임진왜란 때 화재를 입어 대부분 사라지고 대웅보전만 지금 남아 있는 실정이다.

보물 제292호로 지정된 대웅보전은 조선 중기 건축양식을 보여주는 이 사찰의 중심 전각이다. 불단 중앙에 석가모니불, 그 왼쪽에 문수보살, 오른쪽에 보현보살을 모셨는데, 이것은 화엄사상에 큰 비중을 두고 있는 우리나라의 많은 사찰에서 볼 수 있는 배치 형식이다. 문수는 부처의 반야지(般若智)를 상징하고, 보현은 불지(佛地)를 향한 행원(行願)의 광대함을 의미한다. 반야의 지혜는 부처가 있는 근거이며, 행원은 부처의 경지로 나아가는 방편이다. 결국 이 두 보살은 부처님의 두 경계를 상징적으로 보여준다고 하겠다.

경내에는 대웅보전 외에 관음전, 응진전, 지장전, 산신각, 응향각이 있다. 관세음보살의 대자대비를 기원하는 관음전에는 좌우에 도명존자와 무독귀왕을 협시로 한 관음보살이 봉안되어 있다. 흔한 배치 방식은 아니지만 신앙이라는 것이 중생의 갈망을 좇아 거기에 있는 것이므로 크게 이상하게 생각할 것은 없다. 지장전에는 통상 봉안되는 도명존자와 무도귀왕은 보이지 않고 부안군 상서면 청림리 서운마을의 청림사지에서 옮겨온 석조지장보살좌상(전라북도 유형문화재 제123호, 고려 시대)과 수백의 석조지장보살상이 불전을 태우고 있다. 한편 석가모니와 그 제자들을 신앙하는 응진전에서는 석가모니불을 중심으로 좌우에 16나한상(전라북도 유형문화재 제179호)이 봉안돼 있다. 끝으로 이 절에는 다른 사찰에서 볼 수 없는 개암죽염전래관이라는 것이 있다 지금부터 약 1,300여 년 전부터 사찰의 스님 사이에 전수되어온 죽염 제조비법을 이곳에서 이어가고 있다고 한다.

중요 유물로 영산회괘불탱(보물 제1269호)이 있다. 큰 법회나 의식을 행할 때 법당 앞뜰에 내거는데, 석가모니불이 영축산에서 설법하는 장면이 그려져 있다. 석가모니불을 중심으로 좌우에 문수·보현보살, 그 뒤 쪽에 다보여래, 아미타여래, 관음보살, 세지보살이 영산회상에 참여하고 있다. 조선 영조 때 승려화가 의겸이 괘불 제작에 참여했다.

▲ 개암사 영산회괘불탱

부안 즐기기

개암가든

전북 부안군 상서면 개암로 192 (감교
리 732)
063-581-0129
주요 메뉴 : 토종닭곰탕
가격 : 토종닭곰탕 · 토종닭백숙 · 닭도
리탕 45,000원 등

간보기

커다란 토종닭이, 자신 있고 수더분한
솜씨 덕분에 닭곰탕이 되어 커다란 그릇에
담겨 나온다. 전라도 토속적인 밑반찬들과
함께. 엄마 음식, 이모 음식이 이랬었다.

맛보기

2016년 6월에 찾아가 토종 닭곰탕을 주
문했다.

● 전체 _ 토종닭 곰탕이 주메뉴를 빛내줄
정감 나는 밑반찬들과 함께 오른다. 주메
뉴의 맛은 기대하던 바로 그 맛이고, 밑반
찬들은 텃밭에서 막 오른 신선함과 투박한
맛을 함께 가졌다.

● 반찬 특기사항 _ 된장하고 무친 두릅.
멸치하고 같이 볶은 꼬득꼬득한 고추의 고
추멸치볶음, 김치 속에 박은 서걱거리는
무, 금방 무쳐 내오는 얼갈이배추겉절이는
시골 음식을 왜 찾는지, 식욕의 이유가 설
명된다. 톳 반찬이 올라와 아, 여기가 갯가
부안이구나 실감이 난다. 톳을 닭곰탕과
연계시키는 상차림 기획도 좋다.

● 주메뉴 _ 닭곰탕은 닭을 삶아 찢고 무와
함께 끓인 국이다. 이것을 곰탕이라고 불
러야 하는지 잘 모르겠지만, 그렇다고 딱
히 다른 이름 붙이기도 그렇다. 이렇게 이
름을 붙여 팔아서 음식 조리 방법을 하나

늘린 것도 같다. 하지만 이런 음식을 이전에는 흔하게 먹었었다. 닭국이라는 이름으로 말이다. 무와 같이 끓여 닭도 개운하고 청량한 맛을 낸다.

근데 닭국은 의당 이렇게 끓여야 하는 거 아닌가. 이렇게 끓여야 하는데 이렇게 끓이지 않는 시대에 살아서 이런 음식이 맛집 음식, 귀한 음식이 되는 시대에 살고 있을 뿐이지 않은지.

익은지와 겉절이 생지를 함께 주는 인심. 사실 김치가 두 종류나 필요할 만큼 닭곰탕이 느끼하지 않다. 무와 같이 끓인 닭곰탕은 밥과 같이 먹기에 충분히 개운하고 국물 맛이 깊어 이미 풍요로운 밥상이다. 두 가지 김치는 이제 닭곰탕을 적극적으로 즐기며 먹을 수 있게 한다. 쫄깃쫄깃 토종닭 육질에 김치를 곁들이면 귀족이 된다.

모든 반찬이 맛이 깊다. 김치에서는 젓갈의 고장답게 익은 젓갈 맛이 난다. 약지 않은 투박한 솜씨와 인심 덕분에 고향에 온 기분으로 편안하게 먹을 수 있다. 아마 이 집은 식구들에게도 똑같은 음식을 해줄 것이다.

맛본 후

닭도리탕도 일품이라니 다시 올 기회가 있으면 다양하게 즐겨보자. 부안 곰소는 젓갈로 유명한 곳이다. 전라도 음식의 비결 중의 하나가 젓갈이다. 그 맛을 잘 살리고 있다.

부안은 최근 부안 9미를 선정했다. '주꾸미, 뽕잎바지락죽, 꽃게장, 곰소젓갈백반, 바지락칼국수, 백합죽·전어, 설숭어회, 갑오징어' 등이 그것이다. 이 속에 닭곰탕은 없다. 특별히 이 지역에서만 구할 수 있는 식재료가 아닌 까닭일 것이다. 그래도 이런 맛을 낸다. 부안이 얼마나 대단한 맛의 고장인지 알 수 있다. 다음에는 9미에 도전해보자. 특산품으로는 곰소에 가면 젓갈을, 근처에서는 개암죽염을 놓치지 말자. 볼거리로는 가까이에서 온 분들은 개암사를, 먼 곳에서 온 분들은 채석강을 먼저 보자.

남도수산횟집

전북 부안군 변산면 격포항길 29(격포
리 788-11)
063-581-9514
주요 메뉴 : 생선회, 해물탕
가격 : 광어 · 우럭 · 도미 · 농어 80,000
원(2인 기준)

간보기

전라도 푸진 인심을 횟감으로 제대로 보
여준다. 음식상을 받는 것이 아니라 해물
왕국 체험을 온 거 같다. 이것이 무엇이냐,
저것이 무엇이냐, 이것은 생것이고 저것은
익은 거로구나. 화려한 해물상에 저분질을
잊고 벌어진 입이 다물어지지 않는다.

맛보기

2017년 1월에 찾아가 도미회, 된장을 주
문했다.

● 전체 _ 자리에 앉으면 순식간에 끝도 없
이 나오는 해물 찬의 종류에 압도된다. 회
를 동하게 하는 기대도 있지만 너무 많은
양에 걱정도 된다. 이걸 다 먹을 수 있을
까, 맛을 변별하며 먹을 수 있을까. 소위
생선회 자체보다 곁차림에 관심 많은 내게
어디 한번 먹어봐, 원도 한도 없이 먹어봐,
밥상이 오만하게 말한다. 산해진미 상 앞
에 앉은 나는 양으로만 압도되는 것이 아

니라 해물의 서슬 푸른 싱싱함에도 압도된
다. 하지만 이제 기죽지 말고 천천히 잔칫
상에 올라온 갖가지 해물들을 생것 먼저,
익은 거 나중, 천천히 오감으로 음미하며
먹어 내보자. 나는 기죽으러 온 게 아니라
오늘만은 왕처럼 사치스러운 밥상을 즐기
러 온 것이다.

● 주메뉴 _ 도미회. 겨울에는 도미회가 제
철이라고 권한다. 도미회는 싱싱하고 부드
럽고 탱탱하다. 살결의 서슬이 살아 있다.
살결이 혀에 달게 감긴다.

● 보조메뉴 _

생것 : 개불, 홍합, 굴, 피조개, 멍게, 전
복, 낙지, 세꼬시, 키조개, 해삼, 참치, 오징
어, 석화, 홍어회, 광어회 등.

해삼, 전복, 멍게 등의 살결이 맑게 부드
럽게 단단하게 생물의 성깔을 드러낸다.

익은 것 : 갑오징어, 새우, 소라, 새우튀
김, 대합, 소라, 가리비, 게, 모시조개, 꼬막.

해물 이외 채소류 : 옥수수 버터구이, 고
추, 마늘, 생강 절임, 상추 및 양념장. 상이
부러지게 나온 보조 해물을 나열이나 제대
로 했는지 모르겠다. 그래도 탈을 하나 잡
자면 새우튀김이 별로 바삭거리지 않는다.
상에 낼 때를 못 맞춘 것이 아니라 밀가루
반죽 농도를 다시 살펴야 할 거 같다.

도미 매운탕 : 참나물을 넣고 끓인 매운
탕에 아직도 손이 간다. 아쉽다. 본 요리로
도 훌륭한데 다른 거 다 먹고 나중에 먹자
니 맛은 있어 손이 가는데, 감당하지 못하

는 위가 걱정이다. 칼칼하고 진한 국물 맛이 싱싱한 생선 맛을 잘 담고 있다.

멸치, 꼬시래기, 깍두기, 김치 등 밑반찬. 깍두기, 김치 다 훌륭하다. 이만하면 전라도 음식 자격이 있다. 멸치도 실속 있다. 꼬시래기는 조금 처진다. 재료 탓인가? 탱탱한 맛이 부족하다.

● 먹는 방법 _ 곁차림을 너무 먹지 말고 우선 본 요리를 즐기자. 다음 남는 식욕으로 곁반찬을 즐기자.

맛본 후

● 조선 임금의 육선과 감선

이 정도 음식이면 그야말로 산해진미(山海珍味), 산의 진미는 빠졌어도 바다의 진미는 어지간히 망라한 듯싶다. 이렇듯 왕처럼 음식의 호사를 누려도 되는 것인가.

왕이면 항상 산해진미를 누리는 거 같아도 재현해놓은 수라상을 보면 항상 상다리 부러지는 차림은 아니었던 거 같다. 더구나 『조선왕조실록』에는 진재시반이나 나라의 어려운 일이 있을 때 임금이 근신하는 뜻에서 수라상의 반찬 가짓수를 줄이던 감선(減膳)을 한다는 말이 자주 나온다.

왕의 감선에서는 육선(肉膳)의 제한이 대부분 이루어졌다. 육선은 고기반찬을 말한다. 왕은 모두 제 마음대로 하는 거 같아도 특히 정도전이 구상한 조선왕조에서는 여러 가지로 왕권의 제한이 많았다. 왕은 아끼는 신하가 죽어도 육선을 감선해야 했다. 오랫동안 감선이 이루어지면 신하들은 평소의 식사인 상선(常膳)을 회복하셔야 한다고 계속해서 진언을 드린다. 왕은 진언을 몇 차례 물리치다가 받아들여 상선을 회복한다. 그러나 이러한 감선이 그냥 시늉이 아니고 진심이었음을 빈번한 감선의 기록으로 알 수 있다. 호랑이 같던 태종도 40번 정도 육선을 감선했다는 기록이 있는데 이것은 현군 세종과 비슷한 수치다. 조상께 예를 다하고 신하를 사랑하고 백성을 사랑하는 현군이라면 이들과 몸과 마음의 고락을 함께해서 스스로 감선을 했다.

태종실록 17권, 태종 9년 6월 11일 임자 1번째 기사에 보면, "하윤 등이 예궐하여

▲ 전어밤젓

▲ 적벽강

육선을 들도록 청하니 허락하다. 하윤(河崙)·성석린(成石璘)·이무(李茂) 등이 예궐하여 육선(肉膳)을 들도록 세 번이나 청하니, 허락하였다. 임금이 상기(祥期)라 하여 오래도록 육선(肉膳)을 폐한 때문이었다."라고 나와 있다.

바다의 진미를 상이 부러지게 먹는 것은 분명 특별한 날일 것이다. 경상도는 산물의 부족과 유교 정신으로 지나치게 음식을 제한하였던 듯하다. 전라도는 풍족한 산물과 예술적 기질로 음식도 예술처럼 맛내고 멋내고 즐겼다. 어느 쪽에 설 것인지는 상황에 따른 각자의 선택의 문제이지 가치의 우열 문제는 아니다.

감선을 하는 현군의 마음을 안고 있는 당신이라면 이러한 산해진미도 누릴 자격이 있다. 나의 선택이 누군가의 괴로움만 아니라면 우리 삶에도 이런 날, 저런 날 있어야 하지 않겠는가. 오늘은 이런 날, 감선하지 않는 왕이 되는 날이다. 모처럼 바다의 진미를 마음껏 누려보자.

● 전어밤젓

부안이 다 그렇지만 특히 곰소항은 젓갈로 전국 최고의 고장이다. 가지가지 맛난 젓갈을 만날 수 있고 이를 이용한 젓갈

정식도 먹어볼 수 있다.

귀한 젓갈로 전어밤젓을 파는 집이 있다. 곰소오가네젓갈(063-582-8931)에 가면 전어 내장 중에서도 위만을 모아 만든 전어밤젓을 구입할 수 있다. 시인 송수권은 남도의 유명 젓갈로 "밤벗, 진석화젓, 엽삭젓, 토하젓, 참게젓"을 들었다.

전어밤젓은 갈치속젓보다 더 진한 맛이 난다. 더 삭은 맛, 더 깊은 맛이어서 젓갈 마니아라면 놓치지 말아야 할 것이다.

● 적벽강과 수성당

많은 사람이 부안에 오면 채석강을 보고 간다. 채석강 위로 조금만 올라가면 채석강만큼 아름다운 절벽 해안이 있다는 것은 잘 알지 못한다. 소동파가 풍류를 즐긴 적벽강과 흡사하다고 해서 적벽강이라 이름 붙은 해안에는, 사자와 닮았다 하여 '사자바위'라 하는 급경사 바위가 위용을 자랑하고 있다. 해안을 따라 걸어볼 수 있다. 이백의 채석강을 넘어 소식의 적벽강을 완상해보자.

바위 위에는 개양할머니와 그의 여덟 딸을 모신 수성당이 있다. 개양할머니에게 풍어를 비는 수성당제를 해마다 정월 열나흘에 지낸다.

순창

淳昌

쌍치면

회문산 ▲

구림면

복흥면

동계면

인계면

적성면

팔덕면

강천산 ▲

순창읍   유등면

● 순창군청

금과면   풍산면

전북 남쪽 중간에 있다, 서북쪽에 노령산맥(蘆嶺山脈)의 마지막 봉우리들이 있는 산악 지대이다. 강천산(剛泉山)이 절경이며, 고찰 강천사가 있다. 동쪽에는 섬진강(蟾津江) 상류가 흐른다. 고추장을 잘 만드는 고장으로 이름이 났다. 고추장마을이 조성되어 있고 10월에 장류축제가 열린다. 무학대사가 이성계를 위해 만 일 동안 기도하였다는 만일사는 순창고추장의 시원지로 전시관이 있다. 만일사의 무학대사를 찾아가던 이성계가 순창 농가에서 점심을 먹었는데 그때 고추장 맛을 잊지 못하고 등극한 후 진상을 명한 내용이 만일사비에 기록되어 있다.

만일사가 있는 회문산은 6·25전쟁 무렵 빨치산의 남부군 총사령부가 들어섰던 곳이다. 회문산에서 쫓긴 빨치산은 지리산으로 들어갔다. 빨치산을 토벌하는 과정에서 만일사도 많은 피해를 입었다. 회문산은 소설과 영화 〈남부군〉의 배경이 되었다.

동학농민혁명 주도자인 녹두장군 전봉준이 체포된 피노마을에는 전봉준관이 건립되어 있다. 구암사에서는 『월인석보』가 발견되었다. 순창객사에서는 최익현 등 의병장이 일본군과 격전을 벌였다. 읍내에는 실학자 신경준 선생의 세거지가 있다. 동계면의 장군목은 섬진강 물줄기가 흐르면서 만든 바위돌이 장관을 이룬다.

순창은 물과 토양과 기후가 고추장 발효에 적절하다. 섬진강을 끼고 있어 물이 좋고, 온대권과 열대권의 경계로 토양이 비옥하여 농산물의 품질이 좋다. 순창의 안개일수는 70~75일로 전국 평균 50일보다 월등히 많으며 일교차도 15~20℃로 크다. 풍부한 일조량, 뚜렷한 일교차 높은 습도는 효모균의 발효에 최적의 조건이다. 순창고추장은 이와 같은 자연조건에서 만들어져 맛이 특별히 좋다.

순창 알기

개심사의 미륵불상

신라 흥덕왕 10년(835)에 무량국사(無量國師)가 개심사(開心寺)를 창건하고, 반련암(半蓮庵)이라는 암자를 지었다. 암자에 미륵불상이 있다.

무량국사는 불상을 인력으로 운반하지 못하고 걱정하고 있었는데, 곰한 마리가 나타나 이곳 암자까지 운반해놓고는 바로 죽고 그 시체가 바위로 변했다. 웅석(熊石)이라고 하는 그 바위가 지금도 있다.

그 후 무량국사는 절을 떠나야 하게 되어, 절 문간에 망건을 벗어놓고 미륵불상에게 앞으로 이곳 수도승들의 보호를 부탁하는 염불을 하고 일어서 보니, 갓망건도 바위로 변해 망건바위라 불려지기도 한다.

절에 도적 떼가 들어와 소를 몰고 가다가 새벽이 되어 정신을 차려보니, 밤새도록 미륵불상만 빙빙 돌았다. 도망가지 못하고 포졸들에게 잡혔다.

임진왜란 때 왜적들이 이곳까지 쳐들어오자 미륵불상이 "이곳에서는 살생을 금하라."라는 명령을 산이 울리도록 내렸다. 분노한 왜병이 칼로 치니 붉은 피가 흘렀다고 한다. 지금도 피 흐른 자국이 선명하게 남아 있다.

● 미륵불상은 관념을 깨고 예상을 넘어서는 이적을 보인다. 멀리 두고 구경거리로 삼으면 기이할 따름이고, 관념과 예상을 청소하라고 가르치는 줄 알면 가까이 다가간다.

호남의 소금강, 강천산(剛泉山)

강천산은 순창군과 전남 담양군의 경계에 있는 산이다. 높이 583.7미터이다. 원래는 생김새가 용이 꼬리를 치며 승천하는 모습과 닮았다 하여 용천산(龍天山)이라 불렸다. 깊은 계곡과 맑은 물, 기암괴석과 절벽이 어우러져 '호남의 소금강'이라고 하기도 한다. 1981년 1월 7일 전국 최초의 군립공원으로 지정되었다. 조선 전기의 시인 박상(朴祥)이 지은 「강천산(剛泉山)」이라는 시가 있다.

撩慄風西振	매서운 바람 서쪽을 흔들어도,
剛泉討蘊眞	강천산이 온진정(蘊眞亭)을 감싸네.
青崖秋骨瘦	푸른 절벽 가을 뼈가 수척하고,
赤葉露華新	붉은 잎은 이슬 맺힌 꽃처럼 산뜻하다.
目曠登樓逈	누대에 오르니 시야가 탁 트이고,
襟涼向水頻	물을 대하니 옷깃이 서늘하다.
塵埃終不近	티끌은 끝내 가까이 오지 못하지만,
騷屑自相因	바람 소리 그 자체에서 일어난다.
蘭苗宜紉佩	난초 자라나면 엮어 차야 하고,
薇枯可愴神	고사리로 정신 맑게 할 수 있다.
稻邊鴻雁富	논가에서는 기러기가 흥청대고,
天外鳳凰貧	하늘 끝 봉황새는 가난하구나.
江遠難捐玦	강이 멀어 패옥 버리기 어렵고,

▲ 강천산 계곡

岐多困問津	갈림길 많아 나루 묻기 곤란하다.
鬢殘隨暮草	귀밑머리 스러져 시든 풀 따라가니,
悲恨入詩人	슬픔과 한스러움이 시인을 파고든다.

온진정은 신공제(申公濟)가 세운 정자이다. 강천산이 서쪽에 있어 온진
정으로 불어오는 서풍을 막아준다고 한다. "패옥을 버린다"는 것은 굴원
(屈原)의 「구가(九歌)」에서 가져온 말이며, 사치스러운 것들을 포기한다는
뜻이다. "나루 묻기"는 가야 할 길 찾기이다.

● 눈에 보이는 것들을 그리면서 자기 마음을 들여다본다. 빼어난 경치
라도 가을이 깊으니 슬픔 마음이 들게 한다는 말인가? 세상을 버리고 떠
나왔어도 마음을 다잡지 못해 탈속한 경지에는 이르지 못하는 것을 한탄
하는가?

절개 지킨 과부의 전설, 홀어미성

옛날 순창읍에 지체 높고 얌전하며 얼굴이 빼어나게 예쁜 과부가 있었다. 시집 간 지 얼마 안 되어 남편을 잃고 수절했다. 성이 양씨였으므로 동네 사람들은 양과부라 불렀다.

같은 마을에 살고 있는 설씨라는 권세 있고 지체 높은 선비가 양과부에게 청혼했다. 양과부가 거절하자, 다른 여자를 구해보았지만 마음에 드는 여자가 없었으므로 양과부에 대한 짝사랑이 가슴에 깊이 박히고 말았다. 양과부에게 애원도 해보고 위협도 해보았지만 끝내 말을 들어주지 않자 마지막으로 내기를 청했다.

설씨는 높이가 3자나 되는 나막신을 신고 서울까지 갔다 오고, 양과부는 작은 산에 성을 쌓는 일이었다. 빨리 끝내는 사람의 소원을 들어주기로 하자는 것이었다. 양과부는 자기가 이길 수 있으리라고 생각해 청을 들어주고 설씨로부터 벗어나려고 했다.

약속한 날 양과부가 열심히 성을 쌓아놓고 안도의 숨을 쉴 때 설씨가 돌아왔다. 양과부는 승리의 미소를 지었으나, 설씨가 양과부 치마에 아직 묻어 있는 흙을 발견하고는 이겼다고 좋아했다. 양과부가 너무 안심한 나머지 치마의 흙을 털지 못했기 때문이다.

내기에 진 것을 깨달은 양과부는 수절할 수 없음을 알고 그 자리에서 수백 자 깊이의 물속으로 몸을 던져 남편의 뒤를 따라 죽었다. 양과부가 쌓은 성을 홀어미성이라 부르는데 오늘날까지 전하고 있다.

● 성 쌓기 내기를 청혼자와 한 것은 별난 일이지만, 성을 쌓은 사람이 여자라고 하는 것은 불변이다. 성은 왜 여자가 쌓는가?

회문산 백룡

▲ 회문산

회문산은 전라북도 순창군 구림면 금창리에 있다. 봉우리와 골짜기가 많고, 산이 깊을 뿐만 아니라 서쪽 이외에는 모두 강으로 둘러싸여 있어 천혜의 요새로 알려졌다. 이런 조건 때문인지 동학혁명과 항일 의병 활동의 근거지가 되었고, 빨치산 전북도당 유격대 사령부가 이곳에 자리 잡고 700여 명의 빨치산이 오랫동안 저항하기도 했다고 한다.

회문산은 다섯 선인이 바둑을 두는 형상인 오선위기(五仙圍棊)의 명당 터가 있다고 알려졌다. 전국에서 사람들이 몰려와 성황을 이루었다. 명당을 구하러 온 부자들이 대동한 풍수가들에게 값을 치르기 위해 상당한 돈을 가지고 다녔다. 그 돈을 노리는 도적떼가 있었다.

백룡(白龍)이라는 도적의 수괴가 있었는데, 키는 팔척장신이고, 눈은 퉁방울만 하였으며, 눈썹이 시커멓고 빗자루 같아 매우 험상궂게 생겼다. 용력도 뛰어나 맨주먹으로 호랑이를 때려잡았다. 성을 내면 얼굴에 가득한 날카로운 수염이 거꾸로 서고 눈은 찢어져 불꽃이 튀는 것 같고 소리를 지르면 회문산이 울었다고 한다. 항상 백마를 타고 다녔다. 따르는 무리가 아주 많아 거의 백 명이 되었다. 산막을 쳐 소굴을 만들고, 졸개들도 각지에서 납치한 여인네들을 아내로 삼아 살림을 꾸렸다. 백룡은 여인을 다섯이나 거느리는 호사를 했다.

백룡의 무리는 동에 번쩍, 서에 번쩍 하니 관가에서는 여간 골치 덩어리가 아니었으나, 산 아래 주민들은 백룡에게 고맙게 여겼다. 백룡이 회문산의 호랑이를 없앴기 때문이다. 당시 산 아랫마을 사람들은 호환 때문에 커다란 피해를 입고 있었다. 호랑이에게 가축을 빼앗기는 것은 물론 어린아이까지 살해당했다. 백룡이 만나기만 하면 때려잡아 얼마 후에는 회문산 호랑이가 자취를 감추고 말았다. 백룡은 회문산 아랫마을 사람들은 약탈하지 않고, 오히려 못사는 사람들에게 돈과 곡식을 나눠주기도 하였다. 그래서 백룡의 도적떼와 회문산 아랫마을 사람들은 협조 관계에 있었다.

그런데 어느 날 백룡이 죽었다. 도적떼의 위세가 꺾이고, 마을 사람들과의 협조 관계도 사라졌다.

● 백룡이라는 도적 두목을 거창하게 소개하는 서두를 펴더니 죽었다는 결말로 바로 치달았다. 중간에 있어야 할 본론격인 이야기는 어디로 갔는가? 누구라도 지어낼 수 있다.

하급자들의 신세 한탄, 〈순창가〉

〈순창가(淳昌歌)〉는 지방 관아 사또 밑에서 일하는 여러 하급자들의 처지를 그리면서 억울한 사정을 전한 내용이다. 사또 노릇을 한 경험이 있어 만든 작품이라고 하겠는데, 작중 서술자는 사또에게서 떠나 하급자들의 자리로 내려가 있다. 기생이 하는 말을 들어보자. 「춘향전」에서도 찾을 수 없는 사연이다.

기생이라 하는 것은 가련한 인생이라,
전답·노비가 어디 있사오며,
쌀 한 줌, 돈 한 푼을 뉘라서 줄런가?

먹삽고 입삽기를 제 벌어 하옵는데……

가뜩이나 설운 중에 운수가 고이하와,

순수도 분부 내어 벗보기를 금하시니,

얼어도 죽게 되고 굶어도 죽게 되어,

이제는 하릴없이 죽을 줄로 아옵더니,

종아리를 맞사와도 만만이 원통한데,

연연약질이 전목(全木) 칼을 목에 메고,

뇌정 같은 엄위 하에 정신이 아득하여.

기생은 스스로 벌어먹어야 하는 가련한 처지이다. 관가의 분부를 거행하느라고 겨를이 없으며 옷차림을 하는 것도 힘겨워 신세를 한탄하고 있는데, 사또가 명령을 내려 관가 밖의 남자와 만나는 "벗보기"를 금하니, 얼어 죽고 굶어 죽게 되었다고 했다.

● 기생이 관장의 명령을 거역하다가 옥에 갇혀 죽을 지경에 이르렀다고 했다. 어색할 정도의 극존칭을 사또에게 바치고 있어 빈정대는 어투임을 알 수 있게 한다. 삶의 실상을 이처럼 생생하게 전하는 작품을 찾기 어렵다.

순창 즐기기

산호가든

전북 순창군 팔덕면 강천산길 29-34(청계리 919-2)

063-652-5102

주요 메뉴 : 참메탕, 참게탕, 빠가탕 등 민물매운탕

가격 : 참메탕/참게탕 40,000원(소), 빠가탕 40,000원(소), 참빠가탕 50,000(중), 메기탕/민물새우탕 30,000원(소) 등

간보기

참게와 메기의 토속적인 조화가 환상적인 맛을 만들어낸다. 알든 참게와 통통한 메기와 깊숙이 배인 국물 맛이 일품인 참메탕, 이런 음식을 만들어내고, 이런 음식 맛을 알아보는 지킴이 덕분에 누구나 놀라운 음식을 즐길 수 있다.

맛보기

2016년 11월에 찾아가 참메탕을 주문했다.

● 전체 _ 참게와 메기가 시래기와 국물에 맛을 양보하고도 실한 맛이 난다. 두 민물 어패종이 만나 이런 맛을 낼 수 있다니, 민물매운탕이 부담스러운 사람도 참게 덕분에 게 맛 짙은 시래기와 국물을 부담 없이 즐길 수 있다. 곁반찬도 만만치 않다. 별식 오디뽕잎장아찌에다 메뚜기튀김에다 감장아찌다. 고향이 그리운 분들, 한번 가보자.

● 반찬 특기사항 _ 전라도 음식이 좋은 이유 중 하나는 인심 좋은 곁반찬이다. 보통 탕이나 단품요리에는 김치 깍두기 정도가 보초를 선다. 주요리의 맛이 없으면 식사를 망치게 되는데, 전라도에서는 곁반찬이 풍성해 주요리에 실망해도 밥 한 그릇을 흐뭇한 기분으로 비울 수 있다. 이 집도 예

외가 아니다. 거기다 토속적인 반찬들이어서 즐거움이 배가된다.

● 주메뉴 _ 참메탕은 국물이 톱톱하다. 톱톱한 국물은 게와 메기가 엉긴 맛이다. 민물매운탕을 즐기지 않던 사람도 반기게 될 것이다. 누구나 게 맛에는 익숙하기 때문이다. 참게 또한 민물참게여서 민물매운탕의 새로운 차원을 보여준다. 국물을 남기면 누구나 안타까울 것이다. 진하고 맛있는 국물을 남기면 마음이 불편할 것이기 때문이다.

게와 메기의 육질과 진한 국물 외에 시래기 맛 또한 만만치 않다. 시래기만 먹어도 탕을 다 먹은 거처럼 진한 맛이 일품이다. 참게와 메기는 맛이 참 진한 재료이다. 그런데 참게와 메기의 조화는 어디서도 보지 못했던 발상이다. 창조적 조리법의 쾌거이자 향토음식의 쾌거이다.

메뚜기튀김 : 집밥에서는 먹어보기 힘든 메뚜기를 먹어볼 수 있다. 이것이 음식인가, 의심하는 사람들도 있을 터이지만 이전에 메뚜기는 시골 아이들의 중요한 간식거리였고, 도시락 반찬거리이기도 했었다. 메뚜기를 잡아 강아지풀에 끼워 구워 먹던

것, 시장에 가면 되로 재어 메뚜기를 팔던 것을 기억하는 분들이 계실 것이다. 그래도 음식점에서 내오는 메뚜기 반찬은 처음 만난다. 바삭하게 튀긴 덕분에 거부감 줄이고 특유의 고소한 맛만 즐길 수 있다.

뽕잎장아찌 : 오디가 고스란히 달린 뽕잎 장아찌가 고유의 맛을 담아 나온다. 된장이 아닌 간장 장아찌여서 담백한 맛이 개운하다.

감장아찌 : 이 지역에서는 감장아찌를 많이 먹는다. 감을 소금에 절여서 만든다. 고추장마을에서도 구입할 수 있다. 고춧가루를 넣고 상큼하게 무쳐서 완주 고산의 '시골밥상'의 감무침과는 다른 본격적인 장아찌다.

김치 등 : 생김치로 성의 있는 맛을 보여준다. 배추 맛과 김치 맛이 다 좋다. 고춧가루도 적당하게 맵다. 달지 않아 좋다.

맛본 후

강천호를 독점하다니! 강천산 입구 강천호 옆 유일한 식당으로, 풍광이 그만이다. 좁은 공간에 겨우 자리 잡고 있어, 식당 전경을 사진에 넣기가 힘들다. 이만한 풍광

▲ 강천호

산경가든

전북 순창군 팔덕면 창덕로 355(구룡리 550-45)

063-653-6458

주요 메뉴 : 한정식

가격 : 한정식 4인은 1인당 13,000원, 불낙 11,000원, 갈비탕 8,000원 등

에 이만한 음식을 즐길 수 있는 것은 대단한 사치이다. 음식과 풍광을 함께 평가하면 전국 수위권에 들 만하다. 여름에 평상에 앉아 둘을 함께 즐기면 비경 속에 노는 신선이 될 듯하다.

음식은 풍광에 압도되지 않고 제 몫을 단단히 한다. 1994년 개업했다는데 이미 연륜이 녹아 있다. 겉멋 없이 토속적인 맛과 경치로 승부하면서 식당 운영의 모범을 보여준다. 함께 상에 오르는 음식들끼리의 조화가 중요한 줄 안다. 집에서도 식단을 매일 새롭게 하듯, 음식 자체의 조리 방법도 새로 개발해야 떨어지는 입맛을 잡는 다채로운 상차림이 가능하다. 이 식당은 이 모든 이치를 알아 찾는 이들을 흐뭇하게 한다. 앞으로도 더 좋은 음식을 개발하리라고 기대한다. 멀리서 온 분들이라면 당연히 강천산은 들를 터지만, 인근 고추장마을도 놓치지 말자.

간보기

깔끔한 한정식이다. 많은 반찬이 다 각각 제맛을 내고 있다. 높지 않은 가격도 장점이다. 반찬마다 한 젓갈에 밥 한 수저씩이면 한 끼 식사가 포만감으로 행복하다.

맛보기

2016년 11월에 찾아가 한정식(1인당 15,000원. 한 상의 인원수 1인 증가에 1,000원씩 차감)를 주문했다.

● 전체 _ 한정식은 언제나 그렇듯 여러 가지 반찬을 다양하게 먹고 싶다고 할 때 선택한다. 셀 수 없이 많은 음식이 나오는 호사를 집에서는 누릴 수 없어 식당을 찾는다. 모든 반찬이 제몫의 맛을 내줌으로 물리지 않고 먹을 수 있기를 바라고 기대한다. 왕이 되는 기분으로 제때 해서 따끈하게 내오는 호화로운 수라상을 받고자 한다.

● 더운 반찬 _ 고등어조림, 된장찌개, 조기구이, 낙지볶음, 소불고기, 돼지고기구이, 달걀찜, 찰밥, 채소전.

● 나물류 등 _ 고사리, 송이버섯, 호박꼬지, 오이무침, 시금치무침, 홍어무침, 도토리묵, 김가루볶음, 고추·파프리카, 갑오징어, 건새우볶음, 샐러드.

● 장아찌 등 밑반찬 _ 고추장아찌, 번데기조림, 게장아찌, 감장아찌, 매실장아찌, 젓갈, 배추김치, 갓김치, 무생채 등등.

● 반찬 특기사항 _ 도대체 반찬이 몇 가지인지 모르겠다. 다 기억하고 먹는다면 당신은 정말 머리가 좋은 사람이다. 이 많은 반찬이 체계적인 상차림으로 나온다. 깔끔한 상차림으로 번다하는 느낌 대신 잘 대접받는다는 느낌을 가지고 기분 좋은 한 끼를 즐길 수 있다.

● 찌개, 국, 밥 _ 특히 더운 반찬이 다 맛이 좋다. 된장찌개도 수준급이다. 흔한 달걀찜도 적당히 눌어붙어 구미를 동하게 한다. 낙지볶음은 낙지 물이 온전하여 탱탱한 맛이 나고 간이 잘 맞다. 돼지고기구이는 신선하고 육질이 쫄깃거리는 느낌이 나는데다 짜거나 맵지 않은 간이 잘 스며들어 있다. 조기도 적절하게 구워져 하얀 살의 결을 음미하며 먹을 수 있다. 추가로 나오는 찰밥이 약간 단맛에 팥이 섞여 맨밥을 따로 추가하지 않고도 반찬과 함께 먹을 수 있다. 찰밥은 꼬들꼬들하면서 부드러워 혀에 안긴다.

● 김치 등 특징 _ 김치가 맛있다. 배추김치도 갓김치도 생김치로 나오는데, 김치가 이만한 집치고 맛없는 식당이 없다는 거 다시 확인한다.

그 외 나물류 중 호박꼬지는 적당히 부드럽고 간이 잘 배여 혀에 부드럽게 감기며 씹히는 맛이 일품이다. 많은 반찬이 다 찬사를 들어야 하지만 호박꼬지를 그중 특히 칭송하고 싶다.

맛본 후

예약이 필수다. 그냥 가면 못 먹고 오는 수가 많다. 강천산 단풍철이어서 예약이 일주일 후까지 차 있다고 한다. 찾는 사람들이 정성을 알아주는 것 같아 다행이라는 생각이 든다.

한정식은 차리기 어렵다. 솜씨가 뛰어나고 부지런해도, 그 많은 음식을 준비하기 어렵다. 그런데 반찬마다 정성이 들어 있고, 제맛이 난다. 음식은 맛과 향으로만 먹는 것이 아니다. 색상과 모양도 입맛 돋우는 데 중요하다. 오방색까지 잘 살려낸 정성을 읽어낼 수 있다. 어머니 대부터 30년에 걸쳐 식당을 한다는 사장님의 성실한 자세와 높은 안목 덕분이 아닌가 한다.

장아찌류가 강조되어 있는 음식상은 순

창 지역의 특성으로 보아야 할 것 같다. 전라도 한정식은 어디서나 지역 특성을 살리면서 제 몫의 맛을 낸다는 것을 다시 확인한다. 전주만 음식을 잘하는 것이 아니다. 전라도는 어디나 맛이 뛰어나다.

지척에 고추장마을이 있다. 고추장은 한국음식의 핵심이다. 고추가 유명한 곳은 따로 있는데, 왜 여기가 고추장 고장이 되었는지, 왜 장류가 유명한지, 왜 이런 음식점이 환영을 받고 있는지 다시 생각해보자. 남원은 추어탕을 내세우는데, 이곳에서는 고추장 산업을 얼마나 잘하고 있는지도 살펴보자.

▲ 감장아찌 담그기

전북문화 찾아가기

순창고추장과 중국 마오타이주

1

양자강 상류가 흘러가는 저 먼 곳 구이저우성(貴州省)의 작은 마을 마오타이(茅台)에서 증류주 백주 한 가지가 생산된다. 장(醬) 향이 나고 무색투명하고 침전물이 없으며, 도수가 높아도 숙취가 덜해 유명하다. 유래 내력 설명이 다양하지만, 청나라 이후부터 보급이 활발해진 것으로 보아 아마 본격적으로 생산한 시기는 1600년 이후라고 보아야 할 것 같다. 이 술이 1915년 파나마평화박람회에서 금메달을 받고, 1985년과 86년에 국제박람회 메달이 추가되어 일약 세계적인 명주로 등극했다. 그 작은 마을 이름을 따서 마오타이라고 하는 것이 프랑스의 코냑, 영국의 위스키와 함께 세계 3대 증류주로 일컬어진다.

고급주로 명성을 얻게 되자, 좋은 일만 생긴 것은 아니다. 찾는 사람이 많아 값은 높아지고, 가짜가 기승을 부려 진짜를 찾기 어렵게 되었다. 대량생산을 해야 하는데, 어려움이 많았다. 수수를 주재료로 9개월 발효, 2, 3년의 숙성기간을 거치므로 생산 기간이 너무 길었다. 전통적 수공업 방식을 탈피하고 도시로 나와 공장을 차려 대량생산을 할 수 있게 되었으나, 맛과 향이 그게 아니었다. 무슨 이유인가 알아보니, 원래의 물, 본바닥의 자연환경에서만 동일한 술이 만들어졌다. 전통으로 되돌아가야 했다. 구이저우성 마오타이진(茅台鎮)에서 생산해야 마오타이주라고 엄격하게 규정하고 있다.

마오타이주처럼 특정 지역에서 특정 방식으로만 만들어야 제맛이 나는 술이 또 있다. 바로 아쿠아비트라는 증류주인데, 라틴어로 '생명의 물'을 의미하는 'aqua vitae'에서 이름을 가져왔다. 이 술은 북유럽 일대에는 잘 알려져 있고 여러 지역에서 생산되지만 노르웨이 중서부 지방에서 생산되는 '리네 아쿠아비트'(linje akvavits)를 으뜸으로 친다. 생산 지역을 나태내는 지도가 술병에 붙어 있지만, 줄곧 그곳에서만 만드는 것은 아니다. 오크통에 넣어 배에 싣고 다니며 적도를 두 번 가로지르는 동안 술이 흔들리도록 하는 특별한 방식을 사용한다. 극심한 기후 변화와 장기간의 흔들림이 특별한 향과 맛을 만들어낸다고 믿는다.

그런 생산 방식에는 연기설화가 있다. 노르웨이의 리스홀름(Lysholm)이라는 회사에서 1805년에 아쿠아비트를 팔기 위해 동인도로 갔다가 못 팔고 배 안에 실은 채로 다시 노르웨이에 돌아와보니 술맛이 좋아져 있었다고 했다. 경비 감소와 수익 증대를 위해 과학적 설비를 갖추고 대량생산을 하려고 했으나, 향과 맛이 달라져 실패하는 것이 마오타이의 경우와 같다. 그 뒤 다시 고전적인 방식으로 되돌아가서 오늘날까지 그대로 지키고 있다. 술병에 술이 지나온 행로를 표기하여 실제 적도를 지나왔음을 인증하고 있다.

2

특정 지역의 물과 자연환경에서 만들어내야 제맛 나는 발효음식이 우리나라에도 있다. 바로 순창고추장이다. 순창과 마오타이는 둘 다 시골 청정지역이고 양자강이나 섬진강을 끼고 있다. 날씨 등 입지 조건이 음식 발효에 적당하다. 각각 만들어낸 술이나 고추장이 오랫동안 이름을 날리며 상품 이름이 된 생산지를 널리 알리는 것도 같다.

순창은 물과 토양과 기후가 고추장 발효에 적절하다. 섬진강을 끼고 있어 물이 좋고, 토양이 비옥해 농산물의 품질이 좋다. 물에는 철분이 많고 고추와 콩은 당도가 높은 것으로 알려져 있다. 안개일수는 70~75일이어서 전국평균 50일보다 월등히 많다. 습도가 72.8%로 높고, 일교차도 15~20℃로 크다. 뚜렷한 일교차나 높은 습도는 효모균 발효에 최적의 조건이다.

순창고추장은 이와 같은 자연조건에서 만들어져서 순창고추장이다. 순창에서 만들어져서 순창고추장이고, 순창에서만 내는 맛을 가져서 순창고추장이다. 다른 곳에서 만든 고추장은 순창고추장이 아니다.

순창 고추장에는 이성계가 만일사(萬日寺)라는 절에 가다가 농가에서 대접받은 고추장 맛을 잊지 못해 왕이 된 후 진상하라고 했다는 설화가 있다. 그런데 고추는 임진왜란 즈음 들어왔으며『증보산림경제』(1766)에 '만초장'이라는 이름으로 고추장 제조방법이 최초로 기록되어 있다. 그 뒤「농가월령가」3월령과『규합총서(閨閣叢書)』(1809)에 올라 있다. 고추장은 1700년대에 담그기 시작하여 19세기에는 고추장이 보편화되었음을 알 수 있다. 이성계가 고추장을 맛봤다는 현저한 당착은 이면에 다른 의도가 있다는 것을 보여주는 구멍이라 할 수 있다.

순창까지 올 수 있었던 임금은 이성계가 유일하다. 구중궁궐에 계시는 왕이 어떻게 순창까지 올 수 있겠는가. 설화에 암행을 다닌 임금으로는 숙종이 유명하지만 설화 속 숙종대왕이 간 곳은 한양 인근이다. 임진왜란 때 궁궐을 떠나 선조임금은 북으로 의주까지 갔을 뿐이므로, 순창에 들렀을 가능성은 없다. 세종이나 세조, 영조 등 다른 임금은 온양으로 휴양차 오고, 정조가 수원으로 부친 사도세자를 기리려 행차한 기록은 있지만, 순창까지 내려온 임금은 없다. 순창의 고추장을 현지에서 먹어볼 가능성이 있는 임금으로는 태조 이성계가 유일한 것이다. 순창고추장을 먹은 임금은 이성계라고 할 수밖에 없어서 고추장 제조 시기와 맞지 않아도 등장하게 된 것이다. 이 설화에서는 역사적 사실보다는 이야기하는 사람들의 의식이 더 중요하다.

고추장 맛을 안다는 것은 의식주 중 식생활의 기본을 잘 안다는 것이다. 식생활의 기본은 백성들 삶의 근간이다. 이성계는 순창고추장을 먹어 민생을 살피는 어진 현군으로 인정된다. 이것은 이야기의 표면이다. 그 이면에는 고추장을 함께 먹어 백성이나 임금이나 마찬가지라는 평등사상, 임금을 그렇게 만든 순창 사람들의 자부심이 나타나 있다.

순창 사람들의 품격은 장유(張維, 1587~1638)의 시에서도 확인된다. 장유는 순창 고을 원님으로 가는 사람에게 「순창에 부임하는 임실지를 전송하며(送林實之赴官淳昌)」(『谿谷集』 권31)라는 시를 지어주었다.

昔年行役遍湖中	왕년에 호남 땅 두루 돌아다녀 보니,
脩竹淸川處處同	어딜 가나 대나무 숲 맑은 시냇물.
最是名區赤城勝	그 가운데 적성이 으뜸가는 명승이고
況聞淳俗訟庭空	더구나 풍속이 순박해 재판정이 비었다네,
明時帶印寧非達	밝은 시대 벼슬한 그대 능숙한 인재 아니리요
妙手操刀本自工	일 처리하는 솜씨 본래부터 능란하겠지.
百里鄕關官路穩	백리 시골 고장에서 관직 생활 편안하리니,
安輿迎奉趁春風	모친을 모시고 봄바람 맞으러 가게나.

순창 고을은 경치가 빼어나고, 풍속이 순박해 송사가 없어 재판정이 비어 있는 고장이라고 칭송했다. "적성(赤城)"은 순창의 옛 이름이다. 임실지는 행적이 확인되지 않는 관리다.

명승지에서 순박한 풍속을 이루고 재판정이 빌 정도로 순수한 마음으로 사는 사람들이니 순창고추장을 먹은 임금과 동격일 수 있다. 순창고추

순창고추장
민속마을 ▶

장은 귀하고 격이 높은 사람들이 즐기는 품격 있는 음식이라는 의식이 설화와 한시를 이어보면 확인된다.

3

의식주 가운데 전통이 가장 강한 것은 식생활이다. 한복과 한옥은 일상생활에서 유리되었으나, 음식은 이어지는 것이 많다. 간장, 된장, 고추장은 버릴 수 없다. 순창은 장맛이 가장 좋은 곳이며 맛과 제조법이 잘 전승되고 있어, 한국음식의 근원을 간직하고 있다. 음식 전통의 성지라고 할 수 있다.

소금이 아닌 간장으로 간을 해야, 음식 맛과 영양이 더 풍부해진다. 간장에는 메주간장과 젓갈간장이 있다. 동남아시아는 젓갈간장을, 동북아시아는 메주간장을 사용한다. 일본은 이 둘을 다 쓰다가 요즘은 거의 메주간장만 쓴다. 메주간장과 젓갈간장을 다 쓰는 곳은 우리 한국만이다. 또 하나의 발효식품 고추장까지 있다. 양념으로 쓰는 발효음식이 이처럼 다양한 나라는 세계적으로 찾기 어렵다. 다양한 양념 발효음식을 갖추어야 맛의 교향곡을 연주할 수 있다. 이것은 바로 한국이 세계적인 음식의 나라가 될 수 있는 절대조건이다. 이 절대적 조건의 핵심을 장악하고 있어, 순창은 한국 음식의 성지를 넘어 세계 음식의 성지가 될 수 있다.

순창이 제공하는 양념의 힘을 받아들여 전주는 음식의 고장으로 등장해 화려한 조명을 받고 있다. 전주비빔밥은 전주 콩나물과 순창고추장과의 만남에서 시작되었다. 전주의 한다 하는 맛집의 재료를 확인해보면 고추장은 무조건 순창고추장이다. 닭볶음과 민물매운탕이 전문인 한 음식점 주인은 우리는 절대 순창고추장만 쓴다, 다른 고추장을 써서는 이런 맛을 절대 낼 수 없다, 비싸도 순창고추장이다, 거의 신앙처럼 순창고추장을 받든다.

스페인 마드리드의 한국식당에서도 순창고추장만 사간다고 한다. 스페인은 유럽 최고의 맛 고장이라 거기서 경쟁력을 가지려면 맛을 제대로 내야 해서 순창고추장이 절대적으로 필요하다. 세계 음식의 성지가 될 수 있다는 것이 빈말이 아니다.

그런데 고추장도 순창도 이름이 높아야 할 만큼 높지는 않다. 순창고추장을 사용하는 전주비빔밥이나 전주 한정식의 이름은 높을 대로 높으나, 맛의 벼리를 제공하는 순창은 후견인 노릇만 조용히 하고 있다. 순창을 찾아와 순창고추장마을, 장류박물관, 고추장시원지박물관 등의 성지를 순례하는 사람들이 더 많아져야 한다. 강천산 단풍 구경까지 하면 더 큰 감격을 누릴 수 있다. 음식 한류의 메카가 순창인 줄 세계 각국 사람들까지 알고 가야 한다.

한국의 대중문화가 물결을 이루어 세계 도처로 나가 널리 사랑을 받는 한류는 대중문화의 영역을 넘어서고 있다. 한국적인 것, 대중적인 것의 세계화인 한류에서 전통이 가장 강한 음식문화가 중심을 이루어야 한다. 순창은 국내 명성을 넘어 국제 명성을 누려야 한다.

마오타이주가 국제무대에서 처음부터 주목받았던 것은 아니다. 시골 촌스러운 포장을 하고 1915년 박람회에 나타난 이 술은 누구의 이목도 끌지 못했다. 대표단 중 한 사람이 고의로 술병을 깨뜨려 향기가 박람회장에 그득하게 퍼지자 주목을 받게 되었다고 한다.

마오타이주의 세계화와 고급화에는 모택동과 주은래가 크게 한몫을 했다. 이들이 스탈린, 김일성, 닉슨 등 외국 지도자의 접대와 국내 거국적 행사에 이 술을 적극 사용했다. 대국의 힘, 정치의 힘이 세계화의 배경이다. 이번 추석에는 한 병에 20만 원이 넘는 마오타이주가 품귀 현상을 빚어 판매를 제한해야 할 정도로 인기가 대단하다.

순창고추장은 마오타이주보다는 팔자를 잘 타고났다. 충격요법이나 의도적인 지원이 없어도 성장이 순조로울 수 있다. 한류가 이미 다음 세대 문화의 대세가 되어가고 있어 그 중심에 자리 잡고 세계로 나아갈 수 있다. 한류는 소수 귀족 문화가 아니다. 한류는 차등의 문화가 아니라 향유하는 사람 누구나 동등해지고 즐거워지는 대등의 문화, 신명풀이의 문화다. 순창고추장은 세계인 입맛의 신명풀이를 함께하게 할 수 있다.

마오타이주는 이름은 높아도 실속이 없다. 한 병에 20만 원이나 하는 높은 가격으로는 소수 귀족 문화의 한계를 넘어설 수 없기 때문이다. 덕분에 범람하는 수많은 가짜 또한 진짜 마오타이주 문화를 그들만의 소수 귀족 문화로 가두고 있다. 차등의 문화, 귀족 문화는 확산되기 어려워 단명하기 쉽다.

마오타이주는 이름이 높아지자 진가를 잃었다. 한 병에 20만 원이나 되어 소수 귀족 문화의 한계를 넘어설 수 없다. 덕분에 가짜가 범람해 경계의 대상이 된다. 소수 귀족 문화, 차등의 문화는 질시의 대상이 되고 가짜의 공격을 받아 위태로워진다. 처음의 순수한 마음으로 돌아갈 수 없는 가

혹한 운명이다.

　순창고추장은 처음 그대로이다. 알려지기 시작해도 고급화되지 않고, 고가품과는 거리가 멀다. 누구나 쉽게 사 먹을 수 있은 대중의 음식이다. 할머니들의 손맛을 누구나 즐길 수 있게 해서 원근 사람들이 모두 하나가 될 수 있게 한다. 한국인이 순창인이게 하고, 세계인도 순창인이게 한다.

완주

完州

대둔산 ▲

운주면

화산면

경천면

비봉면

고산면

봉동읍

동상면

삼례읍

● 완주군청

용진읍

● 위봉산성

이서면

소양면

상관면

▲ 모악산

구이면

▲ 완주 송광사 종각

　전북 북부 중앙에 있다. 북동쪽과 동쪽의 대둔산(大屯山), 천등산(天燈山), 모악산(母岳山) 외에 다른 여러 산이 있고, 평야는 넓지 않다. 금강과 만경강이 갈라지는 곳이다. 화암사(花巖寺), 송광사(松廣寺), 위봉사(威鳳寺) 등의 고찰이 있다. 위봉사 아래는 위봉산성이 있다. 만경강이 시작되는 곳에 역사가 오랜 비비정(飛飛亭)이 있다. 전주와 합쳐져 있다가 분리되었다.

　이색적인 박물관과 문화행사가 있는 고장이다. 대한민국술테마박물관에서 5만여 점의 소장 자료를 전시하고 있다. 세계막사발미술관은 막사발을 비롯한 각종 생활 도자기를 보여주는 박물관이다. 대둔산은 단풍철에 경치가 빼어난 곳이어서 해마다 10월 하순에 대둔산축제를 한다. 곶감의 명산지여서, 해마다 12월이면 곶감축제를 한다.

완주 알기

호랑이가 된 효자

까다로운 식성을 가진 어머니를 극진히 모신 효자가 있었다. 효자는 위봉사 스님의 도움으로 호랑이로 둔갑하여 산짐승을 잡아다가 어머니의 식성을 만족시키고는 했다. 그러던 어느 날 아내가 도술이 적혀 있는 책을 불태워버려 효자는 인간으로 변신하지 못하고 호랑이로 남아 있어야 했다. 그러다가 어머니의 반성과 정성스런 불공으로 다시 인간으로 환생할 수 있었다고 한다.

● 흔히 있는 이야기인데, 어머니 때문에 생긴 수난을 어머니가 해결했다고 해서 수미가 상응한다.

선녀 선관들이 빠져 죽은 쉰진바위

오랜 옛날 이서면이 바다였을 때 모악산 쉰진바위에 선착장이 있었다. 인젠가 선녀와 선관들이 쉰진바위에 배를 대고 유람을 하다가 걸치기재에

▲ 위봉산성. 조선 숙종 원년(1675)에 쌓은 성으로 전주 경기전과 조경묘에 있는 태조 어진과
조상을 상징하는 나무패를 피난시키려고 쌓은 성으로 동학혁명 때 사용된 바가 있다. 동서북
쪽에 성문이 있었으나 서쪽 문만 남아 있다.

배가 부닥치는 바람에 모두 익사하고 말았다. 이에 옥황상제가 애통해하
며 걸치기재를 깎아내고 바닷물을 서해로 쫓아 이곳을 구릉으로 만들어버
렸다.

 ● 바위를 보고 펼친 환상이 아름답기는 해도 절실하지는 않다. 이야기
를 더 보태야 하겠다.

발산 소씨의 조상

옛날 산꼭대기의 명당리 마을에 효성이 지극한 부부가 살고 있었다. 이
들 부부가 부모님의 묏자리를 쓰는데 명당 자리를 찾게 해달라고 극진히
정성을 드리니, 도승이 나타나 좋은 자리를 가르쳐주었다. 부부는 도승의
말을 좇아 묘를 쓰고 그 북쪽 30리 밖인 익산군 금마면에 가서 살게 되었

다. 도승의 예언대로 집안이 번창하여 거족(巨族)을 이루었다. 이들이 바로 발산(鉢山) 소씨(蘇氏)의 조상이라 한다.

● 전설이라고 하기에는 미비한 내용이다. 창작이 부족한가, 전승되는 도중에 마멸되었는가? 말을 보태 더욱 흥미로운 이야기를 만들고 싶다. 누구나 작가일 수 있으니 주저하지 말자.

아기장수 이야기 셋

1

사십이 넘도록 자식이 없던 부부가 늘그막에 옥동자를 갖게 되었다. 그러나 그 아이는 방 안에서 훨훨 날아다니는 등 기이한 행동을 했으므로 부부는 후환이 두려워 이 아이를 죽인 뒤 양지바른 곳에 묻었다. 뒤에 아기의 넋은 호랑이가 되어 용마골로 내려와 용소와 운장산을 넘나들며 장수가 못 된 한을 달랬다고 한다.

2

동상면 운장산 밑에 용마골이라는 마을이 있다. 먼 옛날 이 용마골에 마음씨 착하고 순박한 늙은 부부가 살고 있었다. 가난하고 보잘것없어도 두 내외는 무엇 하나 부러울 것 없이 사이좋게 살았으나, 나이가 많아도 자식이 없는 것이 걱정이었다.

늙은 부부는 아들 하나만 낳게 해달라고 오랫동안 절을 다니며 불공을 드렸다. 그런 어느 날 할아버지와 할머니는 똑같은 꿈을 꾸었다. 할머니와 할아버지는 용마를 타고 하늘로 올라갔다. 하늘엔 하얀 수염을 길게 늘어뜨린 옥황상제가 노인 부부를 맞으며 반가워했다. 며칠간이나 후한 대접을 받고 이제 세상으로 내려오려는데 옥황상제는 두 늙은 내외에게 광채가 나는 달덩이 같은 보물을 주었다. 할머니 할아버지는 고맙다고 인사를 하고 보물을 받았다. 노인 부부가 받은 보물은 예쁘고 귀여운 아기였다. 노인들은 너무 기쁘고 반가워 춤을 덩실덩실 추다가 꿈을 깨었다.

그 뒤에 할머니는 아들을 낳았다. 할아버지와 할머니의 마음은 기쁘다 못해 미칠 지경이었다. 태어난 아기는 이틀도 안 되어 방실방실 웃기 시작하는 것이었다. 또 일주일이 되자 아기는 저 혼자서 엎어졌다 누웠다 다른 아이들과는 너무 달랐다. 그런 어느 날 할머니와 할아버지가 밭에 나가 잠깐 일을 하고 돌아왔을 때 아기는 누워 있던 자리에 있지 않고 윗방에서 놀고 있는 것이었다. 무심히 윗방을 들여다본 할머니와 할아버지는 깜짝 놀라지 않을 수가 없었다. 아기에게 이상한 날개가 달려 있었다.

할머니와 할아버지는 심상치 않은 아기의 장래에 대하여 여간 걱정이 아니었다. 발 없는 말이 천 리를 간다는 말과 같이 아기의 이야기는 삽시간에 이웃 마을로 이어갔다. 사람들은 이 아기가 범상치 않은 인물임에 틀림없다고 했다.

며칠 후에 관가에서 많은 장졸들이 손에 창검을 들고 우루루 몰려와 아기를 내어놓으라고 윽박질렀다. 아기의 생명이 위태롭다고 느낀 할머니와 할아버지는 아기가 있는 곳을 알려주지 않았다. 바로 그날 밤이었다. 난데없이 맑은 하늘에 구름이 끼더니 억수같이 소낙비가 쏟아졌다.

그때 뒷산 바위굴에 숨겨놨던 아기가 광채로 번득이는 날개를 펴고 흰말을 탄 채 할머니와 할아버지에게 날아와 정중히 인사하고 두 분을 등에 태우고 어디론가 날아갔다. 마을 사람들은 마음씨 착하고 좋은 일 많이 한 할머니와 할아버지를 하늘에서 날개 달린 아들이 데려간 것이라고들

했다.

마을 앞엔 용과 말의 형상을 한 커다란 동산이 생겨났고 마을 밑에는 널따란 웅덩이가 패었다. 이 마을 이름을 용마골이라고 부르게 된 까닭도 이런 연유라고 전해지고 있다.

3

전주에서 남원 가는 도로에서 2미터 지점, 의암 수원지로 들어가는 입구 1미터 지점에 높이 20~30미터의 채기바위가 있다. 이 바위에는 '윗도리'라는 사람의 전설이 전해지고 있다.

옛날 이 마을에는 동네에서 품팔이하면서 살아가는 과부가 하나 있었는데 어느 날 이상한 꿈을 꾼 후 저절로 임신이 되어 6개월 만에 아들을 낳았다. 그런데 이 아이는 허리 윗부분만 있는 상태로 태어났기 때문에 윗도리라고 부르게 되었다. 윗도리는 태어났을 때부터 갓난아이 같지 않은 비범한 기상을 지니고 있었다. 어머니가 씻겨 눕히자마자 놀랍게도 방 안의 벽에 높이 질러 있는 시렁 위로 발딱 올라가 앉더니, 대여섯 살 먹은 아이들처럼 유창한 말로 이렇게 말했다.

"지금부터 내가 하는 얘기를 잘 듣고 내가 시키는 대로 하시오. 내 말이 끝난 즉시 채기바위에 나를 데려다 놓아두되, 내가 이르는 세 가지 사항을 절대로 발설치 말고 실행에 옮기도록 하시오. 3년 안에는 나를 낳았다는 사실을 일체 발설치 마시오. 조 서 말과 메밀 서 말을 그곳에 갖다 두시오. 이런 사항을 지금 바로 실행에 옮기시오, 만약 3년 안에 이와 같은 사실을 발설하면 어머니와 나는 철천지원수가 될 테니 그리 아시오!"

서슬이 퍼렇게 호령하는 게 아닌가! 과부는 너무나도 놀랍고 한편으로는 낭황하여 어찌할 바를 몰랐으나, 윗도리의 당부를 그대로 들어주기로 했다. 윗도리를 업고 가서 조 서 말과 메밀 서 말을 채기바위에 두고 돌아왔다. 윗도리에 대한 사실을 발설하지 않은 채로 두문불출했다.

그런데 어느 도승이 장래 역모를 할 어머어마한 장군이 이미 태어난 기운을 간파하고서 인가로 내려와 최근에 아이를 낳은 사람을 일일이 찾아 만나보았다. 아무런 기미를 그들에게서 찾아내지 못하고 있다가, 마침 6개월 전에 꿈만 꾸고 과부 하나가 임신을 해서 얼마 전까지 배가 만삭이 된 것처럼 불렀으나 최근에는 마을에 통 모습을 보이지 않는다는 사실을 알아냈다.

도승은 과부를 찾아갔다. 그러나 과부는 6개월 만에 몸을 풀어 아이는 사산했다고 하면서 아이의 생존을 완강히 부인했다. 도승은 미래에 역모할 장군을 낳은 사람이 과부임을 알고서, 과부가 숨기고 있는 사실을 캐어내기 위하여 자신의 행동을 바꾸어 과부에게 은근히 접근해 동거하게 되었다. 동거한 지 2년 만에 과부에게 "그때 애기를 낳았다는데 그 아이를 어디 두었냐" 하고 추구했다. 과부는 여전히 아이는 죽어버렸노라고 대답했다.

그러나 도승이 아무리 짚어보아도 그 아이는 죽은 아이가 아니었다. 계속 과부에게 극진히 하여 부부의 정을 강조했다. 드디어 3년이 거의 다 된, 3일 전쯤에 도승은 엄숙한 어조로 둘 사이의 관계를 강조하면서 아이의 행방을 물었다. 그러자 과부는 이제 참말로 부부가 된 줄 알고 그 사실을 자세히 알려주었다.

그 이야기를 들은 도승은 이내 종적을 감추어버렸다. 도승은 세상의 혼란을 막기 위하여 실로 3년이라는 긴 세월을 자신을 희생한 끝에 드디어 사실을 알아내었던 것이다. 도승은 시간이 급박함을 알았다. 곧바로 채기바위 있는 데로 달려갔다. 그리고 윗도리가 들어 있는 바위를 칼로 내리쳤는데 꿈쩍도 하지 않았다. 칼로 쳐서는 안 될 일인 줄 알고, 바위 옆의 억새풀을 뜯어 바위를 내리쳤다. 그러자 놀랍게도 바위가 갈라지면서 쏟아져 나온 것은 삼만 명이 넘는 군사였다.

윗도리의 부탁대로 어머니가 갖다 놓았던 서 말의 조는 군사가 되었다. 메밀은 갑옷과 투구가 되었다. 윗도리는 백마를 타고 막 일어나려는 찰나였다. 그런 상황에서 억새풀로 도승이 내리치니까 그 많은 군사들이 쏟아져 나오다가 이내 억새풀에 맞아 죽어 넘어지는 것이었다. 그 속에 섞여 윗도리도 백마를 타고 일어서려다 억새풀에 맞아 피가 낭자한 채 쓰러지면서, "아무리 어머니라지만…… 방정맞은 여자 입 때문에 내가 죽는다!" 하고 어머니를 원망하며 죽었다.

지금도 이 채기바위에는 그때 도승이 억새풀로 내려친 바위가 갈라진 흔적을 뚜렷하게 볼 수 있다. 그 바위 주변에는 억새풀이 무성하게 자라고 있다.

● 아기장수 이야기를 이리저리 다시 해서 변이형을 만들었다. 아기장수가 노부모와 함께 사라졌다고 한다. 아기장수가 상체만 갖추어 윗도리라고 했다고 한다. 곳곳의 아기장수를 모아 무엇이 어떻게 같고 다른지 살피는 것이 좋은 일거리이다. 연구 논문을 쓰는 사람들에게 맡겨두지 말고 누구나 일가견을 펼치자.

완주 즐기기

시골밥상

전북 완주군 고산면 읍내2길 17-9 / 읍
내리 475-5
063) 262-4340
주요 메뉴 : 한정식
가격 : 한정식 한상 48,000원(4인), 백숙
35,000원, 수육 20,000원 등

간보기

한정식에서 우리가 기대하는 맛, 가격,
인간애 등이 제대로 실현된 모습이 바로
이런 밥상이 아닐까 한다. 한 상 단위로 서
비스를 한다. 예약이 필수다.

맛보기

2016년 4월에 찾아가 한정식을 주문했
다.

● 전체 _ 4인이 먹을 수 있는 음식이 한
상에 차려져 나온다. 예약제로 운영되어
예약하고 제 시간에 가면 단계별로 금방
한 따끈한 음식을 가장 적절한 때에 먹을
수 있다. 나오는 음식 하나하나 모두 개별
적 테마로 전문 음식점을 차려도 좋을 정
도로 완성도가 높다.

● 반찬 특기사항 _ 상에 앉기 전에 이미
차려져 있는 기본찬들이 시간에 맞춰 손님
을 반긴다. 기본찬과 이후 단계별 음식은
다음과 같다.

1차 기본찬 : 부각, 인절미, 숙주무침, 고
추무침, 시금치무침, 멸치짠지, 마른고추
튀김, 버섯, 가지찜, 브로콜리, 양념장 파
말이, 감무침, 김치, 파래무침, 도라지무침,
야채샐러드 청포묵, 도토리묵, 두부양념장

2차 이후 단계별 상찬 : 깨죽, 족발, 전,
게무침, 치커리돈나물무침, 돼지고기 수육,
시래기된장국, 고등어무조림, 숭늉눌은밥

김부각 : 김부각은 만드는 절차가 복잡한 음식이다. 여러 곳에서 부각을 해서 팔지만, 느끼하지 않으면서 부드럽고 사각거리는 이런 맛은 찾기 힘들다. 어릴 때 엄마가 정성으로 만들던 부각을 여기서 맛볼 수 있다.

김치 : 제맛 나는 김치는 상을 받쳐준다.

감무침 : 감이 반찬이 된다. 달고 약한 간을 들여 과일인 감을 훌륭한 반찬으로 만들고 있다.

깨죽 : 옛날 머리에 시루를 이고 다니며 '깨죽 사아려' 외치던 아주머니들을 집에 불러들이면 긴 시루를 내리고 따리 한쪽 끝을 입에 물고 있다 내려서 국자로 대접에 깨죽을 퍼주었었다. 그 시루 속의 깨죽 맛, 잘 갈아지고, 진하고 적당히 단, 그래서 잘 감기는 시금자 깨죽 맛. 오랜만에 고향 깨죽 맛을 볼 수 있다. 아, 음식은 정말 문화다.

게무침 : 신선하고 여린 게살 맛이 부드럽다. 적당한 양념, 적절한 간이 질 좋은 고기구로 버무러서 있나.

홍어미나리무침 : 홍어도 감칠맛 나고 신선한 미나리가 제맛이 난다. 미나리는 전주 지방 특산물로 비빔밥 맛을 내는 주요 재료였었다. 미나리와 홍어의 조합이 어울린다.

족발 : 새로운 모습의 족발이다. 족발을 작게 썰어 동글납작한 모양이 되었다. 양념이 고르게 배어 있으며, 쫄깃한 맛이 즐겁다. 여린 족발이어서 껍질도 부드럽고, 잘게 잘려 있어 먹기도 편하다. 부드러운 콜라겐이 느끼하지 않고 상큼하게 다가온다.

돼지고기 수육 : 수육 김치는 조금 익은 것으로 제공된다. 냄새나지 않는 수육이 부드럽게 감긴다.

고등어무조림 : 무가 이렇게 자연적인 단맛이 날 수가 있다니. 맛의 궁극을 보인다는 느낌이다. 고등어도 무도 다 제맛을 간직하며 어우러져 있다. 어떤 찬사를 보내야 할까.

시래기된장국 : 들깨 간 것을 약간 가미하고 진한 멸치 국물로 맛을 냈다. 적당한

간에 깊이 있는 손맛은 고향 맛과 품격을 갖춘 정통 시래깃국을 맛보게 해준다.

숭늉과 눌은밥 : 전라도는 누룽지를 눌은밥과 깐밥으로 구분한다. 눌은밥을 담은 숭늉은 숭냉이라 불렀었다. 맛과 용도를 더 섬세하게 구분했다는 말이다. 눌은밥 약간이 들어 있는 숭늉 맛이 좋다.

사소한 음식도 모두 정성을 갖추었다. 그 많은 찬 중에 자리만 채우는 찬은 하나도 없다. 차례로 나오는 단계별 주요음식은 따끈따끈하게 막 조리해서 나온다. 최상의 온도에서 최적의 시간에 먹도록 배려하는 것이다. 애정이 담긴 시골음식, 전통음식, 품격음식을 누구나 어르신이 되어 흡족한 마음으로 즐길 수가 있다. 음식으로 실현하는 인간애의 현장이다.

맛본 후

『기드 미슐랭(Guide Michelin)』은 애당초 미슐랭 타이어 회사에서 고객을 위한 서비스로 주변의 음식점을 소개하는 간단한 안내서로 시작한 책이다. 이제는 프랑스 셰프들이 목을 매는 권력이 되고, 음식문화 지형을 바꾸는 영향력을 가진다.

이 책에 오르는 것과 관계없이, 프랑스 대부분 식당에는 식탁에 양념이 놓여 있지 않다. 최적의 맛으로 봉사하므로 맛을 가미할 필요가 없다는 셰프의 자존심과 오만이 깔려 있다. 그 근거는 고객이다. 맛있는 음식에 관한 고객의 요구 수준을 셰프가 반영한다.

『기드 미슐랭』이 위세를 떨치지만, 프랑스 음식 전문가가 우리 음식을 평가할 수는 없다. 두 나라 음식은 구성 원리부터 다르다. 프랑스에서는 수프를 먼저 드는데, 우리는 국과 밥이 주요 음식이므로 함께 먹는다. 프랑스의 수프에 해당되는 음식은 우리의 죽 정도다. 밥과 함께 먹는 우리의 국은 프랑스 음식에 없다. 프랑스 사람들이 우리 음식을 평가할 수 없다. 우리 음식은 우리 음식을 먹고 자란 우리가 키우고 평가해야 한다.

전라도 음식이 좋은 이유는 많이 있지만 빼놓을 수 없는 것은 고객의 수준이다. 높은 수준의 고객들이 높은 음식을 요구하여 수준 높은 음식이 완성되고, 끊임없는 평가를 통해 그 수준을 유지하고 발전시킨다. 이탈리아 오페라가 대단한 것은 청중의 수준 덕분인 것과 같다. 다른 나라에서 극장을 더 잘 짓고, 이탈리아의 출연진을 데려갈 수는 있어도 이탈리아 수준으로 오페라를 할 수는 없다. 청중은 데려갈 수 없기 때문이다. 이탈리아의 청중이 오페라의 수준을 보장하듯이, 전라도의 고객이 전라도 음식의 남다른 품격을 보장한다.

이 식당은 전주가 아닌 완주군 고산 먼 시골 마을에 있다. 궁벽한 곳에 수준 높은 음식을 내놓는 식당이 있는 것은 별난 고객들이 몰려들기 때문이다. 전라도 음식이라도 멀리 가면 허울만 남는다. 단골 고객들을 데려가지 못하기 때문이다.

값싸고 흔한 재료를 사용하면 전라도 고객들은 금방 알고 외면한다. 이 집에서 쓰는 고춧가루가 예사롭지 않은 것은 알 만한 사람들은 다 안다. 운 좋게 만난 안사장님, 음식을 직접 조리하는 안주인 사장님에게 고춧가루에 대해 물었더니, 중국산을 안 쓰는 것은 물론이고 고추철 가을에 국산 최상등품으로 몇천만 원어치를 사다 쌓아놓고 쓴다고 한다.

나는 안사장님에게 부탁하여 같이 사진을 찍어두었다. 최고의 음식장인과 사진 찍는 영광을 황송해하면서 누렸다. 이분은 음식 조리 외에 상차림 기획에서도 놀라운 재능을 갖춘 분이다. 오래도록 건강하시어 좋은 음식을 제공해주시길 빈다.

사설이 너무 길어져 입맛이 떨어지지 않았을까 염려된다. 이 집은 생전에 꼭 가봐야 한식집으로 추천한다. 드물게 훌륭한 음식점이어서 흥분하지 않을 수 없었음을 이해해주시기 바란다.

원조화심두부

완주군 소양면 화심리 520(전진로 1066)
063) 243-8952/6775
주요 메뉴 : 두부 요리
가격 : 화심순두부 6,500원, 고기순두부 6,500원, 버섯순두부 7,500원, 굴순두부 9500원, 해물순두부 9,500원, 두부 5,000원, 두부등심돈까스 7,500원, 두부탕수육 13,000원 등

간보기

두부찌개가 먹고 싶으면 제일 먼저 생각나는 집이다. 결 고운 연두부가 아닌 텁텁한 두부가 혀와 입천장으로 가득 밀려드는 풍성한 두부찌개, 콩의 향기가 아직 묻어나는 생두부를 먹을 수 있는 그 집이다.

맛보기

2016년 9월에 찾아가 화심순두부, 만두순두부, 두부를 주문했다.

● 전체 _ 두부를 찌개로도 먹고, 생두부로도 먹는다. 생두부는 말 그대로 고소함이 생생하게 살아 있어 좋다. 두부야말로 제조 현장에서 먹어야 제일 맛있는 음식인데, 슈퍼에서 항상 며칠 지난 것을 사 먹는 것이 새삼스레 억울하다. 그 억울함까지 더해 신선하고 고소한 두부 맛이 더 생생하게 느껴진다.

생으로만 먹으면 왠지 허전, 그래서 찌개를 먹어야 한다. 끼니로 간식 같은 생두부만 먹을 수 없으니 당연하겠지. 생두부 외에 조리 두부를 즐기는 가장 보편적 방식인 두부찌개, 그 두부찌개의 제맛을 즐길 수 있다.

두부도 먹고, 두부찌개도 먹고. 고추를 고추장에 찍어 먹고, 닭도 먹고 달걀도 먹고, 명태찌개도 먹고 명란젓도 먹고 하듯이 동류 포식으로 하루 나들이 별식이 더 즐거워진다. 사뭇 전문가가 되었다는 허위

의식도 즐겁기만 하다. 하여튼 두부 전문 음식점에 왔으니 두부를 끝까지 제대로 즐겨야 할 거 아닌가.

● 주메뉴 _ 찌개는 해산물 우려낸 맛을 느낄 수 있다. 바지락 외에 다양한 해산물 맛을 짐작할 수 있는데 이것이 싱싱한 순두부와 어울려 시원하고 깊은 맛을 낸다.

만두순두부의 만두도 직접 만든 것이고 속맛이 좋아서 권할 만하다.

두부찌개는 맛있는 콩으로 만든 두부로 만들어야 맛있다. 전북은 콩이 맛있는 곳이고 물이 좋은 곳이다. 맛있는 콩에 맛있는 물이 만난 콩나물이 맛있고, 그것을 주재료로 한 비빔밥이 맛있다. 그래서 맛있는 것은 비빔밥만은 아니다. 콩으로 만든 두부가 맛있고, 맛있는 물로 끓인 두부찌개가 맛있다. 거기에 각종 해물로 우린 국물을 썼으니 맛이 있는 것이 당연하다. 아직 찌개가 옛날 그 맛이어서 참으로 다행이다.

● 보조메뉴 _ 반찬으로는 김치, 깍두기, 솔(부추), 양배추샐러드가 나온다. 생두부에 어울릴 만한 김치가 맛있다. 깍두기도 먹을 만하다. 싱싱한 솔무침도 두부와 잘 어울린다.

그러나 곁반찬은 서운하다. 이대로도 찌개를 즐기는 데는 어지간하겠으나 이전 이렇게 기업화되기 전에, 돈도 없고 갈 데도 딱히 없었던 시절, 즐겨 찾았던 그때 참 별나게 맛있었던 김치 겉절이 맛은 찾을 수 없다. 그때 겉절이의 토속적이고 푸진 인심을 못 잊어 두부가 아니라 김치 겉절이 먹자고 이 집에 오던 사람들도 많았었는데, 이제는 김치 먹자고 오는 사람 찾기는 쉽지 않을 거 같다.

그리고 양배추샐러드도 어울리지 않는다. 사족이다.

맛본 후

물맛은 식탁에 오른 생수에서도 확인할 수 있다. 물이 맛있어서 찌개와 두부가 다 맛있다는 것을 새삼스럽게 알았다. 콩이 좋고 물이 좋아 좋은 두부를 만든다. 전주 근교에서 맛있는 음식을 만들어내 음식 전주의 성가를 더하고 영역을 확장한다.

이 집 덕분에 인근에 두부마을이 생겼다. 전주에 분점을 내는 개인기업으로 성공한 것을 넘어서, 인근 마을 전체가 번창하는 산업을 일으켰다. 3대째라는 주인의 전문성과 장인정신이 지역 경제의 활성화까지 선도한다.

멀지 않은 곳에 송광사가 있고, 그 너머에는 위봉산성, 위봉폭포를 낀 위봉사가 있다. 하루 나들이로 실속 있는 곳이다. 전에는 송광사 인근에서 종이를 만들었다.

기양초

전북 완주군 소양면 송광수만로 508(대흥리 366)
063-247-6667
주요 메뉴 : 다슬기부추돌솥밥, 부추전
가격 : 다슬기부추돌솥밥 17,000원, 부추전 12,000원, 닭도리탕 45,000원

간보기

부추와 다슬기가 테마다. 둘 다 소홀하지 않게 다 담겨 있다. 음식이 아닌 보약, 약식동원의 음식이다. 맛과 영양과 정성, 음식이 갖추어야 하는 모든 요소를 다 갖추었다. 전주(완주)의 음식 신화는 오늘도 이어진다.

맛보기

2017년 4월과 5월에 찾아가 다슬기부추돌솥밥과 부추전을 주문했다.

● 전체 _ 주메뉴인 다슬기돌솥밥과 부추무침은 물론이고 함께 나오는 반찬도 모두 소홀함이 하나 없다. 모두 손 많이 가는 음식들, 대량생산되지 않는 재료들, 몸에 좋은, 직접 만든 원재료들을 사용한다. 약식동원(藥食同源)의 밥상이다. 정성 어린 편안한 밥상, 이것은 집밥 이상이다. 집밥에서는 이런 노고와 식재료를 일상화하기 어렵다.

● 주메뉴 _ 다슬기 육수로 지은 밥이 나온다. 정성스럽게 깐 다슬기에 콩과 다른 곡물을 넣어 돌솥에 지은 밥이 고슬고슬 차지게 나온다.

부추는 조선솔로만 한다. 조선솔을 구하기 어려워 동네 할머니에게 일부러 재배를 부탁하여 구해 쓴단다. 소스도 다슬기 소스다. 짜지 않게 다슬기 향으로 맛을 내는 소스다. 매실도 집에서 담근다. 조선솔은 향이 강하고 적당히 질긴 식감이 좋다.

● 보조메뉴 _ 반찬은 하나하나 실하지 않은 것이 없다. 매실장아찌, 실파묶음, 멸치짠지, 황포묵, 취나물, 고추조림, 묵은지볶음, 백김치 등 모두 주메뉴와 어울리며 담

▲ 다슬기 돌솥밥

▲ 부추무침

▲ 부추전

▲ 다슬기 소스

백하고 향긋한 맛을 낸다.

부추전 : 부추를 주재료로 호박과 당근을 약간 넣었다. 오징어를 넣어 맛을 더한다. 적절한 반죽에 얇게 부쳐낸 품새에 맛은 솔전에 거는 기대 이상이다. 부추전도 이렇게 귀족이 될 수 있다.

● **분위기** _ 정갈하고 맛깔스러운 밥상에 빛 잘 드는 사랑채 같은 방이 주는 고풍스러운 맛만으로도 충분히 만족스러운데, 마당에 지천으로 핀 꽃은 주인 내외의 노고에 바치는 상품 같다. 놋그릇 놋수저는 정취를 더하면서 품격도 더해준다. 밥을 놋그릇에 비벼 먹을 수 있다. 전주 가족회관의 비빔밥에 이어 오랜만에 유기 대접을 만난다. 손님을 가족같이 상전같이 모시는 분위기가 상차림에도 배여 있다.

찌개, 국, 밥 : 된장찌개도 심상치 않다. 파 대신 솔로 양념했다. 짜지 않고 진하지 않고 담백하다. 그러면서도 풍미는 진해 비빈 밥에 어우러져 먹기 좋다.

다슬기 소스 : 솔고명을 잔뜩 얹어 나오는 간장이 다슬기 소스이다. 다슬기 삶은 물에 다시다 등을 넣어 만든 소스로 비빌 때 넣으면 풍미를 더한다. 짜지 않은 소스로 맛을 더욱 살리는 것이다.

● **먹는 방식** _ 예약이 필수다. 단손발로 음식 준비를 하는 사모님 겸 주방장이 빨리 음식을 준비할 수 없으므로 예약하지 않고 가면 기다리기 부지하세월이거나 아예 못 먹고 올 수가 있다.

맛본 후

● **부추음식은 한국이 종주국**

전주 오선모김밥의 당근에 이어서, 이 집에서는 솔(부추)을 재발견할 수 있다. 부추는 전라도에서는 솔

또는 소풀, 경상도에서는 정구지, 충청도에서는 졸, 제주도에서는 쇠우리, 한자어로는 구채(韭菜), 파옥초(破屋草), 기양초(起陽草) 등등 이름이 다양한 것으로도 유명하다. 지역과 문화에 따라 저마다의 방식으로 향유하며 음식문화로도 발달된 것을 말해준다.

음식점 이름은 한자어 기양초를 가져다 썼다. 기양초(起陽草)는 양기, 원기를 살려주는 풀이라는 뜻이다. 전라도에서는 처음 나는 솔을 '약솔'이라 하여 보약으로 여겨 귀한 사람에게 대접한다. 경상도에는 '첫물 정구지는 아들에게도 주지 않고 신랑에게만 준다'는 속담이 있다. 그 정도여서 사찰에서는 오히려 금하는 식품으로 삼고 있을 정도이다. 이 정도면 부추는 음식을 넘어 약재가 된다. 식품이면서 약재인 부추로 만든 음식은 약과 음식을 하나로 하는 약식동원의 음식이 된다.

부추에 대한 사랑은 우리가 중국과 일본, 동남아를 앞서간다. 부추는 아예 동남아에서는 나지 않고, 한 · 중 · 일에서만 난다. 일본에서는 생산은 된다 하나 실제로는 거의 먹지 않는다. 중국에서는 부추를 구채(조차이)라고 하는데, 달걀과 함께 볶은 부추요리(韭菜炒鸡蛋)와 달걀과 부추를 소로 넣은 만두를 널리 먹는다. 그 외 다른 음식에도 쓰이지만 한국보다 많지 않은 것 같다.

우리 부추 요리는 부추전, 부추김치, 부추나물, 부추잡채, 부추짠지 등으로 다양하고, 양념으로도 널리 쓰이며 주재료와 양념의 경계를 넘나든다. 특히 순대를 먹을 때는 냄새를 없애주는 부추를 꼭 곁들여 먹는다. 이때에는 주요리인지 양념인지 정체가 모호하다.

부추와 부추요리는 우리가 종주국이라 할 수 있다. 부추의 원산지도 한국으로 알려져 있다. '사회식물학'을 하는 김종원 교수는 "부추는 한민족의 나물 1호"인데 21종의 부추가 있단다. 우리 양념문화도 부추에서 출발한 것으로 본다. 부추를 아예 먹지 않는 일본의 음식이 담백함을 특징으로 하는 것과 관계 있다고 할 수 있다.

가지 요리는 중국이 다양하다. 숙주나물 요리는 베트남, 캄보디아, 운남 및 일본을 눈여겨볼 만하다. 이에 비해 부추요리는 우리가 종주국처럼 다양하니 김치 말고 우리 음식으로 또 내놓을 후보가 있다면 부추가 아닐까 한다.

부추는 음식의 태권도라고 할 수 있다. 우리나라에서 만들어 올림픽 공식 종목까지 오르고 세계화된 운동 태권도처럼 이제 부추요리를 김치에 이어 세계의 음식으로 만들 차례다. 그렇게 되려면 더 많은 연구와 다양화가 필요하다. 이 식당 기양초가 이미 그것을 앞장서 실행하고 있다.

'부추비빔밥', 이것을 개발하고 제공하느라 얼마나 많은 노력을 했을지, 또 하고 있는지 짐작조차 할 수 없다. 처음 얼핏 비싸지 않나 생각했던 음식값 17,000원이 이들의 노력과 정성을 알고 나니 오히려 저렴하다는 생각이 든다. 여기서는 미처 말하지 못했지만 다슬기에는 또 얼마나 많은 정성을 쏟고 있는가.

좋은 음식, 정성이 든 음식이어서 먹기에도 황송하지만 조금 더 많은 인력을 투입해 만들어내면 단가도 낮아지고 좀 더 빨리 널리 보급할 수 있지 않을까, 하는 아쉬움도 생긴다.

이런 음식 직접 만들고 차려주는 사장님, 사모님, 감사합니다. 이런 분들이 계셔서 여기 전주, 완주, 전라도가 음식의 성지가 된다.

아래로 담벼락이 연해 있는 곳이 소양고택과 두베카페이다. 소양고택에서는 한옥마을처럼 숙박을 할 수 있다. 두베카페는 한옥과 산이 어우러진 공간이다. 인간과 자연과 현대 문화의 숨결을 느끼며 커피를 마실 수 있다. 일대가 아름다운 휴식 문화 공간이다.

바로 옆에 있는 위봉산성을 보고 위봉사와 그 앞 위봉폭포를 보고 내려와서 점심을 먹고 난 다음 아래 송광사로 내려가면 풍부한 하루 일정 문화 순례가 된다.

목향밥상

전북 완주군 구이면 원두현길 12-29
063) 229-3689
주요 메뉴 : 한방누룽지백숙, 연잎밥, 보리굴비
가격 : 한방누룽지백숙 48,000원, 연잎밥정식 12,000원, 보리굴비정식 18,000원, 메밀전 10,000원, 메밀누룽지 칼국수 7,000원 등

간보기

시골의 고즈넉함과 도시의 깔끔함과 자연의 풍요로움에 함께 묻혀볼 수 있는 식당이다. 고전적 음식에다 새 음식을 보태 운치와 참신함을 함께 갖췄다. 찬 하나하나 스미어 있는 깊이와 정성은 손님의 격조를 높인다. 전주에 며칠 머물 여유가 있는 사람이라면 도전해볼 만한 식당이다.

맛보기

2017년 8월에 찾아가 연잎밥정식과 보리굴비정식을 주문했다.

● 전체 _ 연잎밥, 보리굴비 등 주요리 외에 갖가지 나물이 토속적 정서를 담아 함께 한다. 전통에만 머무르지 않고 새로운 시도를 하는 한입 찬들도 기대를 저버리지 않는다.

● 주메뉴 _

보리굴비 : 주문한 밥상의 주연이다. 한 눈에도 식별되는 쫀득쫀득한 육질이 자르르 제 몸에서 난 기름에 싸여 타선을 자극한다. 아니나 다를까, 이 사이로 잘깃잘깃 씹히며 바다를 향하는 그 맛은 이것이 바로 미미(美味)지 싶다.

연잎밥 : 화려하지 않으나 연잎의 향을 잘 담고 있다. 차진 밥이 오지게 입맛을 돋운다. 가만히 음미하면 밥만으로도 한 끼 식사를 가능할 수 있다.

● 보조메뉴 _ 참나물, 깻잎나물, 비름나물 숙주나물, 고구마줄기들깨볶음 등 나물류가 좋다. 명태전, 깻잎장아찌 등이 구색을 맞추고, 가지새순말이, 무무청말이 등 새로운 시도도 있다.

전주다. 완주는 바로 전주다. 주메뉴를 능가하는 여러 찬들이 저마다 맛과 향을 자랑해 저분질이 행복하다.

● 반찬 특기사항 _ 나물류가 많아 좋다. 나물은 간단한 거 같아도 집에서 해 먹기는 번거로운 찬이다. 자밤자밤 무친 나물을 한 움큼씩 담아낸 접시로 자주 손이 간다. 참기름 새로 나는 제맛이 좋다. 참나물은 예전에 그리 흔한 찬이 아니었다. 이제 이런 귀한 나물을 편하게 먹고 산다. 재배나물이라 자연산만은 못하겠지만 이런 귀한 찬을 귀치 않게 먹을 수 있으니 감사할 따름이다.

깻잎장아찌 맛이 일품이다. 많이 짜지 않으면서 사각거리는 맛이 생깻잎의 맛을 놓지 않고 있다. 짜지 않게 담가내는 깻잎장아찌, 그것도 쉽지 않은데 말이다.

가지, 무는 새로 만든 요리, 새 별을 발견하는 것보다 인류를 행복하게 한다는 새로운 요리다. 무청말이는 겨자를 더해 매콤한 맛이 상큼하다. 가지새순말이는 보기에도 귀족 같은 음식이 혀에 안기면서 너무 빨리 넘어가 아쉽다. 가지의 적당히 썰컹거리는 맛과 안의 새순 채소 맛이 어우러져 좋다. 가지 음식의 다양화가 늘 아쉬웠는데 한 대안이 될 만한 음식이다.

● 찌개, 국, 밥 _

연잎밥 : 연잎의 향긋한 맛이 잘 배어 있다. 요란하게 고명을 얹지 않아 연잎 자체의 맛을 음미할 수 있다.

된장찌개 : 제대로 된 밥상이로구나 하는 신뢰를 주는 맛이다.

김치 : 묵은 배추김치와 열무김치. 배추김치는 묵은지의 너무 진한 맛을 벗어나 부담스럽지 않게 맛을 담고 있다. 열무김치는 새금한 맛이 돌면서 농익은 솜씨를 말해준다. 밥을 조금만 먹으려는 누렬이 와해된다.

맛본 후

부부가 음식을 만들고 서빙을 하는 부창부수를 분업한다. 기양초는 산자락을 장식해 꾸민 건물과 식당이 제법 화려한 반면, 이곳은 동네에 스며서 생활 속에 잠겨 있는 모습이 소박하다. 시골 골목에 자리한 것도 그러하거니와 투박한 음식이 주는 정겨움도 그러하다. 아니나 다를까, 식재료는 모두 국산을 쓴단다.

식당 안 풍경도 정겹다. 밥상이 육중한 원목이어서 그 자연의 맛이 좋다. 질박한 막그릇들도 음식과 잘 어울린다. 메뉴를 한지 바른 격자무늬 방문 위에 제시한 것도 잘 어울린다. 전주는 이처럼 좋은 식당이 끝이 없다. 얼마나 살아야 이런 음식 다 먹어볼 수 있을까.

● 근처 풍광 _ 구이저수지가 뒷마당이어서 걸어갈 수 있다. 제방에 오르면 아스라한 저수지가 눈 안에 들어와 신선의 후식이 된다. 구이저수지는 전주 사람이라면

모두 오랜 낭만과 추억을 하나쯤 가슴에 품고 있는 곳이다. 마땅히 데이트할 곳이 없던 그 시절에는 물만 넘실넘실 찰찰해도 좋았던 곳이다. 온갖 시름을 하염없는 물에 던져도 좋았고, 시름 안에 담긴 희망을 얘기해도 좋았었다.

이제 둑이 만들어지고 주변에 날씬한 다리까지 만들어졌다. 한여름 호우 덕분에 넘쳐나는 물이 둑을 넘어 시원스레 흘러내리는데, 그런데 이상하게 그 날씬한 다리가 마음을 막는다. 풍경과 어우러지지 않는 다리, 자꾸 마음속에서는 다리를 걷어내고 싶다. 우리 정원과 건축물은 자연과 어우러지는 것이 특징이다. 이것을 거스르는 건축물은 불편하다. 가슴이 답답하다.

봄이면 둑 아래 흐드러지게 벚꽃이 피고 저수지를 담으로 두른다. 식사 후 누리는 눈 호사. 이보다 나은 후식을 찾기 어렵다. 자연을 거스르는 다리까지 벚꽃이 품어 주리라. 고개를 들면 마주 보이는 모악산도 옆으로 눈을 돌리면 보이는 경각산도 힘을 보태 줄 것이다.

경각산 자락의 태봉(胎峰)은 조선왕조 예종의 태실이 있던 곳이다. 금계포란형(金鷄抱卵形) 명당이라고 한다. 일제에 의해 훼손된 태실은 복원하여 경기전으로 옮겨 보관하고 있다. 경각산은 아버지 산, 모악산은 어머니 산이라고 한다. 완주군은 이곳 두현리 두방마을을 종점으로 2011년에 19키로 태봉 마실길을 조성하여놓았다. 역사와 자연이 함께 하니 음식 맛이 더 깊어지지 않는가.

익산

益山

옹포면
성당면
용안면
용동면
망성면
숭림사
옹포관광지
함열읍
낭산면
여산면
입점리고분전시관
함라면
가람 이병기 생가
삼기면
익산 미륵사지
황등면
금마면
부부 석상
삼성동
팔봉동
왕궁면
신동
모현동
염동동
어양동
남중동
송학동
익산시청
마동
중앙동
춘포면
오산면
평화동
인화동
동산동

▲ 미륵사지 석탑(복원)

　전북 북서쪽에 있다. 천호산(天壺山), 미륵산(彌勒山) 등의 낮은 산이 있는 외에 대부분의 지역이 평야이다. 서북쪽에는 금강, 남쪽에는 만경강이 흐른다. 기자(箕子)의 후손 기준(箕準)이 위만의 난을 피해 금마 지방에 마한을 세웠다는 설이 있다. 백제의 시조 온조(溫祚)가 마한을 병합하고 이곳을 금마저(金馬渚)라 했다. 무왕(武王)은 이곳에 도성을 두어 사비성·웅진성과 함께 3경제(三京制)를 실시한 것으로 보인다. 미륵사(彌勒寺) 터에 거대한 탑이 남아 있다.

익산 알기

왕이 된 마동

『삼국유사』에 기록된 서동(薯童) 이야기가 이곳에서는 조금 다르게 구전된다. 오금산(五金山)은 금마의 서쪽에 있는 다섯 개의 봉우리로 이루어진 산이다. 옛날 이 산에 홀어머니를 모시고 사는 마동이라는 소년이 있었다. 소년이 마(薯)를 캐서 금마장에 갖다 팔았기 때문에 마동이라는 이름이 붙었다.

마동의 나이가 열일곱 살쯤 되었을 때, 신라의 선화공주가 절색이라는 소문을 듣고 공주에게 장가들 생각으로 마를 짊어지고 신라의 수도로 갔다. 대궐 앞에 자리를 잡은 마동은 아이들에게 마를 나누어주며 선화공주가 마동을 좋아한다는 노래를 부르게 했다. 아이들이 부르는 노래가 임금의 귀에까지 들어가자 임금은 화가 나서 공주를 죽이라는 명을 내렸다. 이에 왕비는 공주에게 많은 보물을 주어 어디로든 몰래 떠나게 했다. 마동이 길목에서 공주를 기다리고 있다가 자기 나라에 가서 함께 살자고 하니, 공주는 마동이 장차 큰 인물이 될 사람임을 알아차리고 따라가 함께 살았다.

그러던 어느 날 공주가 살림에 보태 쓰려고 금덩이를 꺼내놓자 마동은 마를 캘 때 얼마든지 보던 것이라며 산에 가서 큰 금덩이 다섯 개를 공주에게 갖다 주었다. 공주는 기뻐하며 이것을 미륵산의 사자암(獅子庵)에 있는 지명법사(知命法師)를 통해 신라 왕에게 보냈다. 금이 다섯 덩이가 나왔다 해서 이 산을 오금산이라 불렀다고 한다.

마동은 백제의 30대 무왕이 되었다. 왕이 된 뒤에도 늘 금마에 행차했으며, 오금산에다 어머니를 기리는 오금사를 세웠다. 지금도 오금산에는 용못이라는 방죽이 있다. 이곳에서 마동이 물을 길어다 먹었기에 유래된 명칭이라 한다.

● (가) 숯구이 총각이 일하는 곳에 지천으로 있는 금을 아내를 얻고서야 알아보아 부자가 되었다. (나) 백제의 총각 마동이가 두 사람의 관계를 말하는 노래를 만들어 퍼뜨리는 술책을 써서 신라의 선화공주를 아내로 삼았다. 이 두 가지 이야기를 합치고, 마동이가 신라 왕의 인정을 받고, 백제 왕이 되었다는 말을 덧붙여 역사적인 사실로 알도록 했다.

부부 석상

익산시 금마면 동고도리 남쪽으로 10리쯤 떨어진 들판에 두 석인상이 있다. 서쪽의 석상은 남자이고, 동쪽의 석상은 여자라고 한다. 두 석상 사이로 옥룡천(玉龍川)이 흐르기 때문에 이 둘은 평시에는 떨어져 만나지 못하다가 섣달 그믐날 밤 자정에 옥룡천 냇물이 꽁꽁 얼어붙으면 두 석상이 서로 건너와서 끌어안고 그동안 맺혔던 회포를 풀다가 새벽에 닭이 울면 헤어져서 다시 제자리에 가서 선다고 한다.

● 두 석상을 보고 이야기를 조금 지어냈다. 말을 더 보태야 제대로 된 전설일 수 있다. 미완인 것을 다행이라고 여기고 누구든지 나서자.

탑 쌓는 오누이

옛날 슬하에 남매를 둔 노인이 살고 있었는데, 어느 날 관상쟁이가 와서 보더니 남매 중 하나만 데리고 살아야지 그렇지 않으면 불길하다고 했다. 이 말을 들은 노인은 탑 쌓기 내기를 해 진 사람을 내쫓기로 하였다. 노인은 아들과 살고 싶었기 때문에 아들에게는 작은 왕궁탑을 쌓게 하고, 딸에게는 큰 미륵탑을 쌓게 했다. 그런데 아들은 안심하고 천천히 쌓고, 딸은 지지 않으려고 열심히 쌓았기 때문에 남매가 탑을 다 쌓고 손을 터는 시간이 똑같았으므로 노인은 할 수 없이 남매를 모두 데리고 살았다고 한다.

● 오뉘 힘내기의 변이형이다. 남매가 다 탑을 쌓고, 무승부인 것이 특이하다. 누가 이기고 졌는지 갈라 말하는 것이 부담스러워 무승부라고 한 것 같다. 남녀의 우열을 가려야 하는 심각한 문제를 덮어두려고 한다.

떡갈나무 사랑 노래

여산 단천 떡갈나무 잎도 새로 속잎 나니
치마끈 졸라매고 전에 하던 행실 버리자 하였더니
밤이변 궁벽국새 우는 소리에 버릴지 말지

이런 시조가 있다. 한자어는 한자로 적어 풀이하면, "礪山 端川 떡갈니

무 잎도 새로 속잎 나니, 치마끈 졸라매고 전에 하던 行實 버리자 하였더니, 밤이면 뻐꾹새 우는 소리에 버릴지 말지"라는 말이다.

● 여산은 전라북도 익산의 옛 지명이고, 지금은 여산면이 있다. 호남고속도로 여산휴게소가 있어 여산이 널리 알려져 있다. 단천은 그곳에 있는 냇물인 것 같다. 자기가 사는 고장을 말하고, 떡갈나무 잎이 새로 나는 봄이라고 한다. "치마끈 졸라매고" 버리자고 하는 "전에 하던 행실"은 남자와 육체관계를 가지는 것 외에 다른 무엇일 수 없다. 그런 전력이 지나치다고 생각되어 그만두려고 치마끈을 졸라매면서 다짐한다. 그러나 밤에 뻐꾹새가 울면서 가만있지 못하게 마음을 움직여 그 행실을 버릴지 말지 결정하지 못한다. 마음이 움직여 욕정이 일어나고, 욕정이 일어나면 남녀가 만나 풀어야 한다. 이것이 사랑을 해야 하는 직접적인 이유이다.

시조시인 이병기

이병기(李秉岐, 1892~1968)는 시조 시인이며, 국문학자이다. 익산 여산면 진사마을이 고향이다. 마을 입구에 생가 안내판이 있고, 마을에 들어서면 동상이 서 있다. 고향을 노래한 시조를 든다. 세 수 연작을 현대시처럼 표기했다.

고향으로 돌아가자

고향으로
돌아가자
나의 고향으로

돌아가자.
암 데나 정들면 못살 리 없으련마는,
그래도 나의 고향이
아니 가장 그리운가.

방과 곳간들이
모두 잿더미 되고
장독대마다 질그릇 조각만 남았으나,
게다가 움이라도 묻고
다시 살아봅시다.

삼베 무명옷 입고
손마다 괭이 잡고,
묵은
그 밭을
파고 파고 일구고,
그 흙을 새로 걸구어 심고 걷고 합시다.

● 고향이 있는 사람은 자기 고향을 찾게 하고, 고향이 없는 사람은 슬픔에 묻히게 한다고 할 것인가? 그리움이 고향이다. 번거로움을 다 떨치고 소박하게 살고자 하는 소망이 그리움이다.

입점리고분전시관

익산시 웅포면 입점리 새터마을 뒤에 입점리고분전시관이 있다. 입점리 고분 모형과 출토품을 전시하고 있는 곳이다. 2004년에 개관했다. 박물관 뒷긴 해발 240미터의 함라산에서 남상변을 따라 뻗어 내린 산 능선

▲ 입점리고분군

▲ 입점리고분전시관

의 정상부에서부터 남동측 경사까지 고분이 여럿 있다.

　이 고분은 우연히 발견되었다. 1986년 이 마을의 한 고등학생이 칡을 캐다가 금동제 모자 등을 발견하여 신고해서 알게 된 것이다. 이후 긴급 발굴을 하여 8기의 무덤을 확인했는데, 1호를 제외하고는 파손이 심했다. 출토된 유물로는 토기류, 금동모자와 금귀고리, 유리구슬 등의 장신구류, 말갖춤, 철기 등이며, 모두 백제 시대 5세기경 만든 것이다. 금동제 관모는 일본에서 나온 것과 비슷해서, 일본과의 교류를 짐작하게 한다.

　● 백제 시대의 유물을 지방의 자랑으로 삼고 있어 흐뭇하다. 오랜 역사가 하나로 이어지고, 과거가 현재에서 재현된다. 비운의 왕국 백제를 생각하면서 오늘날 이곳에서는 사람들이 분발하고자 한다.

웅포관광지

　금강변의 절경이다. 바다처럼 넘실거리는 금강 하류를 바라보면서 산책도 하고 야영도 하는 곳이다. 용왕사(龍王祠)라는 정자가 있다. 전에 용

용왕사 ▶

왕을 모신 당집 용신사가 있었으며, 무당이 굿을 하던 곳이라고 하는 유래 설명을 돌에 새겨 세워놓았다.

고려 우왕 6년(1380) 왜구와 싸우다 희생된 혼령을 위로하기 위해 처음 세운 용신사에서 마을의 안녕을 비는 굿을 했다고 한다. 웅포 단골네집이 라는 무당이 주역이 되고 여러 단골이 모여 큰굿을 하고, 풍물놀이도 곁들 였다고 한다. 굿이 끝나면 마을 사람들이 기싸움 놀이를 했다고 한다. 400 년쯤 된 당집이 1945년 태풍에 쓸어져 없어지고, 그 자리에 2005년에 지 금 볼 수 있는 정자를 세웠다고 한다.

● 무당이 주역을 하고 농악대가 돕는 마을굿의 원형을 전승하던 곳이 다. 금강이 위력을 지녀 대단한 일이 있었다. 신당을 복원하고 마을굿을 다시 해야 금강의 신이로운 기운이 크게 되살아나 국운이 더욱 번창한다.

익산 보기

달마의 뜻을 기리는 숭림사

숭림사는 전라북도 익산 웅포면 송천리 함라산 숲에 자리 잡고 있으며, 조계종 제17교구 금산사 말사이다. 안내판에서는 '숭림사'라는 이름은 중국 하남성 숭산(崇山) 소림사(少林寺)의 숭(崇) 자와 임(林) 자를 딴 것이라 적고 있다. 사찰 홈페이지에서는 선종의 초조(初祖)인 달마대사가 중국 숭산(崇山)의 소림사에서 9년간 면벽 좌선한 뜻을 기리기 위해 숭림사라고 했다고 설명하고 있다.

숭림사는 통일신라 경덕왕(742~764) 때 진표율사가 창건한 것으로 알려져 있다. 진표율사는 전라북도 완산주 벽골군, 즉 지금의 김제군 출신으로서 766년 현 김제에 있는 금산사(백제 법왕 원년[599]에 창건)를 중창했다.『익산구지(益山舊誌)』에 이 절의 중심 전각인 보광전은 고려 충목왕 원년(1345)에 행여선사(行如禪師)가 선종(禪宗)사찰로 중창할 당시에 창건한 것으로 기록돼 있다. 숭림사는 규모는 크지 않지만 익산 지역의 대표적 사찰로 지역 사람들의 정신적 귀의처가 되고 있다.

숭림사의 주요 건축물은 중심 전각인 보광전(보물 제825호)과 영원전,

▲ 숭림사 보광전　　　　　　　▲ 숭림사 우화루

나한전, 그리고 우화루를 꼽을 수 있다. 임진왜란 때 많은 전각들이 불에 탔으나 보광전만은 화를 면했다. 광해군 때에 우화루(雨花樓)가 중건되었다. 이후 쇠락의 길을 걷다가 지광(智光)스님이 주석하며, 중창불사를 완공해 여법한 가람이 되었다.

이 절에서 가장 중요한 불전이 보광전이다. 비로자나불이 주불인 이 불전은 정면 3칸 측면 2칸으로 다포계의 맞배지붕 건물이다. 공포는 법당 내외 공간을 확장시키고 지붕을 높여 웅장한 멋을 낼 뿐 아니라, 법당을 화려하게 장엄하는 데 중요한 역할을 한다. 겹겹이 중첩된 공포는 그 자체만으로도 충분히 아름답고 환상적인데, 여기에 조각된 용, 봉황, 연꽃 등이 한층 강력한 장식 효과를 발휘한다.

불교가 인도에서 중국으로 전파될 때 두 나라 용이 섞이었다. 법당 외부에 장식된 용은 부처님이 임하는 장소인 법당과 불법을 수호하는 호법신의 역할을 함과 동시에 뭇 중생들을 서방 극락세계로 인도하는 반야용선(般若龍船)의 선수를 상징하기도 한다.

봉황은 용과 함께 사령(四靈, 용·봉황·거북이·기린) 중의 하나로, 성군(聖君)이 나타나 천하가 태평하면 나타난다고 하는 상상의 서조(瑞鳥)다.

▲ 숭림사 보광전 용봉공포장식   ▲ 숭림사 보광전 용봉공포장식

닭의 머리, 뱀의 목, 거북이의 등, 물고기의 꼬리를 가진 봉황은 문채가 빛나 길상여의(吉祥如意)와 미려(美麗)의 상징으로 많은 사랑을 받아 왔다. 법당의 봉황 장식 역시 부처님의 법당을 미화하고 신성시하려는 의도에서 나온 것이다. 공포에는 연봉과 만개한 연꽃이 조각되어 있는데, 우리가 사찰에서 흔히 보는 도식적인 팔엽 연꽃과 다른 것으로 희귀 사례에 속한다.

백제 무왕이 세웠다는 미륵사

미륵사지는 전라북도 익산시 금마면 기양리에 위치하고 있다. 현재 사지에는 국보 제11호인 미륵사지석탑과 보물 제236호인 미륵사지당간지주가 있으며, 현대에 복원된 동탑도 제 위치를 차지하고 있다. 지금은 사찰로서의 기능은 하지 못하고 있지만 백제 시대에는 미륵신앙의 구심점 역할을 했다.

미륵사는 건물지와 출토 유물 등을 통해 볼 때 백제, 통일신라를 거쳐 조선 시대까지 경영되었던 것으로 추정되며, 17세기 이전에 폐사된 것으로 추정된다. 미륵사는 주변의 왕궁리 유적, 제석사지와 더불어 백제 무왕의 천도설과 관련성 높은 사찰로 추정되고 있다.

▲ 미륵사지 당간지주와 석탑(복원)

▲ 미륵사지 오층석탑

미륵사의 역사는 백제 30대 왕 무왕(武王) 재위 기간인 7세기 중엽에서 부터 시작된다. 다음은 『삼국유사』에 기록된 미륵사 창건 관련 내용이다.

어느 날 무왕이 부인과 함께 사자사(獅子寺)를 가려고 용화산 밑의 큰 못가에 이르니 미륵삼존이 못 가운데서 나타나므로 수레를 멈추고 절을 올렸다. 부인이 왕에게 이르기를 '모름지기 이곳에 큰 절을 지어주십시오. 그것이 제 소원입니다'라고 하니 왕은 그것을 허락했다. 지명법사에게 가서 못을 메울 일을 물으니 신비스러운 힘으로 하룻밤 사이에 산을 무너뜨려 못을 메우고 평지를 만들었다. 이에 미륵 삼회(三會)를 법상(法像)으로 하여 전(殿)과 탑(塔)과 낭무(廊廡)를 각각 세 곳에 세우고 절 이름을 미륵사라고 하였다. 진평왕이 여러 공인(工人)들을 보내서 이를 도왔는데 그 절은 지금도 남아 있다. (권2 「기이(紀異)」 제2 무왕조)

창건 당시 미륵사는 중원(中院), 동원(東院), 서원(西院)의 3개 원(院)으로 이루어져 있었다. 각 원에는 각각 문, 탑, 금당이 있었다. 후삼국 시대에 동원(東院) 영역의 금당 등 주요 건물과 탑이 멸실된 것으로 확인되고 있으며, 이후 중원의 금당을 제외하고는 재건되지 못한 것으로 추정된다.

고려 시대에는 중심 영역인 중원과 동원이 제 기능을 상실하게 됨에 따라 서원(西院)을 중심으로 한 사찰 경영이 이루어졌다. 고려 시대가 지나

▲ 미륵사지 출토 유물

고 조선 시대로 넘어가면서 미륵사의 중심 영역이 사역 북쪽으로 옮겨갔으나 서탑만은 제자리에 남아 미륵신앙 상징으로서 종교적 역할을 다했다.

현재의 미륵사지석탑은 바로 그 서원(西院)의 탑이며 종전까지 반파 상태로 있

었다. 1988년 안전진단 결과 구조적 안전이 우려되어 1999년 해체 보수 정비가 결정되었고, 2001년 10월부터 문화재연구소에 의해 석탑의 해체 조사 및 보수 정비가 추진되었다. 2009년 1월 14일 1층을 해체 조사하던 중 심주석(心柱石) 윗면 중앙에서 사리공이 발견되었다. 사리장엄은 사리공 안에 안치되어 있었는데 사리호, 금제사리기, 은제관식, 청동합 등 다양한 공양품으로 구성되어 있었다. 이 유물을 통해 석탑의 건립 시기와 미륵사 창건의 성격과 창건 주체가 밝혀졌다. 2010년 해체 및 발굴조사가 완료되었다. 지금 동원(東院) 영역에 세워져 있는 9층탑은 1992년에 복원한 것이다.

익산 즐기기

일해옥

전북 익산시 주현로 30(주현동 230-14)
063-852-1470
주요 메뉴 : 콩나물국밥(6,000원)

간보기

매우 간단한 음식이다. 상차림도 해장국한 투가리에 반찬 두 가지. 해장국 깨끗한 국물 맛이 담백하다. 전형적인 해장국밥이다. 영업도 오후 3시까지만 한다.

맛보기

2017년 2월에 찾아가 콩나물국밥을 주문했다.

● 전체 _ 주문한 지 얼마 안 돼 바로 나오는 간단한 상차림이다. 간단하고 깔끔하고, 싱사림 보방과 맛이 녹같다. 맛도 단순하고

깔끔하다. 국물은 느끼한 맛 없이 풍부한 맛보다 개운한 맛이 깊게 우러난다. 국물 빛깔도 투명하다. 달걀 노른자를 깨면 국물이 탁해져 고유의 맛을 즐기지 못하니 달걀은 달걀대로 조심스럽게 따로 먹을 일이다.

● 주메뉴 _ 해장국은 맑은 국물에 콩나물과 국에 만 밥이 들어 있다. 김가루는 뿌려져 있고, 달걀은 그대로 깨 넣어 뜨거운 국물에 흰자가 살짝 익고 노른자는 탱글거리며 액체가 그대로 느껴진다.

● 보조메뉴 _ 고추장아찌와 깍두기. 고추장아찌는 기대에 못 미친다. 보기에는 윤기가 자르르 풍성한 맛으로 보이나 짜면서도 개운하지 않고 식감도 탱탱하지 않다. 깍두기는 젓갈을 최소화한 듯 개운하고 산뜻하지만 가벼운 맛이다.

● 국, 밥 _ 중심 메뉴인 해장국이 상차림과 맛의 핵심이다. 말간 국물은 기름기 없

고 투명하여 첫눈에 시원한 맛이겠구나, 예측하게 하는데 아니나다를까 시원한 맛이다. 노른자를 깨지 않으면 계속 개운한 국물 맛을 즐길 수 있다. 콩나물도 탱탱하여 좋다. 밥은 끓이지 않고 식혀서 만 밥이어서 밥알의 탱글거리는 맛이 그대로 감지되어 밥과 국물을 동시에 즐길 수 있다.

● 전체 맛 비결 _ 전주 콩나물국밥은 삼백집과 현대옥 맛이 대표적이다. 일해옥은 그 중간쯤이다. 현대옥처럼 밥을 식혀 국물에 말고, 삼백집처럼 달걀을 국물에 바로 넣기 때문이다. 김은 따로 내지 않고 가루고명으로 띄운다. 덕분에 더 간단해졌다. 그래서 오로지 한 가지 개운한 맛을 쫓고, 그리고 성공했다.

● 먹는 방식 _ 노른자 국물에 풀지 않고 따로 먹고 국물 맛을 따로 즐기기.

맛본 후

메뉴는 한 가지 콩나물국밥, 개운한 국물 맛으로 승부한다. 그래서 아재 술국으로 딱이다. 부담스럽지 않은 아침을 찾는다면 그것도 딱이다. 자극적이지 않은 말끔한 국물에 콩나물과 많지 않은 밥이 아침으로 부담 없이 먹기에 적절하다.

하지만 점심으로 먹으면 좀 허한 느낌, 저녁까지 버티기 어렵다. 11시부터는 반찬을 더하든지 국물에 다른 건더기를 더해 헛헛한 맛을 넘어서는 제대로 된 식사로 승격시켜야 하지 않을까. 현대옥이 오징어를 내는 것도, 수란으로 쌍알을 내는 것도 양과 영양의 편중을 해결하려는 의도일 것이다.

해장국을 아침으로 먹는 사람이 많지만 태반은 점심으로, 제대로 된 한 끼로 찾는 사람이 많다. 6시부터 3시까지 영업이라는데, 11시부터는 내용을 좀 더 충실하게 해서 점심 고객을 대접하면 좋겠다.

해장국도 양지머리로 끓이는 곳, 소뼈 국물로 끓이는 곳, 선지를 넣는 곳 등 다양하다. 해장국의 원형이라는 『노걸대(老乞大)』에 나오는 성주탕(醒酒湯)도 "육즙에 정육을 잘게 썰어 국수와 함께 넣고 천초(川椒)가루와 파를 넣는다."고 하여 육즙에 끓이는 것이라 했다. 콩나물국밥은 이것들과 달리 개운하기는 하지만 영양이 단조롭고 음식이 위에 머무는 시간이 짧아 빨리 허기가 지기 쉽다. 이를 보완할 방법도 필요하다.

* 외지인이라면 익산의 백제유적이 부여, 공주와 함께 유네스코 등재 세계문화유산이라는 것도 소홀히 하지 말자.

임실
任實

▲경각산

신덕면

관촌면

신평면

성수면 ▲성수산

운암면 운수사 미륵불상 ● ● 임실군청

임실읍

지사면

청웅면 오수면

강진면

석불 ● ● 의견비

덕치면 삼계면

▲회문산

전북 중남 쪽에 있다. 북쪽 경각산(鯨角山), 동쪽 성수산(聖壽山), 서쪽 묵방산(墨方山), 남서쪽 회문산(回文山) 등의 산이 있고, 그 사이가 고원 분지이다. 오원천(烏院川), 오수천(獒樹川) 등의 하천이 있다. 오수역(獒樹驛)이 군사 및 교통의 요지였으며, 의견비(義犬碑)가 있다. 네 선녀가 내려와 놀았다는 사선대가 관광지로 알려져 있다. 호남좌도 농악에서 임실필봉농악이 특히 유명하다. 치즈가 특산품이다.

임실 알기

운수사 미륵불상

임실 이도리의 운수사(雲水寺)는 창건 연대와 설립 경위가 정확하지 않지만, 백제 시대의 절로 추정된다. 운수사에 미륵불상이 있다.

이 마을에서 바라보는 성수면 고덕산(高德山)은 산세가 험해 고독산(孤獨山)으로도 불린다. 바위산이어서 마을에 화재가 많았다고 한다. 마을 사람들은 풍수설에 의거해서 이 산이 보이지 않도록 석 달 동안 나무를 심었다. 어느 도승이 지나다가 숲이 좋고 뒷산과 앞 냇물 중간에 마을이 위치한 것을 보고, 사찰을 지어 도덕을 깨우치라고 해서 운수사를 창건했다.

옛날 이 마을 노비들이 타작을 하고 있을 때 한 스님이 시주를 청하자, 노비들이 언제 노비 신세를 면하느냐고 물었다. 스님은 그 근처에 큰 웅덩이를 파두면 훗날 노비 신세를 면할 수 있을 것이라 말하고 떠났다. 노비들이 방죽을 파놓고 난 다음 어느 해인가 큰 홍수가 나서 인근의 집들이 모두 떠내려가고 양반집의 노비문서까지 떠내려가 노비 신세를 면할 수 있었다고 전한다.

불이 어느 정도 빠신 이 그 방죽에 아래가 붙혀 상만신난 모이는 미륵불상이 있어 운수사에 모시게 되었다.

● 두 이야기가 어떤 연관이 있는지 의문이다. 이야기 내부의 연관도 분명하지 않다. 나무를 심어 숲이 좋아져 절을 창건했다는 말인가? 노비 신세를 면하게 한 것이 스님인가 부처인가? 미해결의 문제 덕분에 우리 모두 심오한 학문을 하게 된다.

주인을 구한 의로운 개

오수리 시장 내 원산동공원에는 의견비가 있고, 전설이 전한다. 신라 시대의 거령현, 오늘날의 지사면 영천리에 김개인이라는 사람이 살고 있었다. 개 한 마리를 기르면서 몹시 사랑해 어디든지 데리고 다녔다. 장에 갔다가 오다가 술에 취해 잔디밭에 쓰러져 깊은 잠에 빠지고 말았다.

때마침 들불이 일어나 가까이까지 번져오고 있었다. 개는 주인을 입으로 물고 밀면서 깨우려고 해도 깨지 않았다. 개는 불을 끄려고 가까운 시냇가로 달려가 온몸에 물을 흠뻑 적셔와 잔디 위에 구르기를 수십 수백 번 했다. 주인이 깨어나니 개가 쓰러져 죽어 있었다. 개가 자기를 구한 것을 알고 개의 시신을 안고 울었다.

▲ 의견비(출처 : 임실군청)

개를 장사지내고 무덤 앞에 지팡이를 꽂아두었더니, 싹이 돋고 자라나 느티나무 거목이 되었다. 그 나무 이름을 개 '오(獒)' 자, 나무 '수(樹)' 자를 써서 오수라고 하고, 마을 이름도 오수가 되었다. 개의 충정을 기념하는 의견비를 당시에 세운 것은 글자가 마멸되어, 1955년에 다시 세웠다.

● 널리 알려진 의견 설화의 단순한 내용이다. 개는 말을 하지 못해 복잡한 이야기가 없는가? '의롭다'는 것이 상상력을 제한하는가? 교훈을 주려고 하다가 흥미를 잃었는가?

걸어오던 석불

오수면 관월 마을 뒤에 석불(石佛)이 있다. 아낙네가 어느 날 집채만 한 바위가 걸어 내려오는 것을 보고 깜짝 놀라 "저것 좀 보라"고 큰 소리를 치니, 바위가 지금 있는 그 자리에 섰다. 마을 사람들은 그 바위가 석불인 것을 알고 불공을 드렸다. 석불이 마을 뒤 산 쪽에 머무르지 않고 마을 앞까지 나와 자리를 잡았더라면 마을이 더욱 융성했을 것이라고 한다.

그 마을 사람 최경태가 석불을 위해 움막 같은 집을 만들어주었다. 80여 년 전 진안 마이산의 이갑용 도사의 꿈에 이 석불이 나타나 "내가 옷을 벗고 있으니 집을 지어달라"고 해서, 집을 개축해 더 잘 지었다.

● 여자가 보고 소리쳐서 걸어가던 바위가 멈추었다고 하는 흔한 이야기에 두 가지 특이 사항이 있다. 걸어가다 멈춘 바위가 석불이라고 한다. 석불을 위해 집을 짓고, 다시 지었다고 한다. 이해하기 어려운 자연 현상과 친숙한 관계를 가졌다.

시련을 넘어선 사랑이 얽힌 말바위

관촌면 복흥리 횡산마을에서 북쪽으로 약 1킬로미터쯤 산길을 타고 오르다 보면 마치 말을 타고 있는 듯한 말바위가 길가에 서 있다. 이 바위에 다음과 같은 전설이 있다.

갈라진 바위골이라고 하는 곳에 천하일색의 처녀가 혼기를 앞두고 부모를 모시고 살고 있었다. 그런데 옆 마을에는 천하명궁의 소리를 듣는 건장한 총각이 살았다. 그 총각의 활솜씨는 멧돼지나 호랑이는 물론 날아가는 독수리도 떨어뜨릴 정도였다. 어느 날 총각이 사냥을 하러 길을 가다가 물을 긷고 있는 천하일색의 처녀를 보고는 그만 사랑에 빠지고 말았다. 매일 이곳 갈라진 바위골 주위를 맴돌곤 했다.

그러던 어느 날 깊은 야밤에 오랑캐가 마을을 습격하여 재물을 약탈하고 부녀자를 겁탈하는 등의 만행을 저지르고 돌아가다, 겁에 질려 있는 처녀를 발견했다. 오랑캐의 대장은 아름다움에 반해 처녀를 말에 태워 달아났다. 그 소식을 들은 총각이 급히 말을 몰아 마을에 도착하니, 이미 마을은 불길에 휩싸이고 오랑캐는 이미 10리 밖의 산등성이를 오르고 있었다.

다급해진 청년은 도저히 화살이 날아갈 수 없는 거리지만 활시위를 당겨 화살 둘을 날렸다. 놀랍게도 화살 하나는 적장의 뒷덜미, 또 하나는 말에 명중했다. 청년이 마을 사람들과 함께 달려가 보니, 적장과 말은 즉사하고 처녀는 혼절을 하여 쓰러져 있었다.

청년은 처녀를 아내로 맞이하고 적장과 말이 죽은 곳에 가보았다. 적장과 말의 시신은 오간 데 없고 말의 형상을 한 바위만 서 있었다. 그 바위가 말바위이다. 말바위 옆에 적장의 묘를 써주고 해마다 제사를 지내, 비록 적이지만 고인의 명복을 빌어주었다 한다.

● 최상의 남녀가 결연하는 데도 시련이 있다고 한 것인가? 명궁의 놀라운 활솜씨를 말하려고 처녀를 강탈한 적장을 등장시켰는가? 의문을 많이 지닌 것이 전설의 단점인가 장점인가?

정씨 부부의 아기장수

삼계면 왕지골에 다정하게 서로를 의지하며 살아가는 정씨 부부가 있었다. 그렇게 금슬이 좋았지만 이 부부는 슬하에 아들을 두지 못한 것이 한이었다. 날마다 부처님과 신령님께 아들을 낳게 해달라고 정성껏 빌었다. 어느 날 허름한 차림의 나그네 한사람이 정씨 집을 찾아와 하룻밤 묵어 가자고 사정을 하니 마음씨 착한 정씨는 방 한 칸을 내주었다.

한밤중이 될 무렵 이 나그네가 깊이 잠든 정씨를 깨워 달걀 한 개를 달라고 사정하므로 상한 달걀 한 개를 내주었다. 이 나그네가 달걀을 들고 나갔다가 바로 돌아와서 다른 달걀을 달라고 했다. 그래서 정씨는 이번에는 상하지 않은 달걀을 주고 난 후 궁금한 마음에 나그네의 뒤를 밟아보았다. 달걀을 손에 들고 나간 나그네가 왕지골 자리에서 달걀을 땅에 묻으니 바로 닭 우는 소리가 났다. 나그네가 땅을 치며 "이 자리가 내가 찾는 명당(明堂) 중의 명당이로다" 하며 기뻐했다.

정씨는 그 자리를 유심히 보아두었다가 후에 자기의 아버지 유골을 몰래 장사지내버렸다. 장사를 지낸 바로 그날 밤 꿈에 백발을 한 노인이 나타나 말하기를 "내가 너에게 아들을 주겠노라"고 하고 사라졌다. 이후 부인에게 태기가 있어 열 달 후 아들을 낳았는데, 새처럼 날개가 달린 아들이었다. 정씨 부부는 한편으로는 걱정이 되면서도 열심히 정성을 다해 길렀다.

그러던 어느 날 도승(道僧)이 찾아와 아들을 맡기라고 했다. 콩 한 말과 팥 한 말을 달라고 하고, 3년만 기다리라면서 아이를 데리고 떠났다. 정씨 부부는 도사가 떠나는 뒤를 쫓아가보니 도사는 왕지골 바로 밑으로 내려가 임금 왕(王) 자가 새겨져 있는 돌을 손으로 쳐 돌이 갈라지자 그곳으로 들어갔다. 정씨부인은 아들을 생각하는 마음에서 그 옆에 소나무 다섯 그루를 심어놓고 매일매일 물을 주며 3년의 날짜를 곱기 시작했다. 날이 가고 해가 어언 3년이 지냈다고 생각한 정씨 부부는 아들이 나타나지 않자 안타깝고 초조한 나머지 석수장이를 데려다가 아들이 들어간 바위를 깨기 시작했더니 마침내 바위가 갈라지면서 핏물이 쏟아졌다.

속을 보니 콩은 사람이 되고 팥은 말이 되어 무술을 익히고 있던 중이었다. 아들은 울부짖으며 "어머니 왜 7일을 더 참지 못하였습니까?" 하는 외마디 말을 남기고 쓰러지고 말았다. 정씨 부인은 아들을 기다리는 조급한 마음에서 날짜를 잘못 꼽아 3년이 되려면 7일이나 더 있어야 하는데 성급하게 바위를 깨 아들을 잃어버리고 말았다.

● 아기장수 이야기가 특이하게 전개된다. 부모가 3년을 기다리지 못해 아기장수가 죽게 되었다고 한다. 부모가 가해자 노릇을 한 잘못을 최소한으로 줄이려고 했다. 그러면 부모를 용서할 수 있는가?

임실 즐기기

옥정호산장

전북 임실군 운암면 운정길 18-17(운암
리 901)/옥정호 운암댐 옆
063) 222-6170
주요 메뉴 : 붕어찜, 민물고기매운탕
가격 : 붕어찜 14,000원(1인당), 메기찜
15,000원(1인당)[모두 2인 이상 주문 가
능] 잡탕 5,5000원~35,000원(2인 小가
35,000), 공기밥은 별도 1,000원, 찹쌀
생주 12,000원

간보기

붕어찜의 얼큰하고 개운한 맛, 민물고기
매운탕의 진한 국물 맛을 구비하고서도 밑
반찬 김치는 김치의 절정을 보여준다. 옥
정호, 운암댐 풍광은 보너스다.

맛보기

2016년 4월에 찾아가 붕어찜, 잡탕, 찹
쌀생주를 주문했다.

● 전체 _ 저렴한 값에 맛있는 매운탕을 맛
볼 수 있다. 매운탕과 붕어찜 등 주메뉴 외
의 밑반찬은 김치 위주로 구성되어 있다.
주메뉴와 밑반찬이 전라도 음식의 정수를
보여준다. 김치는 김치 전시회를 보는 거
같다. 매운탕과 찜은 민물고기 음식은 이
렇게 향유해야 하는구나, 깨닫게 한다.

붕어찜 : 개운하다. 약간 맵고 간간하지
만 부담스럽지 않을 정도이며 밥반찬으로
개운한 만족감을 준다. 시래기는 붕어맛과
양념 맛을 진하게 머금고 있어서 밥이 한
없이 들어간다.

잡탕 : 국물이 어죽처럼 진하다. 메기 등
잡어를 넣고 푹 끓여서 시래기와 국물에
맛이 제대로 녹아 있다. 국물은 조금 톱톱
하게 물고기의 진한 맛을 가지고 있어 풍

부한 영양이 혀로도 감지된다.

밑반찬 : 갓김치, 무섞박지, 고들빼기, 백김치, 무청김치, 시금치된장김치, 고추된장무침, 콩짠지, 깻잎짠지, 버섯들깨탕, 미역줄기볶음

김치 맛이 압권이다. 겨울에는 채소가 더 맛있을 때라 더 깊은 맛이 난다. 봄에는 대신 신선한 맛이 강조된다. 갓김치는 여수돌산갓김치 못지않다. 김치별 맛 품평회도 재미있다. 시금치가 이런 김치가 된다는 것이 놀랍다. 고들빼기는 쌉쌀한 맛에 진한 양념이 오히려 개운한 맛을 낸다. 무청백김치는 여린 무청으로 새로운 김치를 만들었다. 무청의 비타민이 제대로 된 요리로 가공되었다. 무섞박지는 어찌 배추김치 없이도 이렇게 시원하고 깊은 맛이 나는지 믿기지 않을 정도다.

● 주메뉴 _ 들깨버섯탕이 있어 매운 맛을 완화할 수 있다. 고추된장무침은 생고추를 생된장에 무쳐낸 것이다. 그런데도 사각사각 고추와 된장 맛이 잘 어우러져서 맛있다. 손맛이겠지.

김치 외의 밑반찬에도 시골 맛, 전통 맛, 손맛이 절묘하게 담겨 있다.

찹쌀생주를 반주로 먹으면 매운탕 맛이 더 강화된다. 맑은 막걸리 맛으로 청아한 맛과 막걸리의 수더분한 맛을 함께 느낄 수 있다. 지역주다.

맛본 후

주말에는 손님이 너무 많아 대기 손님이 오후 2시가 되어도 줄지 않는다. 손님들은 기다려도 후회되지 않는다. 먹고 나면 이것이 바로 전라도 음식이구나, 늘 이런 거 먹고 사는 것은 삶의 맛을 느끼면서 사는 것이겠구나, 나도 이번 끼니에는 동참했구나, 할 것이므로. 예약을 하면 기다리지 않을 수 있다. 첫째, 셋째 수요일은 쉬니까 유의하자.

옥정호 운암댐을 끼고 있어 더 좋다. 더 확실히 옥정호를 감상하고 싶으면 바로 이웃해 있는 애뜨락에서 커피를 마시면 좋다. 애뜨락은 죽기 전에 가봐야 할 커피집이 아닐까 생각할 정도로 빼어난 전망과 맛있는 차를 자랑한다. 옥정호 절경을 한눈에 바라볼 수 있다. 산정상에 정성 들여 지은 한옥과 인테리어가 커피잔을 집어 드는 순간 온갖 것을 다 가진 신선으로 만들어준다. 커피 맛도 좋고 오미자차 등 직접 만든 한방차들의 맛도 수준급이다. 만든 사람의 성의를 느낄 수 있다. 전면이 유리로 된 한옥에 앉아 나무등걸 찻상에 커피와 차를 놓고 운암댐 전경을 내려다보면서 유유자적, 매운탕을 먹은 뒤의 여운을 즐길 수 있다.

장수

長水

계북면

남덕유산 ▲

천천면

장계면

계남면

깃대봉 ▲

논개 생가 ●

도깨비전시관 ●

장수군청 ●

장수읍

논개 사당 ●

팔공산 ▲

백운산 ▲

산서면

뜬봉샘생태공원 ●

번암면

전해산기념관 ●

동쪽 남덕유산(南德裕山), 백운산(白雲山), 동쪽 육십령(六十嶺), 서쪽 성수산(聖壽山), 팔공산(八公山) 등의 고봉이 있는 산악지대이다. 금강의 발원지이다. 산지가 대부분이고 물길이 다양해 삼림이 울창하고 생물종이 다양하다. 조선 초기 명재상 황희(黃喜), 임진왜란 때 순절한 논개(論介)가 이곳에서 태어났다. 한우와 사과가 특산품이다.

도깨비전시관이 있다. 안내하는 말을 옮긴다. "예로부터 전해 내려오는 도깨비에 대한 이야기를 소재로 꾸며진 공간으로 많은 도깨비 이야기를 직접 보고, 듣고, 체험할 수 있도록 구성되어 있습니다. 어린이들에게는 도깨비에 대해 알아가는 학습의 기회로, 어른들에게는 옛 이야기를 떠올리며 어린 시절을 회상해볼 수 있는 시간을 제공할 것입니다. 도깨비 도서실, 도깨비 이야기 및 도깨비 퀴즈 등 우리의 도깨비 이야기로 가득 찬 장수도깨비전시관을 방문하여 즐거운 시간을 보내시기 바랍니다."

장수 알기

최영 장군이 무예를 닦던 곳

고려 말의 최영(崔瑩) 장군이 젊었을 때, 장인인 오자치(吳自治)가 살고 있던 장수군 산서(山西)에서 날마다 젊음을 불태우며 말타기, 활쏘기, 칼쓰기와 창쓰기를 비롯하여 각종 무예를 연마하며 지냈다. 최영 장군의 말은 활을 쏘고 난 후 표적이 있는 곳으로 말을 달리면 화살보다 먼저 도착하거나 화살과 거의 동시에 도착할 정도로 빨랐다.

말과 함께 치마대(馳馬臺)에서 무예를 연마하던 어느 날 최영 장군은 화살을 쏜 후 표적을 향해 비호처럼 달려갔다. 화살이 꽂히는 소리가 들리지 않자 말이 화살보다 느리게 도착하였다고 생각했다. 그래서 자신의 생명처럼 애지중지 아끼던 말을 보고 "이렇게 느린 말이 전장에서 무슨 쓸모가 있겠는가" 하고 한탄하며 목을 단칼에 베어버렸다.

애마와 함께했던 시간들을 생각하며 허탈감과 시름에 빠져 있는데, 어디선가 헐레벌떡 나타난 아낙네가 한 손에 호미를 다른 한 손에는 화살을 쥔 채 최영 장군을 찾아왔다. "장군님 여기서 3~4마장 떨어진 화전에서 밭을 매고 있었는데, 밭 언덕에 '퍽' 하고 무엇인가 꽂히는 소리가 나기에 바라보니 난데없이 날아온 화살이었습니다. 순간 놀랐지만 어느 날 장군께서 말달리며 활 쏘는 것을 먼빛으로 본 일이 있어서 필시 장군의 화살이 틀림없다는 생각을 하고 주워 왔습니다" 하며 화살을 건네주었다.

최영 장군은 그때서야 자신이 쏜 화살이 빗나가서 엉뚱한 곳으로 날아간 것을 알아차렸다. 하지만 자기가 경솔해 이미 말은 목숨을 거둔 후였다. 최영 장군은 치마대 양지바른 곳에 말의 무덤을 만들고 제사를 지낸 후 그 곳을 떠났다고 한다.

마을 주민들은 최영 장군이 말을 달리며 무예를 연마한 곳을 치마대(馳馬臺), 말을 묻은 곳을 용마(龍馬)무덤, 화살이 빗나가 떨어진 밭을 시락전(矢落田)으로 불렀다고 한다. 하지만 오랜 시간이 흐르는 사이 그 위치를 정확하게 알 길은 없고 다만 약산(躍山) 중턱 평평한 구릉이 있는데, 그 곳이 최영 장군이 무예를 연마한 곳으로 추정하고 있다.

● 화살보다 늦다고 말을 죽인 장수가 최영이라고 했다. 앞뒤에 그럴듯한 설명을 붙여 모두 사실인 것처럼 말했다. 전설은 사실이어야, 사실은 전설이어야 관심을 끌고 흥미를 자아낸다.

이성계와 아기장수 우투리

이성계는 성수면 성수산에서 공부를 했다. 이제 임금이 될 마음으로 이런저런 것들을 다 챙기고 등극을 하려는데, 팔도의 산신령은 모두 다 신임을 하는데 지리산 산신령만 신임을 하지 않았다. 그래서 산신제를 지내려고 하였다.

하루는 소금장수인 진안 전씨가 소금을 지게에 지고 시장에 내다 팔려고 길을 떠났다. 때는 가을철이고 날이 저물어 잠자리를 구했지만 마땅히 잘 곳이 없었다. 왕방리라는 동네 앞에 커다란 정자나무가 있는데, 한 아름 되는 정자나무가 오래되어서 나무 가운데가 텅 비어 있었다. 날씨는 추워지고 잘 곳을 찾던 전씨는 정자나무 속에 들어가 잠을 청했다.

한밤중이 되었는데 소리가 났다. 그러나 산신령의 소리였다. 산신령은 이성계가 성수산에서 천제를 지낸다고 하는데, 어떻게 지내는지 같이 가보자고 하였다. 전씨는 귀신인 척하면서 오늘은 손님이 와서 갈 수가 없으니 자네나 가보라고 하였다.

밤이 야심한 때에 산신이 돌아왔다. 잘 얻어먹었느냐고 물으니까 부정이 나서 먹지 못하고 왔다고 했다. 그냥 오기가 섭섭해서 삼실과를 가져왔으니 하나 먹어보라며 고목나무 밑에 놓았다. 전씨가 지나가는 말로, "그러면 천제를 다시 지내야 하는가?"고 물으니, "상토(上土)를 놓고 금줄을 치고 기구를 잘하면 부정을 막을 수 있을지도 모른다"고 했다.

다음 날 아침 전씨는 삼실과를 가지고 이성계를 찾아갔다. 이성계는 지난밤 천제를 지내느라 애를 썼는지 늦잠을 자고 있었다. 이성계에게 천제를 지낼 때 실과를 몇 개나 놓았느냐고 물었다. 이성계가 실과가 부족하였다고 하자, 전씨는 산신에게서 받은 실과를 내어놓으며 천제를 지낼 때 이 실과를 쓰라고 하였다. 그 실과가 무슨 실과냐고 하니까 전씨는 이성계에게 자초지종을 이야기했다. 이성계는 7일 동안 기구를 하고 목욕재계를 한 다음 의복을 깨끗이 하고 다시금 천제를 올렸다. 그리고 드디어 지리산 산신의 허락을 받았다.

그러나 우투리를 죽여야만 왕이 될 수 있었다. 우투리 장군은 이성계가 왕이 되기 위해 자신을 죽이려 한다는 것을 알고 있었다. 그래서 몰래 숨어버렸다. 이성계는 우투리를 찾아 전국 방방곡곡을 다 찾아다녔지만 찾을 수가 없었다. 하루는 어느 마을 정자나무 밑에서 쉬고 있는데 마을 아낙네들이, "오늘은 뉘 밭을 매고 내일은 우툴네 밭을 매고"라는 말을 했다.

우투리가 그 마을에 산다는 것을 알게 된 이성계는 우투리네 집으로 갔다. 우투리 어머니는 서방도 없이 혼자 살고 있었다. 그래서 우투리 어머니와 함께 부부 생활을 했다. 부부 생활을 한 지 몇 년이 지난 뒤에 이성계는 부인에게 "자식이 없느냐?"고 넌지시 물어보았다. 부인은 푸념하듯 자식이 하나 있는데 우투리라고 하였다.

이성계는 "내가 임자를 믿고 살고 있으니 우투리는 내 아들도 되고, 우투리에게는 아비도 되니 자식 있는 곳에 한번 가보자"고 하였다. 부인이 산에 올라가 큰 바위 앞에 서더니 이곳에 우투리가 있다고 하였다. 그리고 큰 바위를 열십자로 그으니 바위가 쩍 갈라지면서 투구를 쓴 우투리가 무릎을 꿇고 있는 모습이 보였다. 이성계는 얼른 일어나 칼로 우투리를 죽였다. 그 뒤에 이성계는 왕으로 등극할 수 있었다.

우투리는 지리산 산신이 점지해 태어난 아기장수이다. 억새로 탯줄을 자르고 태어났으며, 겨드랑이에 날개가 달려서 천장으로 날아오르는 등 비범한 능력을 보여서, 이름을 우투리라고 불렀다. 우투리는 콩, 팥 등의 곡식을 가지고 바위 속에 들어가 새 나라를 세우고자 수련을 했다. 다른 산신들은 이성계가 왕이 되는 것을 찬성하였는데, 지리산 산신은 우투리가 왕이 되어야 한다고 주장했다. 이성계는 이제 때가 되어 용마를 타고 막 거병하려는 우투리와 그 군사들을 모조리 죽여버렸다. 그 뒤 왕이 된 이성계는 지리산 산신을 귀양 보냈다.

● 우투리는 아기장수여서 실패하고 이성계는 국가를 위해 공을 세워 성공했다고 하면 되는데, 이성계가 우투리를 경쟁자로 여겨 죽여야 했다

◀ 뜬봉샘생태공원

니! 역사가 가혹한가, 이야기가 지나친가?

봉황이 날아오른 뜬봉샘

　장수읍 수분마을에 뜬봉샘생태공원이 있다. 뜬봉샘은 금강의 발원지이며, 전설이 있다. 이성계는 나라를 얻기 위해 전국 영산의 산신으로부터 계시를 받으려고 신무산 중턱에 단을 쌓고 백일기도에 들어갔다. 백 일째 되는 날 새벽, 단에서 조금 떨어진 골짜기에서 무지개가 떠오르더니 그 무지개를 타고 오색찬란한 봉황이 하늘로 너울너울 떠나가는 것이었다. 봉황이 떠나가는 공중에서 "새 나라를 열라"는 하늘의 계시를 듣고 태조 이성계는 단 옆에 상이암(上耳庵)을 짓고 이곳의 샘물로 제수를 만들어 천제를 모셨다고 한다. 봉황이 떠올랐다고 해서 샘의 이름을 뜬봉샘이라고 부르게 되었다.

● 말을 하다가 만 것 같다. 신이한 곳, 신이한 내력이 상상력을 제한했는가? '봉황'이 '뜬' '샘'이라는 세 마디 말이 깊은 의미를 지니고 있는 것을 구태여 설명하지 않아도 듣는 사람들이 알아내라고 하는가?

합미성 또는 할미성

장수군에서 가장 높은 팔공산 위에 산성이 있다. 이 산성은 합미성(合米城)이라고도 하고, 할미성이라고도 한다.

임진왜란 당시 합미성은 조선군의 군량미를 비축하던 산성이었다. 왜병이 쳐들어오자 군량미를 빼앗기지 않으려고 산성을 불질러 모두 태워버렸다. 그래서 합미성 주변을 파면 임진왜란 당시 타다 남은 쌀이 지금도 나온다고 한다.

팔공산 아래 한 부부가 살고 있었다. 전쟁이 발발하여 남편은 군사로 뽑혀 전쟁터로 나갔다. 전쟁에 나간 남편은 수십 년이 지나도 돌아오지 않았다. 부인은 남편이 오기를 기다리며 날마다 팔공산에 오르며 돌을 하나씩 쌓고 또 쌓았다. 그렇게 해서 만들어진 것이 지금의 합미성이라고 한다.

팔공산 밑에 한 늙은 부부가 살고 있었는데, 하루는 이 부부가 내기를 하였다. 할머니는 돌로 성을 쌓는 것이고, 할아버지는 서울까지 다녀오는 것이었다. 할머니는 하루 만에 성을 다 쌓았고, 할아버지도 하루 사이에 서울까지 다녀왔지만 할머니보다는 늦어 내기에서 졌다. 무엇을 걸고 내기를 했는지 전해지지는 않지만 당시 내기에서 이긴 할머니가 성을 쌓았다고 하여 팔공산에 있는 산성을 할미성으로 불렀다고 한다.

● 남성은 멀리까지 가고, 여성은 성을 쌓았다고 하는 것으로 짝을 맞추고, 여성이 뛰어난 증거가 남아 있다고 한다. 오누이 장수의 대결에 관한 오랜 전승을 적절하게 조절해 결말을 지으려고 한다.

주대룡과 주논개

옛날 주촌마을에는 살던 주대룡(朱大龍)은 몸집이 크고 힘이 센 장사였다. 장안산 높은 봉우리까지 올라가 30리나 떨어진 퉁퉁바위에 뛰어내렸다. 퉁퉁바위 위에는 말굽 자국 네 개가 있는데, 주대룡이 말을 타고 가서 뛰어내려 생긴 자국이라고 한다.

장수현감은 주대룡을 그냥 두었다가는 나라에 큰 화를 만들 것이라고 생각하고 잡아서 죽이려고 했다. 포졸들을 풀어서 주대룡을 잡으려고 하였으나, 워낙 날래서 잡을 수가 없었다. 매일 포졸들이 주대룡의 집으로 오자, 주대룡은 자기 때문에 집안 사람들이 제대로 살 수 없고 또 어떤 화가 미칠지 몰라서. 일부러 포졸들에게 잡혀주었다. 포졸들이 주대룡을 죽이려고 칼과 창 그리고 철퇴 등으로 베고 찌르고 했으나 상처 하나 생기지 않고, 꿈적도 하지 않았다.

주대룡이 자진해서 이렇게 말했다. "나는 아무 해도 끼친 바 없고 끼칠 사람도 아닌데 왜 이렇게 죽이려고 하는가? 내가 산 것이 걱정된다면 내가 죽겠다마는, 청을 한 가지 들어주어야 한다." 청이 무엇이냐고 물으니, 자기 시체를 주촌(朱村)에다 묻어달라고 했다. 주대룡은 버드나무 가지로 자신의 겨드랑이 밑을 세 번 때리라고 했다. 그렇게 하니, 칼로 찔러도 꿈적하지 않던 주대룡이 그 자리에서 죽어버렸다.

무내룡이 죽사 상수현감은 기뻐하나가 주촌에 묻어달라는 청을 잊어

버리고 딴 곳에다가 묻었다. 주대룡이 묻힌 곳에는 오늘날까지도 풀이 자라지 않아 벌건 뫼로 남아 있다. 주대룡이 죽은 뒤 태어난 딸이 바로 주논개이다. 논개가 목숨을 버리면서 왜장을 죽여 나라에 충성한 것을 보고, 사람들은 주대룡의 넋이 여자로 환생해 행한 행동이라고 말한다.

주촌마을에 살던 주씨 집안에서 첫 아이를 낳았다. 아이는 기골이 장대하고, 얼굴은 용호상박(龍虎相搏)하는 형상을 하고 있었다. 윗목으로 서너 걸음 걸어가서 사방을 응시하는 모양이 범상치가 않았다. 이를 본 부인은 겁에 질려 남편에게 알렸고, 남편은 이러한 사실을 감추고 아이의 이름을 대룡(大龍)이라고 지었다.

아이의 용모에 대한 소문이 널리 퍼지면서 구경하러 오는 사람들이 날이 갈수록 늘어났다. 주씨 부부는 이러한 사실이 관아까지 알려지면 나라를 망칠 역적이 태어났다고 멸문지화(滅門之禍)를 당할까 두려워 걱정하고 있었다. 이러한 걱정이 커지면서 주씨 부부는 해결 방안을 며칠 동안 궁리하다가 더 큰 화를 입기 전에 아이를 죽일 결심을 하게 되었다. 주씨는 아이가 잠들었을 때 다듬돌로 눌러서 죽인 후에 마을 근처 소(沼)에 아이를 던졌다.

주씨가 아이를 던지고 집으로 돌아오고 있었는데, 갑자기 앞산 너머 하늘이 밝아지더니 날개 달린 용마가 으르렁대며 주씨 집 상공으로 날아와 한 바퀴를 빙 돈 후 아이를 던진 소(沼)로 들어가버렸다. 그때 주씨는 "큰 죄를 지었구나!"라고 한탄하며 후회했으나 이미 아이가 죽은 뒤였다.

주씨 부부는 참회의 눈물을 흘리며 몇날 며칠 잠을 이루지 못하였다. 세월이 어느 정도 흐른 어느 날 밤 주씨가 잠을 자는데, 홍안백발(紅顔白髮)한 노인이 꿈속에 나타나서 말했다. "나는 너의 조상인데 나의 집이 장군

대좌(將軍大座)라서 그 기운으로 대호군(大護軍)을 낳게 하여 얼마 안 가서 불어 닥칠 나라의 환란을 평정케 하려고 용상(龍像)의 장수를 보냈더니 네가 무지몽매해서 큰 인물을 잃었구나! 원통하다! 그러나 나의 기운이 남았으니 이번만은 우(愚)를 범하지 말고 고이 기르면 사고로 가문과 조상을 빛내고 나라에 보답할 것이며 미천한 이름으로 귀함이 하늘을 찌를 것이니라."

그 꿈을 꾼 후 얼마 있다가 부인에게 태기가 있었고, 열 달이 지난 갑술년 갑술월 갑술시에 딸이 태어났다. 주씨는 전에 조상이 나왔던 꿈과 사갑술(四甲戌)이 모두 범상치 않다 생각하여 '술(戌)'의 의미인 '개' 자와 '낳다'의 지역 방언인 '논(놓다)' 자를 합하여 딸의 이름을 논개(論介)라고 지었다. 후에 주논개는 임진왜란이 일어났을 때 남강(南江)가 의암에서 왜장을 끌어안고 투신해 살신성충(殺身成忠)한 여장수로 알려졌다. 만일 주논개의 오빠인 주대룡이 살았었다면 임진왜란 초전에 승리했을 것이므로 안타깝다.

● 주대룡과 주논개는 부녀라고도 하고 오누이라고도 했다. 어느 쪽이든지, 천하장사 주대룡이 억울하게 죽어 위기에 처한 나라를 구하려고 주논개가 나섰다고 앞뒤를 연결시켜 말했다. 논개에 관한 시비가 많아 하는 말이 복잡하다.

천추에 빛날 이름, 논개

논개(論介)는 임진왜란 때 경상 우병사가 된 남편 최경회(崔慶會)를 따라 진주에 갔다가 최경회가 전사하자, 기생 노릇을 하면서 왜장을 껴안고 촉석루(矗石樓) 아래 남강(南江)에 투신해 자결했다. 논개가 태어난 곳인

▲ 논개 사당

▲ 논개 초상

장계면 대곡리 주촌 마을에 '촉석의기논개생장향수명비(矗石義妓論介生長 鄕竪命碑)'가 있다. 이 비를 보고 지은 시를 소개한다.

의기 논개 비(義妓論介碑)   황현(黃玹)

楓川渡口水猶香   신내 나루는 냇물이 지금도 향기로워,
濯我須眉拜義娘   몸 씻고 의로운 여인에게 절을 하노라. .
蕙質何由能殺賊   향기로운 몸으로 어찌 적장을 죽였을까?
藁砧已自使編行   낭군이 여인도 싸워야 한다고 했기 때문이라오.
長溪父老誇鄕産   장계의 노인들은 자기 고향 출신임을 자랑하고,
矗石丹靑祭國殤   촉석루 단청에는 나라 위한 죽음을 제사하네.
追想穆陵人物盛   생각해 보면 선조 때에는 인물이 많았으나, .
千秋妓籍一輝光   기생 명단에도 천추에 빛날 광채가 있었다오.

"신내"는 시내 이름이다. 신나무가 무성하여 신내(楓川)라고 한다. "낭군 이 여인도 싸워야 한다고 했기 때문이라오"라고 번역한 말 원문의 "藁砧

(고침)"은 남편을 가리키는 말이다. 중국 제(齊)나라 장군 전단(田單)이 처첩도 군대에 편입시킨 승리를 거둔 고사가 있다. 남편 최경창이 논개에게 싸워야 하는 사명감을 부여했다는 말이다.

● 논개를 칭송하면서 남편 최경창과의 관계를 중요시했다. 논개는 기적(妓籍)에 올랐으나 예사 기생은 아니라고 했다. 논개에 관한 시비를 온당하게 결말지으려고 했다.

항일의병장 전해산

번남면에 의병장 전해산(全海山)기념관이 있다. 호를 해산이라고 한 전수용(全垂鏞)은 임실 출생이지만 여섯 살 때 장수로 이사해 장수 사람이 되었다. 기념관에 동상과 자료 전시관이 있다. 동상 아래에 순국 전 일본인 재판장에게 "내가 죽은 후에 나의 눈을 빼서 동해에 걸어두라, 너희 나라가 망하는 것을 내 눈으로 똑똑히 보리라"라고 한 말을 새겨놓았다. 전시실 안에서는 1895년에 항일의병을 일으키고, 1909년에는 호남의병 연합부대를 이끌다가 1910년에 사로잡혀 처형될 때까지의 투쟁 경과를 다양한 자료를 들어 알려준다. 거기 있는 자작 한시를 하나 든다.

영광 불갑산에서 자고(宿靈光佛甲山)

斜日揮軍杖榆歸	저무는 해에 군대 이끌며 짝지 집고 가는데,
天時人事共相違	하늘 운수와 사람 하는 일 모두 어긋난다..
風行露宿今何事	바람 길을 가다 노숙하니 이게 무슨 일인가.
夢罷青山非我室	꿈을 깨니 청산이고 내 집이 아니로구나.

가난을 견디지 못했던 아내, 상사버섯

옛날 어느 마을에 글만 읽는 선비와 강피를 훑어 어렵게 생계를 꾸려나가는 아내가 살고 있었다. 아내는 결국 가난을 견디다 못해 남의 집 후처로 갔다. 그 뒤 선비는 과거에 장원급제하여 고향 근처의 고을에 원으로 내려가게 되었다. 행차 도중에 원님은 후처로 가서도 강피를 훑는 옛 아내와 마주치게 되었지만, 이제는 엎질러진 물이라 그냥 지나쳐버렸다. 지붕에 올라 멀어져가는 원의 뒷모습을 바라보던 아내는 지붕에서 떨어져 죽고 말았다. 그 뒤로 장마 뒤에 지붕의 볏짚에서 이상한 버섯이 피었는데, 이를 상사버섯이라 불렀다.

● '강피'는 가시랭이가 없고 빛이 붉은 피(稗)이다. 아주 가난한 사람들은 가꾸지 않고도 나는 강피를 훑어 대용식으로 한다. 안타까운 일이다. 남자는 장원급제해 팔자를 고치지만, 여자는 개가하고서도 남편을 잘못 만나면 여전히 피를 훑는다. 불공평해도 어쩔 수 없다.

서울이 되지 못한 형제바위

천천면 연평리 신기마을에 큰 바위산이 있다. 그곳에 조금씩 자라는 이상한 바위가 둘 있었다. 백 일이 지나 더 이상 자라지 않게 되면 그곳이 서울이 된다는 소문이 나 있었다. 그런데 마지막 날 새벽에 아낙네들이 우물물을 길러 왔다가 커가는 바위를 보고 바위가 커지고 있다고 고함을 지르자, 두 바위는 깜짝 놀라 자라는 것을 멈추었다. 그래서 그곳이 그만 서울이 되지 못했다고 한다. 이 바위를 형제바위라고 한다. 봉황이 날아와 살았다 해서 봉황대라고도 한다.

● 여자가 소리 질러 걸어가던 바위가 멈춘 이야기를 서울이 되다가 말 았다는 것과 연결시켜, 무슨 일이든지 여자가 나서면 실패한다고 생각하 도록 한다.

수탉을 물리친 당집 구렁이

신기마을에 이상한 일이 있었다. 마을에 있는 작은 산이 큰 수탉으로 변해 지나가는 사람들을 해치고, 곡식을 빼앗아 먹기까지 했다. 어떤 중의 지시로 한 달에 한 번씩 처녀를 제물로 바치고 제사를 지냈다. 그러던 어느 날 이 동네 당집에 살던 암구렁이가 수탉과 싸워 함께 죽어서 산이 되었다. 그 뒤로 마을은 무사해지고, 사람들은 구렁이를 고맙게 여겨 당집을 새로 짓고 매년 넋을 위로하는 제사를 지내게 되었다.

● 사람을 닭이 해치고 구렁이가 돕다니, 말이 되지 않는다. 닭은 수탉이고 구렁이는 암구렁이니, 수컷의 횡포를 암컷이 제어한다고 보면 말이 될 것 같다. 수컷은 닭이라도 경계해야 하고 암컷은 구렁이라도 친밀하게 지낼 수 있다면, 깊이 새겨들어야 할 말이다.

호덕리 젊은이들의 용감한 사랑

두 성씨가 옛터라는 마을에 함께 살고 있었다. 서로 자기네 집안의 지체가 높다고 자랑하다가 사이가 나빠졌다. 그래서 두 집안 사이에는 혼사가 성립되지 않아, 처녀와 총각이 넘쳐났다. 뻐꾸기가 울기만 하면 하늘이 어두워서 두 집안의 처녀들과 총각들이 사랑을 나누게 되었나.

범이라는 총각과 덕이라는 처녀가 있었다. 둘이 사랑하다가 그만 덕이가 애를 배게 되었다. 범이와 덕이는 이 사실이 두 집안에 알려질까 두려워서 한밤중에 아무도 몰래 뒷산으로 올라가 산신령에게 애를 떼어달라고 기원하였다. 그런데 난데없이 호랑이가 나타났고, 두 사람은 "사람 살려!"라고 큰 소리로 고함을 질렀다.

이 소리를 듣고 마을 사람들이 뒷산으로 올라갔는데, 막상 도착해보니 아무도 없었다. 마을 사람들이 이튿날 아침에 다시 뒷산을 올라가보니 어제까지만 해도 없었던 집 한 채가 생겨났고, 그 주위에 호랑이들이 울타리를 치고 있었다. 범이과 덕이의 부모는 그 집 안에 자기네 자녀가 있는 것을 확인하고, 잡아내려고 했으나 호랑이가 지키고 있어서 들어갈 수 없었다.

이런 일이 생긴 이후에 마을의 처녀들과 총각들은 밤에 뻐꾸기가 울고 하늘이 어두워지면 짝을 지어 범이와 덕이가 살고 있는 뒷산으로 올라갔고, 거기에서 함께 살기 시작했다. 젊은 남녀들이 옛터에서 범이와 덕이가 살고 있는 곳으로 이주하다 보니 옛터는 자연 사람이 줄어들게 되고, 새로운 마을은 점점 커졌다. 시간이 흘러 옛터는 망하고, 새로운 마을은 흥했다. 새로운 마을은 범이와 덕이의 이름을 따서 호덕리(虎德里)라고 부르게 되었다고 한다.

● 구시대를 청산하고 신시대를 건설하는 젊은이들의 사랑과 용기를 화려한 필치로 인상 깊게 그렸다.

장수 즐기기

장수한우명품관

전북 장수군 장수읍 군청길 25(장수리
157-1)
063-352-8088
주요 메뉴 : 소고기 요리 전문
가격 : 전복갈비곰탕 18,000원, 갈비곰
탕 13,000원, 떡갈비탕 10,000원, 육개
장 10,000원, 사과물냉면 7,000원, 고
기 후식 냉면 4,000원 코다리 18,000원

간보기

지역 명품 장수한우를 어떻게 깔끔하
게 맛깔스럽게 품위 있게 저렴하게 잘 먹
을 수 있는지를 보여주는 집이다. 숯불에
석쇠로 굽는 구이 한우의 정수를 맛볼 수
있는 집이다.

맛보기

2016년 12월에 찾아가 한우구이 채끝등
심과 상차림 1인에 밥과 된장찌개를 주문
했다.

● 전체 _ 소고기구이니 소고기 맛이 최고
여야 한다. 소고기는 주문에 따를 수도 있
지만 여기서는 고객 자신이 골라온다. 양
과 질과 종류에 있어 본인이 선호하는 고
기를 골라 구워 먹으므로 고객의 선별에
따라 고기의 질은 달라진다 할 수 있다. 곁
반찬은 본 요리 소고기구이의 맛을 충분히
살려줄 만큼 다양하고 격조 있게 차려 내
온다. 만족스러운 구이를 즐길 수 있다.

● 주메뉴 _ 고기는 상등품이므로 선호하
는 부위를 적당량 선택하면 된다. 이번에
고른 채끝등심살은 적당한 강도와 부드러
움이 상등급 한우 맛을 부족하지 않게 느
끼게 해주었다.

● 보조메뉴 _ 샐러드류가 두 종류 나온다. 양상추와 샐러리 샐러드, 익힌 김치, 양파 장아찌, 깻잎김치, 된장무침고추 등이 고기 맛을 살린다. 깻잎과 김치는 자신 있는 전문가의 맛과 모양새가 드러난다.

아니나 다를까, 서비스라며 추가로 내온 코다리무침은 무슨 코다리가 이렇게 쫄깃거리며 질기지 않고 새콤달콤 맛있나, 코다리로도 이런 요리가 가능하구나, 새삼 깨닫게 한 요리가 되었다.

● 반찬 특기사항 _ 고기에 인색하지도 넘치지도 않는 여러 야채와 채소 반찬류가 고기 맛을 충분히 즐기게끔 적절하게 보조한다.

찌개, 국, 밥 : 된장 맛과 밥맛이 일품이다. 제대로 된 음식 솜씨를 볼 수 있는 된장찌개는 고기구이집에도 왜 음식 솜씨가 필요한지 보여준다. 단순한 음식이라도 솜씨 있는 장인이 차려야 제맛을 즐길 수 있다는 것을 다시 확인한다.

김치 등 : 익은 김치를 불에 이중으로 익

혀 섬세하게 무쳐낸 김치는 맛은 화려하지 않으나 특별한 정취를 낸다. 단순한 거 같은 깻잎김치 솜씨도 묵은 솜씨라는 것을 한입에 알 수 있다.

이 모든 음식이 웅숭그레 깊은 숯불의 안에서 타는 맛과 합쳐지며 겨울밤의 정취를 한껏 높인다. 옛날 서라벌 귀족이, 아니 백제 귀족이 이렇게 즐겼을까.

맛본 후

이 집은 한우 음식점이기만 한 것이 아니다. 지역 특산물 특히 농산물을 판매하는 로컬푸드 직매장이기도 하다. 유명한 장수사과를 비롯해 각종 과일과 가공품을 판매한다. 저렴한 값이다. 지역음식을 먹고 기념으로 지역상품을 사 가기에 딱 알맞은 집이다.

고깃집와 고기요리, 반찬가게와 산나물정식 등을 함께 하는 집은 보았으나, 지역 특산물 판매 전문점이 고기요리 식당을 겸하는 집은 처음이다. 한 번에 다 해결하게 하는 것이 환영받을 만하다. 음식 맛뿐 아니라 사업 방식도 눈여겨볼 것을 권한다.

시골밥상

전북 장수군 계남면 화음리 967-4
063) 352-1796
주요 메뉴 : 닭도리탕, 육개장
가격 : 닭도리탕 40,000원, 삼계탕 13,000원, 갈비탕 8,000원, 육개장 8,000원, 닭곰탕 8,000원 등

간보기

시골스러운 분위기가 좋다. 시골에 와서 토종음식을 먹는구나, 그런 느낌으로 먹을 수 있는 식당이다. 프랑스 어느 시골의 카페 분위기가 난다. 장수한우로 만든 육개장을 먹으니 정말 장수의 느낌을 음식을 통해 얻는 거 같다.

맛보기

2016년 12월에 찾아가 육개장을 주문 했다.

● 전체 _ 전체적으로 깔끔한 집반찬 같은 편안한 느낌으로 나온다. 육개장 반찬으로는 가짓수가 좀 많은 편. 시금치나물, 메추리알장조림, 젓갈, 멸치볶음 등이 눈에 띈다.

● 주메뉴 _ 육개장 맛은 진하다. 고사리와 머우 시래기도 맛이 잘 배고 섬유질이 적당히 부드럽다. 국물은 장수한우 외에 다양한 재료로 우려냈음이 분명하다. 그러나 혀끝에 남는 단맛은 적절하지 않다. 해결해야 할 숙제다.

● 보조메뉴 _ 반찬은 짜지 않고 맛이 모나지 않아 편안하게 먹을 수 있다. 멸치도 부드러우면서 고소하다. 젓갈도 낙지젓이다. 짜지 않고 쫄깃하여 한 종지 다 비웠다. 푸진 전라도 인심이 느껴진다.

● 반찬 특기사항 _
메추리알장조림 : 메추리알은 슴슴한 맛이 좋다. 장조림은 무조건 짜야 한다고 생각하기 쉽지만 그것은 70년대식 발상. 금방 먹을 장조림이 밥상과 영양을 풍성하게 할 요량이면 편하게 먹을 수 있게 엷은 간을 해야 한다. 그런 의미에서 메추리알도 콩자반도 다 좋다.

탕 : 시래기 대신 들어 있는 고사리와 머웃대에 맛이 잘 배였다. 덕분에 건더기를 즐기는 사람도 충분히 밥 한 그릇 비울 수 있다.

김치 : 깍두기 맛은 일품이다. 적당히 익고 사각거리는 맛은 육개장 맛을 한층 돋운다. 김치는 집에서 식구들 먹으려고 담근 것을 손님이 와서 내온 거 같은 토속적 맛이 난다.

맛본 후

이모가 차려주는 밥상, 이모네 안방 같은 분위기의 식당이다. 실제 편안한 동네 사랑방 역할을 하는 모양이어서 분명히 밥을 먹은 손님들도 가지 않고 이야기 팀으로 남았다. 프랑스 시골 식당에 가면 느낄 수 있는 시골 살롱 분위기다. 아마도 장수 계남면에 나오는 사람은 식사 겸 동네 소식 귀동냥 겸 이 식당에 들르는 거 같다.

음식은 미뢰가 느끼는 맛으로만 먹는 것이 아니다. 우선 후각도 시각도 입맛을 돋우는 데 중요하게 동원된다. 혀 또한 미뢰로만 맛을 감지하는 것이 아니라 이빨로 씹는 맛, 씹은 음식이 적당히 섞여 들며 혀를 감싸 안는 촉각도 중요한 역할을 한다.

그런데 이것은 모두 맛을 보조하는 인체 감각이다. 이러한 생물적 감각 외에도 맛을 북돋우는 또 다른 외적 요소가 있다. 바로 기분, 느낌이다. 편안한 느낌, 계속 남아 있고 싶은 느낌, 빨리 먹고 돌아가지 않고 싶은 느낌, 이런 느낌들이 식사를 편안하게 즐기도록 하면서 맛을 돋운다.

그런 점에서 이 집은 합격이다. 동네 사랑방에 온 듯한 편안한 느낌은 도시에서는 갖기 힘든 느긋함이다. 그 느긋함이 더하는 맛을 안고 가시길 바란다. 그 맛에 점수를 준다면 맛집으로 충분하리라.

全州

조촌동

송천동

호성동

동산동

팔복동

덕진동

금암동

인후동

우아동

서신동

진북동

중앙동 노송동

효자동

중화산동

풍남동

경기전

용머리 고개

전주향교

완산동

금송아지바위

동서학동

서서학동

삼천동

평화동

전북 중앙에 있다. 남쪽에 모악산(母岳山), 고덕산(高德山) 등의 산이 있고, 대부분은 평야이다. 만경강과 그 지류가 흐른다. 오랜 내력을 가진 고을이며, 후백제(後百濟)의 수도였다. 조선왕조 태조 선조의 고향이라고 하고, 전주이씨 시조의 묘소가 있는 조경단이 있다. 경기전(慶基殿)에는 태조의 어진을 봉안하고 있다. 이성계가 남원 운봉에서 왜구를 물리치고 돌아가다 연회를 베푼 오목대와 이목대가 있다. 조정의 칙사가 묵던 객사인 풍패지관(豊沛之館)이 있다.

성으로 둘러싸였고 사대문이 있었는데, 지금은 남문인 풍남문(豊南門)만 남아 있다. 풍남문 현판에 "호남제일성(湖南第一城)"이라는 현판을 걸어놓았다. 조선왕조 때 전라남북도와 제주도를 관할한 전라감영(全羅監營)이 있던 곳이다. 조선 후기에는 민간 목판인쇄물인 완판본이 출간되었다. 완판본문화관에서 자료를 전시하고 있다.

천주교 순교지로서 전동성당과 숲정이, 치명자산 등 관련 유적이 있다. 전동성당은 아름답고 웅장한 전통 건축물이다.

호남의 시인 묵객들이 찾았던 한벽당이 전주천 근처에 있다. 덕진(德津)공원 저수지 일대는 경치가 빼어나고, 여름에는 연꽃이 많이 핀다. 한옥이 잘 보존된 한옥마을이 있다. 그중 학인당은 전통 한옥 양식을 잘 보여준다. 종이의 명산지이고, 접부채 합죽선(合竹扇)을 잘 만든다. 음식을 잘하는 고장으로 높이 평가되며, 특히 비빔밥이 유명하다.

대사습놀이, 세계소리축제, 전주국제영화제 등이 열린다. 대사습놀이는 영조 8년 이후로 실시되었으며 많은 판소리 명창을 배출하였다.

전주 알기

한시로 읊은 전주의 역사

전주(全州)

김시습(金時習)

甄萱舊邑是全州	견훤의 옛 도읍, 이곳이 전주로구나.
牢落風情萃一丘	활달한 느낌이 한 곳에 모여 있네.
古壘夕陽荊楉短	옛 성루 석양에 가시나무 조금 자라고.
新亭春雨麥香浮	새 정자 봄비에 보리 향기 떠오르네.
掛弓平壤心何壯	평양에 활을 건다면서 마음 장쾌하더니
捐劍黃山意尙憂	황산에서 칼을 버린 뜻 아직 괴로워.
麗濟相爭何足議	고려와 백제 싸움만 의논하고 말건가.
龍飛當日大椿秋	용이 날아오른 그날의 역사 대단했도다.

전주는 대단한 곳이라고 하면서, 견훤이 도읍한 지난날을 되돌아본다. "평양에 활을 건다면서"는 견훤이 왕건(王建)에게 보낸 편지에서 "평양 누각에 활을 걸고, 패수의 물을 말이 마시게 하겠노라"고 한 것을 말한다. "황산에서 칼을 버린" 것도 유래가 있는 말이다. 견훤이 아들 신검(神劍)에

의하여 금산사(金山寺)에 갇혔다가 탈출해 고려에 귀순한 뒤 왕건과 함께 신검을 토벌하니, 신검이 싸움에 패하여 그의 아우들과 함께 왕건(王建)에게 항복했다. 왕건이 신검을 용서하여주니 화병이 난 견훤은 등창이 나서 수일 후에 황산의 어느 절에서 죽었다. "용이 날아오른 그날"은 전주가 고향인 이성계(李成桂)가 조선왕조를 창건한 것을 「용비어천가(龍飛御天歌)」를 들어 한 말이다.

● 김시습이 고독하고 쓸쓸한 마음을 버리고, 대상을 긍정적으로 그리면서 씩씩한 느낌을 나타내는 것은 아주 드문 일이다. 전주가 대단한 곳이고, 전주에서 발견하는 역사가 감동을 주어 김시습도 달라지게 했다.

전주(全州)   황현(黃玹)

過盡重關萬馬雄   겹겹 관문 다 지나니 만마관이 웅장하고,
七峯低翠野西通   칠봉산 푸른 산빛 들 서쪽으로 통하네.
荒城石白經蠻觸   황량한 성곽 돌이 흰 것 난리를 겪어서이고,
原廟雲紅記沛豐   원묘의 구름 붉어 왕조의 발상지 나타내네.
戎務更興兵燹後   난리로 불탄 뒤에 병무를 다시 일으키지만,
國憂時入旅吟中   나라의 근심이 이따금 나그네 시에 들어오네.
南橋水綠春如舊   남천교 물 푸르며 봄빛은 예전과 같고,
吹去吹來柳絮風   이리저리 날리는 것은 버들강아지로구나.

"난리를 겪어서이고" 원문의 "蠻觸"은 『장자(莊子)』에 나오는 말이다. 달팽이의 왼쪽 뿔 위의 촉씨(觸氏) 나라와 오른쪽 뿔 위에 만씨(蠻氏) 나라가 싸워서 많은 희생자가 난다고 해서, 부질없는 전쟁을 말한다. "원묘"는 태

조의 영정을 모신 경기전(慶基殿)이다. "왕조의 발상지"라고 번역한 "沛豐" 또는 "豐沛"는 중국 한나라 고조의 고향이다.

● 김시습보다 4백 년쯤 뒤에 황현이 전주를 읊는 시를 다시 지었다. 전주는 나라의 발상지라고 하면서, 시내 여러 곳의 자랑스러운 모습을 그렸다. 봄빛 예전 같고 버들강아지 날리는 좋은 시절이지만 일말의 불안이 있다. 전쟁은 부질없는 짓이라고 하고 평화를 바라지만, 나라를 근심해야 하는 사태가 생기는 것 같다. 이 시를 쓴 광무 3년(1899)에 이미 일제의 침략이 시작되었다. 시인은 침략의 책동을 낱낱이 기록하다가 융희 4년(1910)에 국권을 상실하자 자결했다.

승천의 어려움을 말하는 용머리고개

강감찬(姜邯贊)이 전주에 있을 때 어느 해 가물어서 몹시 걱정하다가 하인을 시켜 지금 막 내를 건너는 초립동이 있을 터이니 데려오라고 일러 보냈다. 과연 그 사람이 있어 데리고 오니, 강감찬이 호령해 "이렇게 가물어도 못 본 체하고 지나가다니 괘씸하도다"라고 했다. 그 초립동은 용이 둔갑한 모습이었다. 강감찬의 꾸중을 듣고 죽음을 면하고자 승천하며 비를 내리게 하고 떨어져 죽은 곳이 용머리고개이다. 강감찬은 그 용을 후히 장사지내주고 묻어주었다고 한다.

전주의 전주천에서 자란 용이 천 년을 기다렸다가 강물을 모두 삼키고 승천하다가 힘이 빠져 떨어졌다. 이 때 용이 떨어진 곳이 완산칠봉 계곡이 있다고 한다. 그런데 사실은 힘이 빠진 것이 아니라 천 년에서 하루가 모자랐기 때문에 승천하지 못한 것이고, 그 용이 한을 품고 몸부림치다가 머리가 아래로 떨어졌다. 그 떨어진 자리가 용머리 형상이라 용머리고개라고 했다.

● 용머리고개는 용이 떨어져 죽은 곳이다. 강감찬의 꾸중을 들었거나 자기가 실수를 했거나 해서 용이 떨어져 죽었다. 하늘에 거침없이 올라가는 것이 얼마나 어려운지 말해준다.

이규보의 꿈

『신증동국여지승람』에서 전주의 성황사(城隍祠)가 기린봉(麒麟峯)에 있다고 하고, 이규보(李奎報)가 쓴 다음과 같은 「몽험기(夢驗記)」를 실었다.

나는 일찍이 완산(完山)에 장서기(掌書記) 벼슬로 있었다. 평소에 성황사에 가는 일이 없었는데, 하루는 꿈에 사당에 가서 당하에서 절하니 법조(法曹)의 동배자(同拜者)가 있는 듯했다. 법왕(法王)이 사람을 시켜 말하기를, "기실(記室, 고을 원의 비서일을 맡은 사람)은 계(階)에 오르라"고 했다. 내가 청사에 올라 재배(再拜)하니 법왕이 베로 된 모자에 검은빛의 유의(襦衣)를 입고 남쪽 뜰에 앉았다가 일어나 답배(答拜)했다. 나를 이끌어 앞으로 오게 하니 홀연히 한 사람이 탁주를 들고 와서 부었는데 술과 찬이 또한 초라했다.

한참 동안 같이 마시다가 말하기를, "들으니 목관(牧官)이 근자에 새로 『십이국사(十二國史)』를 찍었다 하는데 그런 일이 있는가?"라고 물었다. 그렇다고 대답하니 또 말했다. "어찌 나에게 주지 아니하는가. 내가 여러 아들이 있는데 읽도록 하고 싶으니 몇 책을 보내줄 수 있는가?" 내가 "예예" 하고 대답하니, 또 말하기를 아전의 우두머리 누구는 좋은 사람이니 보호하여주기를 청한다고 했다. 내가 다시 승낙하고, 화복이 어떨지를 물었더니 법왕이 길 위에 달리다 축이 꺾인 수레를 가리키며 하는 말이, "그대의 운수가 마치 이 수레의 모양이니, 금년을 넘기지 못하고 전주를 떠나리라" 하고 곧 가죽 띠 두 개를 가지고 나에게 주면서 말하기를, "자네는 존귀할 것이므로 이것을 준다"고 했다.

꿈을 깨니 온몸에 땀이 흘렀다. 당시에 안렴사(按廉使) 낭장(郞將) 노공(盧公)이 목관을 시켜『십이국사』를 새로 찍게 한 일이 있고, 또 관리 중에 아무개가 내 뜻에 맞지 않아서 어떤 일로 인하여 내몰고자 한 일이 있었는데, 이것을 말한 것이다. 다음 날 그 아전을 불러『십이국사』두 책을 갖다가 바치게 하고, 그 사람의 죄는 불문에 부쳤다.

● 꿈꾼 것을 적는다고 하고, 그럴듯한 이야기를 지어냈다. 이규보의 뛰어난 재능이 좋은 곳에 가자 다시 한 번 활짝 피어올랐다.

효자 박진

죽정공 박진(朴晉)이 영암군수로 있었던 태조 3년 부친이 위독하다는 소식을 듣고 벼슬을 버리고 고향 교동으로 돌아왔으나 때마침 8월 장마로 남천이 범람하여 건너지 못할 형편인데 급한 마음에 말을 타고 물결 속에 뛰어들었더니 물줄기 한복판이 딱 갈라져서 무사히 내를 건넜다고 한다.

엄동설한이 되어 부친의 병환이 차도가 없었다. 부친에게 소원을 물었더니 꽃순이 먹고 싶다 하므로 목욕재계하고 산에 올라가 하늘에 축원한 뒤 눈을 뜨니 눈 속에 꽃이 만발해 있었다. 그 꽃순을 따다가 달여드렸다. 다시 잉어를 원하는 부친을 위하여 방죽을 덮은 얼음장을 깨뜨렸더니 커다란 잉어 한 마리가 뛰어올랐다고 한다. 또 수박을 원하는 부친을 위하여 눈에 덮인 산골짜기를 헤매었더니 탐스럽게 익은 수박이 달린 수박 덩굴을 발견했다고 한다.

꽃을 구하려 헤매었던 산을 박과산(朴菓山), 얼음 속에서 잉어가 뛰어 나온 방죽을 잉어쏘, 수박을 얻은 골짜기를 수박동이라고 한다.

● 박진을 기린 비석을 늘 보고 다니면서도 이런 이야기가 있는 것을 모르고 지낼 수 있다. 이런 이야기는 어디든지 있어 관심의 대상이 아닐 수 있다. 세상은 아는 것만큼 보이고, 보이는 것만큼 안다고 한다. 효자 박진 이야기에서 무엇을 알 수 있는가?

의적 박긴다리

전라도 충청도에 박긴다리가 두목인 긴다리 화적떼가 있었다. 불의의 재물만 빼앗지 양민의 재물은 손을 대지 않는다는 소문도 널리 퍼졌다. 박긴다리가 하루에 도적질해오는 물건은 수백 냥 혹은 수천 냥이 되었다. 그것을 모두 부하에게 주거나, 불쌍하고 가난한 사람을 찾아다니면서 나누어 주었다. 박긴다리는 도적이 아니고 불쌍하고 가난한 사람을 구해주는 의인이라는 소문이 항간에 널리 퍼져 모르는 사람이 없었다.

각 고을 수령들은 큰 골칫덩이여서 서로 연락망을 조직하고 포교를 풀어 긴다리 화적떼를 잡으려 했다. 또 각지에 방을 붙여 긴다리 화적떼를 잡으면 큰 상을 주겠다고 했다.

그러나 긴다리 화적떼는 놀리거나 비웃는 듯 신출귀몰하게 빠져나갔다. 두목 박긴다리는 포교들이 있는 곳을 알아 몇십 명이 에워싸도, 닭 쫓던 개와 같이 어이없이 되고 말았다. 몸을 한 번 솟구칠 때는 능히 대여섯 길이나 뛰고, 걸음은 하루 4~5백 리를 걸으며, 또 힘이 세어 포교들이 오랏줄로 전신을 칭칭 묶어도 한 번 힘을 쓰면 썩은 새끼 끊어지듯 하여 잡을 재주가 없었다.

조선 영조 26년 6월이었다. 이때 전주 영장 이관상은 박긴다리를 잡지 못해 한탄만 하고 있을 때였는데 한 군졸이 헐레벌떡 뛰어와 "방금 박긴다리와 그 부하 23명이 술이 몹시 취하여 공북루(拱北樓)에 올라 잠이 들었다 하옵니다"라고 했다. 이 영장은 즉시 힘세고 날쌘 장교와 군졸 50여 명을 동원하여 공북루를 에워싸고 그 도당을 모조리 잡아들이라고 명령했다. 여러 도적들은 독안에 든 쥐와 같이 꼼짝도 못하고 모두 잡혔다.

그러나 박긴다리는 사방에서 에워싸고 덤비는 여러 장교를 한 손으로 물리치고 몸을 솟구쳐 문루 아래로 뛰어내려 태연히 걸어 나갔다. "아아, 과연 박긴다리는 귀신이지 사람이 아니다." 여러 장교와 군졸은 박긴다리의 뒷모습만 바라보면서 탄복했다. 여러 장교들은 박긴다리의 부하 23명만 얽어가지고 영문으로 들어가 이 영장에게 전후 사실을 보고했다.

이때 영문을 지키던 군졸들이 급히 뛰어와 "박긴다리가 영문에 와 사또를 뵈옵겠다고 합니다"라고 했다. 이 영장이 깜짝 놀라 어서 데려오라 했다. 박긴다리를 본 이 영장은 속으로 "저만하니 도적의 괴수 노릇을 했겠지!"라고 생각하며 탄복했다. 박긴다리는 태연하게 걸어 들어왔다.

"네가 도적의 두목인데, 스스로 들어옴은 무슨 뜻인고?"

"예, 소인들 스물세 명이 공북루에 있는 것을 사또께서 앉아서도 능히 아시었으니 그 좌시천리(坐視千里)하는 경지를 어찌 소인이 따르오리까? 그래서 사또의 존안을 한번 뵈오려고 왔습니다. 다만 사또께서 소인들을 죽이기는 수월치 못할 것은 아셔야 합니다."

이 영장은 눈을 부릅뜨고 칼을 번쩍 집어 들고 "이놈, 내가 이 칼로 네 목을 당장에 벨 텐데 무슨 잔말인고"라고 했다. 박긴다리는 태연하게 말했다.

"예, 사또께서 소인을 그 칼로 죽이시려면 소인도 또한 살 도리가 분명히 있습니다. 그러하오면 그 형세가 마치 두 호랑이가 서로 싸워서 반드시 하나가 죽는 격인데 소인과 같은 잔명은 죽은들 한이 없사오나 사또께서는 필부와는 다르신데 어찌 소홀한 행동을 취할 수야 있겠습니까."

이 영장은 그렇지 않아도 아까부터 박긴다리의 위엄과 태도에 스스로 위압감을 느꼈는데, 이제 그 유창한 말솜씨와 태연자약한 모습에 감탄했다.

"네가 대장부의 씩씩한 기상으로 도적의 몸이 되어 평생을 마치려는 것이 어찌 아깝지 아니하냐! 네가 능히 이 자리에서 마음을 고쳐 착한 사람이 되기를 원한다면 나도 너를 평생 지기로 여길 것이니 네 뜻은 어떠한고?"

"사또의 분부가 너무나 황송합니다. 소인의 천성이 본시 그런 도적의 괴수가 되고 싶었던 것은 아니오나 여러 가지 사정이 얽혀 그리 되었사옵니다. 이제 사또의 밝으신 분부를 받으니 어찌 깨달음이 없겠습니까. 이 자리에서 소인의 더러운 몸과 기괴한 운명을 사또께 바치오니 처분하소서."

박긴다리는 자리에서 일어서서 공손히 절하고 나서, 일찍 친구를 실수하여 죽인 일, 모친을 위해 살인을 하고 관가에 자수치 못한 일, 그리고 도적이 찾아왔을 때 괴수가 되기를 허락했다가 모친이 죽은 후 도적들이 다시 찾아왔으므로 언약을 어길 수 없었던 일, 또 괴수가 되어서는 도적질해서는 안 될 조목을 세웠고, 도적질한 것으로 가난하고 불쌍한 사람을 구원한 일을 자상히 설명하고, 자기의 운명이 그렇듯 기구하였던 것이 모두 지도자를 만나지 못하고, 때를 만나지 못한 탓이라고 눈물을 흘리며 애절하게 진술했다.

이 영장도 감탄을 마지않고 눈물을 흘렸다. "오오, 그대는 도적이 아니라 오히려 세상에 드문 의인이로다."

이 영장은 즉시 이 사실을 조정에 보고하고 박긴다리를 포도군관(捕盜軍官)에 임명했다. 박긴다리는 국은을 망극히 여겨 임무에 전력했다. 그리고 부안 변산에 있는 도적의 무리들도 모두 데려다가 양민이 되게 했다. 화적의 괴수 박긴다리가 포도군관이 되었다는 소문이 퍼지자 각지의 도적들도 스스로 개과하고 자수해 어진 백성이 되었다.

● 그릇된 세상을 바로잡고 가난하고 불쌍한 백성을 구제하는 일을 누가 해야 하는가? 나라의 관원들은 임무를 저버리고 횡포를 일삼으니, 피해자 쪽에서는 도적이 되는 것을 방어나 항거의 수단으로 삼지 않을 수 없다. 도적 가운데 의적이 있어 나라가 해야 할 일을 대신해서 하려고 한다. 이런 생각에 근거를 두고 의적 이야기가 이어진다.

이야기는 이야기일 따름이므로, 너무 많은 요구를 하지는 말아야 한다. 박긴다리는 무엇이든 성큼성큼 할 수 있어 큰 기대를 모은 의적인데, 능력을 보여주어 관원들을 놀라게 하기나 하고 특별히 이룬 것은 없다. 군관으로 발탁되어 각지의 도적들이 개과하고 자수해 어진 백성이 되게 했다고 실망하지는 말아야 한다.

큰 뱀을 퇴치한 두꺼비

옛날 가난한 집에 한 처녀가 어머니와 함께 살고 있었다. 어느 비 오는 날 두꺼비 한 마리가 부엌으로 들어와 나가지 않으므로 처녀가 밥을 조금씩 나누어주었더니 두꺼비는 점점 자라 개만큼 크게 되었다.

그 마을에는 큰 뱀이 해를 끼쳐 매년 저녀를 한 명씩 제물로 바쳤나. 그

해에 이 처녀를 제물로 바치게 되었다. 두꺼비가 처녀를 따라가서 큰 뱀과 서로 독기를 뿜으며 싸우다가 함께 죽고 처녀는 무사히 구출되었다. 이에 두꺼비를 고이 묻어주었다. 큰 뱀은 불에 태우니 석 달 열흘 동안 탔다고 하며, 이후로는 마을에 재앙이 없어지게 되었다 한다.

● 큰 뱀을 퇴치하는 임무를 용맹한 무사는 나서지 않고 두꺼비가 맡았다는 이런 이야기가 여기저기 있는 것을 어떻게 이해해야 하는가? 비겁하다고 해야 하는가? 영험한 것을 알려준다고 해야 하는가?

금기를 깬 금송아지바위

옛날 금사당(錦絲堂) 골 안에 금송아지 한 마리가 살았는데, 골에서 한 발자국도 벗어나서는 안 된다는 산신령의 분부를 받았다.

그런데 어느 날 밤 천상의 옥녀가 금송아지를 불러 목에 단 금 새끼 한 가닥 하나만 빌려주면 옥단지에 천상의 감로수를 담아주겠다고 했다. 이 말에 혹한 금송아지는 골 안에서 벗어날 수 없다고 한 산신령의 분부를 잊고 옥녀봉(玉女峰)으로 올라가 옥녀에게 금 새끼 한 가닥을 건네주려다가, 그만 바위로 변하고 말았다고 한다.

이후 어느 석공이 가난을 견디다 못해, 금송아지바위 속에 혹시 금이 있을까 하여 바위를 깨려다가 산신령의 노여움을 사서 몸져누워 앓다가 죽었다고 한다.

● 금송아지바위는 금송아지 모습을 하고 있는 바위이다. 옥녀봉은 천상의 옥녀가 내려온 곳이다. 이렇게 말하고 말아서는 전설이랄 것이 없다.

둘을 연결시키는 사건을 지어내, 금송아지가 옥녀 때문에 바위로 변했다고 하면 전설인 것 같지만 미비점이 많다. 미비점을 보완하기 위해 산신령을 등장시켜 산신령이 금송아지에게 금기를 부여하고, 옥녀의 유혹으로 금송아지가 금기를 깨고, 산신령이 금송아지에게 바위로 변하는 벌을 내렸다고 했다.

전설 창작이 잘 되었다고 하기 어려우며, 두 가지 문제를 제기할 수 있다. 산신령을 등장시킨 것이 최상의 방법인가? 옥녀가 금송아지에게 목에 단 금 새끼 한 가닥을 달라고 한 것이 적절한 유혹인가? 이에 대해 대답할 사람은 학자가 아니니 물러나기 바란다. 작가가 나서서 더 나은 창작을 대안으로 제시해야 한다.

전주, 출판의 중심지가 되다

조선 후기 전주에서 출판된 방각본(坊刻本)을 완판본이라고 한다. 민간에서 만든 판매용 목판인쇄물이다. 전주 완판본문화관에서 자료를 전시하고 있다.

17세기에 전라도 태인 지방 아전들이 책을 낸 것이 그 원류이다. 18세기에는 중심지가 전주로 이전되어 완판본 출판업이 발전했다. 서울에는 경판(京板), 안성에는 안성판(安城板)이 있었으나 방각본 출판에서 전주가 가장 앞서는 시기가 한동안 지속되었다.

전주 지방은 경제적 여유가 있는 서민층이 책을 원하고, 판재(板材), 각수(刻手), 한지(韓紙) 등이 충분해 출판에 유리한 조건을 갖추었다. 상인들이 많이 살고 있는 완남(完南)과 완서(完西)에 출판사가 여럿 있었다. 칠서방(七書房)에서는 양반 취향의 책을 주로 내고, 서계서포(西溪書鋪)·다가

서포(多佳書鋪)·양책방(梁冊房)에서는 서민 고객을 위한 출판을 했다.

출판 전성기는 1850년에서 1910년에 이르는 약 60년 동안이었다. 현재 조사된 바로는 99종의 완판본이 간행되었는데, 비소설 52종, 한문소설 1종, 국문소설 46종이다, 한문소설 1종이다. 비소설은 경서, 한문 학습서, 실용서 등이다. 한문소설은 1803년에 나온 「구운몽(九雲夢)」이다. 국문소설에는 7회나 출판된 「조웅전(趙雄傳)」을 비롯한 영웅소설이 많고, 「춘향전」, 「심청전」, 「토별가(兎鼈歌)」 등의 판소리계 소설도 있다. 1906년에 나온 「열녀춘향수절가」는 방각본으로 나온 「춘향전」의 이본 가운데 가장 명작이라고 평가된다.

● 전주는 종이 생산의 명소이며, 종이를 이용한 인쇄와 출판의 중심지였다. 전주의 완판본은 서울의 경판본(京板本)보다 체제나 내용에서 더욱 양질의 출판물이다. 지금 출판은 시들고 종이 생산 명소의 명성만 남아 있다.

전주 보기

조선왕조의 상징, 경기전

전라북도 전주시 완산구 풍남동 3가에 있다. 사적 제339호. 조선 태조 이성계의 어진(국보 제317호)을 모신 곳으로, 경역에는 현재 전주 이씨 시조인 이한(李翰) 공의 위패를 봉안한 조경묘, 조선의 실록을 보관했던 전주사고, 예종의 탯줄을 묻은 태실 등의 유적이 현존한다.

왕의 초상을 모시는 진전(眞殿) 제도는 고려 시대부터 있었다. 고려 진전 제도의 특징은 궁궐보다 사찰 경내에 설치된 경우가 많다는 점이다. 조선 태조는 개국 후 영흥에 준원전(濬源殿), 경주에 집경전(集慶殿), 평양에 영숭전(永崇殿) 등의 진전을 마련하고 자신의 진영을 봉안했다. 이처럼 전국 주요 지역에 진전을 설치한 것은 한나라 때 왕이 거둥했던 각 군국(郡國)에 왕의 사당을 세운 군국묘(郡國廟) 제도를 따른 것으로, 각 지역에 진전을 세워 왕의 위엄을 세우고 역란의 싹을 미연에 방지하여 백성을 하나로 통일시키려는 장치였다.

경기전은 전주부가 태조의 본관인 전주의 위상을 높이기 위해 태종에게 요청해 이루어졌다. 전수는 원래 이왕소의 시소인 신라 이한(李翰) 공

▲ 경기전 진전

▲ 경기전 진전 내의 태조 어진

의 출생지이기 때문에 전주 이씨 후손들은 이곳을 조상의 성역으로 여겼다. 태종은 이곳에 태조의 진전을 짓고 어용전(御容殿)이라 명명했다. 세종 24년(1442) 경기전으로 이름을 바뀌면서 본격적으로 국가의 관리아래 들어갔다. 그러나 임진왜란 때 불타 없어졌고, 지금의 경기전은 왜란 후 광해군 6년(1614)에 다시 지은 것이다.

태종 대에 와서 전주와 개성에 어용전을 지은 것은 선왕의 업적을 기리고 왕권의 정통성을 지키기 위한 것이었다. 세종 24년에 전주의 어용전이 경기전으로 이름이 바뀌면서 전주 경기전의 역사가 시작되었다. 현재 경기전에 봉안된 태조 어진은 고종 9년(1872)에 영희전의 태조 어진을 범본으로 모사한 것이다. 영희전은 태조 · 세조 · 원종 · 숙종 · 영조 · 순조의 어진을 모셨던 전각으로 지금의 서울특별시 중구 저동에 해당되는 훈도방(薰陶坊)에 있었다.

원래 경기전에 봉안돼 있던 어진은 임진왜란을 피해 내장산, 강화도, 묘향산 등지로 옮겨졌다가 광해군 6년(1614)에 중건된 경기전에 다시 모신 것이다. 인조 13년(1635)에는 무주 적상산으로 옮겨졌다가 다시 경기전에 이안(移安)되는 우여곡절을 겪었다.

왕위를 이은 조선의 왕이 태조나 선왕의 어진을 제작하여 봉안하는 것은 단순히 선왕, 선후(先后)의 용모와 의태를 추억하려는 데 그치는 것이 아니었다. 조종과 정신적 접속을 유지하면서 왕권의 정통성을 확보, 계승한다는 데에 더 큰 뜻이 있었다.

교육과 교화의 장, 전주향교

전라북도 전주시 완산구 향교길 139에 있다. 고려 공민왕 3년에 처음 건립되었는데, 지금의 전주시 풍남동 경기전 부근에 있었던 것으로 추정하고 있다. 조선을 건국한 태조는 고려의 교육제도를 계승하여 중앙에 성균관을, 부·목·군·현 등 지방에 각각 1개의 향교를 두게 했다. 향교는 국가가 필요로 하는 인재를 양성하려는 목적에서 설립되었지만 유풍(儒風)을 진작시켜 미풍양속을 앙양하는 데에도 기여했다.

태종 때 전주에 태조 어용전(세종 때 경기전으로 개칭)을 설치할 즈음 인근에 있던 전주향교를 전주성 서쪽의 황화대(黃華臺) 아래로 이전되었다. 그 뒤 선조 36년(1603) 순찰사 장만(張晚)이 좌사우묘지제(左社右廟之制)에 어긋난다 하여 조정에 보고, 왕의 재가를 얻어 현재의 위치로 옮겼다. 현재 전주향교 운영은 전교(典校) 1명과 장의(掌議) 수명이 담당하고 있으며, 총 17동 100여 칸 규모에 달하는 전주향교는 전라도 53관 가운데 수도향교(首都鄉校)의 위치를 지키고 있었다.

향교는 대체로 북쪽에서 남쪽을 바라보는, 즉 자좌오향(子坐午向)으로 건립된다. 향교는 중국 및 우리나라의 유교 성현의 위패를 모시는 대성전과 동무(東廡)와 서무(西廡), 그리고 강당인 명륜당, 유생들의 기숙사인 동재와 서재 등으로 구성된다. 공간의 배치는 대성전을 중심으로 한 향사공간(享祀空間)은 북쪽에, 강당을 중심으로 한 강학공간은 남쪽에 두는 것을 원칙으로 한다. 그러나 전주향교처럼 전묘후학(前廟後學)의 배치 형태로 돼 있는 경우도 적지 않다.

가장 남쪽에 세워진 홍살문을 거처 만화루(萬化樓) 밑을 지나 내삼문인 들어서면 대성전과 동무·서무가 눈에 들어온다. 대성전 뒤쪽에 담장이 있고 그 너머에 명륜당과 동·서재가 있다. 명륜당에서 문묘구역을 출입할 때는 담장에 난 협문을 이용한다. 전묘후학 배치의 경우에는 삼문(三門)을 설치하지 않기 때문이다. 이런 배치 형태를 서울의 성균관을 비롯하여 나주·경주·정읍·영광·함평 향교 등에서도 볼 수 있는데, 중국 곡부(曲阜)의 공자묘 제도도 이와 같다.

전주향교 경역 안에는 현재 대성전, 명륜당 등 중요 건물 외에도 계성사(啓聖祠), 장판각, 고직사 등의 부속 건물들이 남아 있다. 특히 계성사는 대성전에 배향된 오성(五聖)의 아버지를 봉사하는 곳으로 드문 예에 속한다. 대성전 뜰 동·서에 서 있는 은행나무는 수령이 380년이라 한다.

전주향교 대성전 앞에는 다른 향교에서 볼 수 없는 석등과 거북이 상이 있다. 이들은 대성전의 위상을 높이기 위한 장치로 볼 수 있다. 전 내에는 유교 성현들의 위패가 봉안돼 있는데, 북벽 앞 중앙의 공자를 중심으로 전면 왼쪽(동쪽)에 공자 문하인 안자·증자, 오른쪽(서쪽)에 자사·맹자의 위패기 모셔져 있다. 또한 이들을 중심으로 한 왼쪽에 설총·안향·김굉필·조광조·이황·이이·김장생·김집·송준길, 오른쪽에 최치원·정몽주·정여창·이언적·김인후·성혼·조헌·송시열·박세채 등 우리나라 18현의 위패가 봉안되어 있다. 이와 같은 규모로 위패를 봉안하는 것을 소설위(小設位)라 한다. 이에 대해 중설위는 공문 10철(哲), 송나라 6현

1. 전주향교 대성전 2. 전주향교 대성전 내부 3. 전주향교 명륜당

4. 전주향교 내삼문(일월문) 5. 전주향교 만화루 6. 전주향교 동무(東廡)

을 추가한 것이고, 대설위는 공자의 72제자와 한·당·송·원의 선유(先儒)까지 함께 모시는 것을 말한다. 현재 우리나라에는 중설위와 대설위는 없다.

명륜당은 유생들이 공부하는 장소인데, 여기서 공부하는 교과는 내용은 『소학』·『사서오경』·『성리대전』·『근사록』 등의 경서와, 『주자가례』·『의례경전』 등의 의례서, 『삼강행실』·『이륜행실』 등의 윤리서, 『통감』·『강목』·『사략』 등의 역사서, 『문선』·『고문진보』 등의 문학서 등이다.

조선 시대에는 임금도 향교 앞을 지나갈 때는 말이나 가마에서 내려야 했고, 관리가 군현을 순행할 때나 수령이 발령 받아 임지로 올 때나 떠날 때에 반드시 행해야 하는 의례가 대성전의 성현들을 알현하는 것이었다. 그렇게 하는 이유는 말할 것도 없이 공자를 비롯한 유교 성현들을 모시고 있기 때문이다. 당시에는 대성전에 인접하여 누각과 같은 높은 건물은 짓지 못하게 했는데, 성현을 내려다보는 것은 유교 예법에 어긋나는 것으로 생각했기 때문이다.

향교는 유구한 역사와 전통을 지닌 지방의 유일한 공교육기관이자 지방문화의 중심이었다. 그러나 근대에 신교육제도가 도입된 이후 향교는 춘추석전(春秋釋奠)으로 그 교화 기능을 겨우 유지하고 있을 뿐이다. 그러나 전주향교는 1983년부터 전국에서 유일하게 일요학교를 개설함으로써 공맹의 정신을 계승 발전시키고 한문 학습과 예절을 가르쳐 청소년 선도 및 또 그들에게 올바른 인생관을 정립케 하는 노력을 다하고 있다.

현대옥

전북 전주시 완산구 풍남문2길 63 2동
74호(전동3가 2-242)
: 남부시장 내 063) 282-7214
주요 메뉴 : 콩나물국밥(6,000원)

간보기

그때 좁은 시장골목에서 줄을 서서 먹
던 그 콩나물국밥이 전주콩나물국밥의 대
명사가 되었다. 그 국물이 일낼 줄 알았지
만 생각보다 더 파장이 커서 더욱 즐겁다.
오늘 그 맛이 그때 그 맛일까.

맛보기

2016년 4월과 2017년 8월에 찾아가 콩
나물국밥을 주문했다.

● 전체 _ 콩나물국밥은 오징어 추가를 선
택하면 1인당 반 마리가 들어간다. 김이 제
공되는데 국밥에 넣지 않고 수저에 떠서
얹어 먹으면 제맛을 느낄 수 있다. 밥을 해
서 식혀 말아준다. 수란이 제공된다. 뜨거
운 국물을 수란에 몇 숟갈 부어놓았다 훌
훌 들이켜면 맛이 배어 좋다. 콩나물국밥
의 허허로움을 단백질로 보충하는 셈이다.

● 반찬 특기사항 _ 김치, 새우젓, 젓갈, 장
아찌 등 간단한 밑반찬이 제공된다. 국물
에 넣지 않고 따로 먹는 것이 좋다.

● 주메뉴 _
콩나물국밥 : 찬밥을 말아야 밥알이 탱
글거리는 상태에서 국물 맛이 배게 되어
식감이 좋다. 라면에는 찬밥을 말아야 더
맛있는 것과 같은 이치다. 살짝 데쳐서 주
는 오징어를 넣으면 국물 맛과 잘 조화되
고 음식이 실해지는 느낌이 난다. 콩나물
국밥은 먹고 나면 사뭇 배가 고프기 쉽다.

오징어를 넣어 먹으면 이런 공복감과 영양을 함께 해결할 수 있어서 좋다. 밥은 더 요청하면 추가로 제공한다.

김 : 김과 같이 먹는 것이 처음에는 이상했지만 같이 먹으면 김밥, 비빔밥의 느낌이 같이 나면서도 시원한 국물 맛에 두 마리 토끼를 잡는 느낌이다. 김이 부족하거나 더 좋은 김을 먹고 싶으면 이웃 가게에서 김을 따로 사서 들고 오기도 한다. 콩나물, 오징어, 김의 조화가 원재료 이상의 융화된 맛으로 인도한다.

국밥의 국물은 매운맛, 보통맛, 순한맛이 있는데, 매운맛은 매운맛을 즐기지 않는 보통 사람에게는 너무 맵다. 보통맛을 권한다.

맛본 후

이제 많은 분점이 전주를 비롯한 전국에 생겼다. 사실 현대옥 콩나물국밥을 대중화시킨 것은 한옥마을 안의 ○○집 국밥이다. 현대옥과 같은 방식의 콩나물국밥이 제공되기 때문이다. ○○집이 생겼을 때 왜 현대옥은 이 작은 10석 남짓한 시장 안의

좁은 식당만 고집하는지, 의아하기도 했었다. 현대옥의 이름을 건 음식점의 유포는 몇 년 전서부터야 시작되었다. 아마 그분은 할 수 있는 한 자신의 고유한 음식은 자신의 손으로만 제공하고 싶으셨는지도 모른다.

타지에서 온 한 손님이 찬밥을 준다고 음식을 먹지 않고 나가버렸을 때, 맛을 모르는 사람은 먹을 자격이 없다고 화를 냈었다. 맛을 아는 사람들에게 제대로 된 음식을 직접 제공하는 것에서 아마 제일 큰 보람을 느끼지 않았을까 싶다.

현대옥 콩나물국밥은 이제 전주콩나물국밥을 대표하는 국밥이 되어 전국화되고 있다. 이런 성공의 1등공신은 물론 음식 창안자인 그분이겠지만, 그러나 진짜 공신은 그 맛을 알아보고 그 좁은 시장터의 볼품없고 불편한 식당을 키워낸 전주 입맛쟁이들이 아닐까.

새벽부터 김 한 봉지씩을 들고 줄을 서있던 사람들, 좁은 자리에 앉아 땀 흘리며 먹으면서도 불평하지 않던 사람들, 도마 앞자리에 앉아서도 좆는 마늘이 튄다고 불평하지 않던 사람들, 아줌마의 걸진 입담을 받아내며 즐거워하던 사람들, 이분들이 사실 진짜 공신이 아닐까.

이제 그분은 은퇴하시고 노후를 즐긴다고 한다. 분점에서도 먹을 수 있겠지만 그래도 이전 도마에 탕탕 마늘 좆던 소리를 잊지 못하고, 파를 썰던 주인 아줌마의 손맛을 잊을 수 없어 아직도 본점을 찾는다. 게다가 반할 만한 외모였었다. 언젠가는

음식이 아니라 그분만 바라보았던 기억도 있다. 그런데도 외모가 아닌 손맛으로 승부하는 전문가의 면모를 유감없이 보여주어 더 멋져 보였다.

아니나 다를까, 오랜만에 찾은 식당에서 그 입맛쟁이, 멋쟁이들을 여전히 만날 수 있었다. 김 한 봉지를 들고 와 국밥을 드시는 신사분, 그분은 옆 1,000원짜리 커피집까지 알고 계셨다. 하루 종일 '달궈' 끓이는 물 덕분에 어느 커피 전문점 못지않은 커피 맛을 자랑하는 '남문커피전문점', 아울러 소개한다. 과일즙도 집에서와 같은 맛을 즐길 수 있다. 식혜도 있으니 국밥 먹고 나오는 길에 먹으면 완벽하다. 아, 전주에 왔구나. 감탄 속에서도 기억해야 할 것, 새벽 6시부터 오후 2시까지만 영업한다.

금암피순대

전북 전주시 덕진구 기린대로 400-61
063-272-1394
주요 메뉴 : 순대, 순대국밥, 머리국밥
가격 : 순대국밥 6,000원, 머리국밥 6,000원, 순대 10,000원, 머리고기 15,000원

간보기

실내 일부를 새로 장식한 것 같지만 여전히 음식에만 집중하는 수더분한 분위기. 덕분에 순대와 어울리는 편안한 분위기에서 입시 자체를 즐길 수 있다.

맛보기

2015년 12월과 2017년 6월에 찾아가 순대국밥, 머리국밥, 순대, 머리고기를 주문했다.

● 주메뉴 _ 순대, 일명 '피순대'가 주메뉴. 별 양념 없는 듯이 보여도 순대 고유의 맛을 잘 재현하고 있다.

순대국밥과 머리국밥은 국물 맛이 일품. 오랫동안 우려낸 듯한 국물이 고기에서 나오는 맛으로 믿기 힘든 개운하고 풍부한 맛을 낸다.

순대는 내장이 함께 나오고, 머리고기는 섞어 누르지 않은 머리고기 원재료를 귀, 혀 등 부위별로 즐길 수 있다. 국물로 맛이 빠져버린 밍밍한 고기가 아니라 고기 자체의 맛이 그대로 담긴 탱탱한 맛이 난다.

● 반찬 특기사항 _ 순대와 어울리는 반찬들이 제맛을 더한다. 사각거리는 깍두기와 솔(부추)겉절이는 순대 맛을 잘 돋궈준다.

국밥에 고기를 곁들이면 끼니와 안주가 동시에 해결된다. 느긋하게 소주를 곁들이면 옛 친구와 함께하기 좋다.

맛본 후

순대는 예전에 혼인잔치, 환갑잔치에나 가야 먹을 수 있었던 음식이었다. 평소에는 재료를 구하기 어렵고, 만들기도 번거로웠던 탓일 터이다. 잔치 상에는 통으로 집은 돼지의 온갖 부위가 휘란한 보양과

▲ 순대국밥

▲ 머리국밥

▲ 순대

맛을 갖추고 올랐다. 그 가운데 순대는 밥 반찬도 아닌 것이, 정식 고기도 아닌 것이, 풍성한 잔치상에서는 빼놓을 수 없는 잔치 전용 음식이었다.

그러다가 언젠가부터 잔치에서 순대가 사라져버렸다. 아마도 번다한 요리법, 피를 넣는 음식에 대한 거부감 때문이 아니었을까 한다. 그 자리를 당면을 잔뜩 넣은, 순대 모양의 모조 순대가 차지하고 간식으로 내려앉더니 '순대'라는 이름까지 가져가 버렸다.

요즘은 피순대가 되살아나고 있다. 탈춤을 다시 살려낸 것 같은 전통 애호의 풍조가 원조 순대를 불러오고 있다. 그러나 아직은 '피순대'라는 이름을 버리지 못하고 곁방살이 신세에 머무르고 있다. 제대로 된 전통 음식의 자존심 회복은 더 기다려야 할 판이다. '피순대', 그 부담스러운 이름 대신 고유 명칭을 찾아 '순대'를 회복하면 최상일 터이지만, 그게 어렵다면 당분간 '잔치순대'라고 하면 어떨까?

금암순대는 예전 순대 그 맛에는 아직 한 끗 차이가 있지만, 그래도 전국에서 옛날 그 맛을 가장 잘 살려내고 있다고 생각

한다. 홀대받고 밀려난 진짜 순대를 부활시키는 끈질긴 노력을 산다.

● 주변 풍광 _ 이웃해 있는 전북대학교를 지나면 덕진연못이다. 한국에서 가장 넓은 연꽃 군락지이다. 완산팔경의 하나를 '덕진채련(德津採蓮)' 즉 덕진연못에서 연꽃 따는 모습이라고 해왔다. 꽃이 피는 6월이 아니어도, 연잎이 주는 풍성함은 오래도록 향유할 수 있다. 단오에는 여인들이 머리를 감았던 곳, 전주천에서 빨래하던 여인들만큼이나 장관을 연출했던 연못이 지척이니 놓치지 말 일이다. 수많은 시비(詩碑)가 있어 전주가 예향임을 다시 한 번 실감할 수 있다.

가족회관

전주시 완산구 중앙동 3가 80
063) 284-0982
주요 메뉴 : 비빔밥, 한정식
가격 전주비빔밥 12,000원, 육회비빔밥
15,000원

간보기

비빔밥 전문 음식점이다. 한정식도 있지만 비빔밥으로 더 잘 알려져 있다. 전주에서 이미 비빔밥으로 잘 알려진 몇 군데 유명 음식점 중 하나이다.

맛보기

2016년 2월에 찾아가 전주비빔밥을 주문했다.

● 전체 _ 비빔밥은 우선 찬이 먼저 나온다. 사각 목쟁반에 밑반찬이 나오고 이어 달걀찜과 비빔밥이 나온다. 한정식상을 방불케 하는 여러 정갈한 밑반찬이 우선 놀랍다.

● 주메뉴 _

품격 : 음식에서는 색상과 모양도 중요하다. 작품인 양 아름다운 모양과 오방색은 비벼야 하는 비빔밥을 비비기가 아까울 정도다. 비빔밥에서 오방색은 중요 전통 요소이다.

살균효과와 보온효과가 있는 연한 구리색 유기는 오방색 음식과 어우러지는 시각적 효과까지 있어서 안팎으로 입맛을 돋운다. 원래 서양 샌드위치처럼 형식을 갖추기 어려운 상황에 먹기 시작했다는 음식이 이제는 유기로 품격을 더해 귀족의 음식으로 격이 높아졌다. 곁들여지는 은행, 잣 등 견과류도 멋과 격식에 일조한다.

고명과 국 : 전주비빔밥의 특선은 콩나물과 황포묵에 있다. 전주콩나물은 인근 임실에서 나는 질 좋은 쥐눈이콩을 전주의 맑은 물과 콩나물 배양에 적합한 기후로 길러내어, 오래 삶아도 탱글탱글 사각사각 씹히는 최고의 맛을 가졌기 때문이다. 비빔밥 고명으로 맛이 감지되지 않으면, 함께 나오는 콩나물국에서 전주콩나물 맛을 잘 느낄 수 있다. 황포묵은 고명으로도 밑반찬으로도 나온다.

밥 : 사골국물에 한 밥은 밥알이 부드러우면서도 탱탱한 맛이 나서 각종 재료가 어우러지는 중심을 잡는다. 밥과 모든 고명은 각기 제맛을 가지고 어우러져야 비빔밥 맛이 제대로 난다. 그래서 하나하나 별도로 조리된 재료를 고명으로 얹어야 한다. 미봉책 서민 음식은 그렇게 제대로 격을 갖춘 귀족 음식이 된다.

● 반찬과 남은 음식 _ 전주비빔밥은 한우를 볶아서 내고 육회비빔밥은 한우 육회를 얹어준다. 반찬은 모두 깊은 맛이 나지만 멸치젓갈과 매실장아찌는 특히 전주음식 고유의 맛이 난다. 매실장아찌, 살짝 간

이 되어 사각거리는 매실육 맛은 오래도록 허끝에서 기억날 듯하다.

먹고 남은 반찬은 싸갈 수 있도록 했다. 싸가겠다고 하면 도시락을 준다. 도시락에 싸온 반찬이 한 끼 분은 되는 거 같다.

맛본 후

인근에는 비빔밥으로 유명한 성미당, 한 국집도 있다. 한 블럭 밖은 한옥마을이어서 한옥과 전통 맛집 속에서 그에 어울리는 전주비빔밥을 즐길 수 있다. 성미당 비빔밥은 초벌을 비벼주는데 이곳은 밥에 재료를 바로 얹어 상에서 비비게 되어 있다. 두 집 맛의 차이를 감별해보는 것도 즐거운 일이다.

이제 비행기 기내식으로까지 진출한 비빔밥은 세계적으로 주목받는 음식이 되었고, 전주를 전통과 맛의 도시로 널리 알리는 주역이 되었다. 이렇게 한 우물을 파고 있는 전문음식점들의 기여가 크다 하겠다.

에펠탑처럼 전주의 명물로 남을 줄 알았던 미원탑은 사라지고 미원탑을 지켜보던 가족회관은 남아 명물이 되었다. 1980년 개업 무렵에는 여기까지 기대하지 않았었다. 그래도 항상 더 노력하는 자세를 가지면 좋겠다.

장가네왕족발

전북 전주시 완산구 동문길 24/풍남동2가 6-2
063) 282-7476
주요 메뉴 : 족발
가격 : 왕족발 대 34,000원, 중 29,000원, 소 25,000원, 콩나물양념족발 대 37,000원, 중 32,000원, 쟁반국수 12,000원, 6,000원

간보기

족발로서 충분히 만족스러운 맛, 기대하던 그 맛, 아니 이 이상의 족발을 먹을 수 있을까. 거기다 애정 담긴 밑반찬이 고맙다. 이제야 족발을 제대로 먹는 기분이다.

맛보기

2016년 3월과 2016년 4월에 찾아가 족발 중을 주문했다.

기대하던 바로 그 맛의 족발이 몇 가지 밑반찬 및 콩나물해장국과 함께 나온다. 밑반찬은 전주의 후덕한 인심을 보여준다. 먹어보면 그래, 이 정도 밑반찬과는 먹어야 족발을 제대로 즐기는 거지 하는 생각이 들 것이다. 그동안 너무 앙상하게 족발만을 먹어온 것에 대한 회한을 느끼면서.

족발에는 깨소금과 파슬리 가루가 뿌려져 나온다. 냄새 없고 차지고 쫀득쫀득하고 다 먹을 때까지 느끼하지 않다. 콜라겐

과 육질 좋은 살코기가 적절하게 섞이고, 색상도 표면의 연한 밤색이 인위적이지 않고, 살의 하얀 색과 적당히 대비되어 입맛을 돋운다.

콩나물해장국은 각 재료가 모두 제맛을 내며 어우러져 있다. 짜지 않고, 부드러우며, 적당히 매워 부담없이 먹을 수 있다. 고춧가루가 우리 것이라는 것을 알 수 있다. 매운 음식은 고춧가루의 질과 맛이 관건이다.

밥과 함께 나오는 시래깃국 맛이 일품이다. 어렸을 때 먹던 맛, 된장과 멸치가 우려내는 맛이 시래기와 섞여서 내는 전통적인 맛이 그대로 재현된다.

해장국에 밥이 말아져 나온다. 굳이 맨밥을 먹고 싶은 경우가 아니면 따로 밥을 시키지 않아도 된다. 족발은 간식용인지, 식사용인지 고민하는 경우가 많은데 어느 경우든 만족하며 해결 가능하다.

김치와 방풍나물무침이 좋다. 족발은 주로 상추나 김치하고 먹어왔는데 곁들이는 채소를 다양화해서 좋다. 거기다 맛도 제대로다. 방풍나물은 초무침으로 싱금한 맛

을 냈고, 김치는 양념이 풍부한 생김치여서 먹을 만하다. 들깨버섯탕 맛도 좋다. 다양한 찬 덕분에 족발을 다양한 맛으로 즐길 수 있게 되니, 그동안 족발만을 주로 먹다가 비로소 대접받으며 먹는 기분이 든다.

4월 다시 가서 먹으니, 김치가 압권이다. 김치만 가지고도 밥을 한 그릇 다 먹을 수 있을 정도. 김치는 밥상의 시작이자 끝이다. 완성도 높은 밥상이라는 것이 다시 확인된다. 4월 김치 사진을 추가한다.

맛본 후

어떤 분야에서든지 사람을 중심에 놓고 최선을 다하면 신뢰받는 전문가가 된다. 이 음식점이 바로 그런 곳이 아닌가 한다. 더구나 음식은 인간 생존의 기초적인 조건 아닌가. 식생활은 인간에 대한 관심이 가장 많이 요구되는 영역인 셈인데 현실은 그렇지 않다. 그런 상식이 실현되는 현장을 확인할 수 있게 되어 도리어 고맙고 뿌듯하다. 전주가 왜 맛의 고장인지 다시 인

번 확인하게 해주는 집이다.

모두 이렇게 자기 자리에서 제몫을 하면 살기 좋은 세상이 되겠지. 또한 노력을 하면 이렇게 제자리를 찾을 수 있는 사회가 어디서나 실현되기를 바란다.

밤 10시에 문을 닫으니 술안주로 늦게까지 드시려던 분은 계획을 조절해야 할 듯하다. 조금 여유 있게 먹고 싶으면 2인도 중(中) 크기를 시키는 것이 적절할 것 같다. 전주한옥마을을 다 구경하고 저녁으로 먹으면 좋을 거 같다.

진미집

전주시 완산구 전주천 동로 94(전동 237번지) 전주한옥마을 내
063) 288-4020
주요 메뉴 : 콩나물국밥
가격 : 메밀콩국수 소 7,000원, 메밀비빔냉면 7,000원, 메밀물냉면 7,000원, 메밀소바 7,000원, 메밀비빔소바 7,000원(대자를 시키면 1,000원 추가), 메밀바지락칼국수 6,000원, 메밀감자만두 5,000원
[겨울] 메밀팥칼국수 6,000원, 새알팥죽 6,000원

간보기

면을 먹고 싶으면 안심하고 찾을 수 있는 집이다. 다양한 면류가 고르게 수준 높은 맛을 내고 있어 선택의 폭도 넓다.

맛보기

2016년 4월에 찾아가 콩국수, 물냉면, 비빔냉면, 만두를 주문했다.

● 전체 _ 면을 위주로 하는데 모두 메밀면을 쓴다. 콩국수와 메밀소바가 주요 음식이나 냉면 맛도 뛰어나다. 쫄깃쫄깃한 만두도 먹을 만하다. 면이 모두 양이 적지 않아 한 끼 식사로 부족하지 않다.

● 주메뉴 _ 메밀은 고혈압, 피부미용, 변비 등에 좋은 건강식으로 성인병 예방에 좋으므로 편안하게 즐길 수 있는 음식이다.

메밀물냉면 : 국물이 시원하고 면발은 쫄깃하고 부드럽다. 국물에서 인공 조미료 맛이 느껴지지 않는다. 약간 달콤하고 시원한 맛은 거부감 없이 부드럽게 감긴다.

메밀비빔냉면 : 진하지 않은 양념, 맵지 않은 맛에서 깊이 있는 손맛이 감지된다. 자극적인 고춧가루가 아니어서 좋다.

메밀콩국수 : 갓 볶은 콩을 갓 찧어서 넣은 것처럼 향긋한 콩가루가 입맛을 돋운다. 면발은 메밀국수로 적당히 쫄깃하다. 국물은 약간 걸쭉하고 고소하여 콩을 좋아하지 않는 사람도 실한 국물을 마지막까지 즐길 수 있다.

메밀감자만두 : 쫄깃한 피와 속 찬 만두는 크기에 비해 실속 있는 맛을 낸다. 메밀

▲ 메밀비빔냉면

▲ 메밀콩국수

▲ 메밀감자만두

감자를 피로 하고 있고 속은 다양한 재료를 사용한다.

● 밑반찬 _ 김치와 단무지가 나온다. 회를 동하게 하는 묵은지의 깊은 맛이 예사 솜씨가 아니다. 그러나 밑반찬을 조금 강화하면 어떨까 하는 아쉬움도 있다.

맛본 후

메밀국수도 콩국수와 함께 주요 메뉴이다. 시원한 국물, 쫄깃한 국수가 주요 메뉴로 손색없는 맛을 가지고 있다. 겨울에는 팥칼국수와 새알팥죽을 먹을 수 있다. 팥음식 또한 선호하는 사람들이 맛을 보장하는 음식이다.

어떤 음식이나 외길을 가면 전문가가 될 수 있다는 것을 보여주는 식당이다. 콩국수와 메밀국수를 주요 메뉴로 하여 매우 소박하게 시작한 식당이 면 전문 음식점이 되고 한옥마을의 한 축을 담당하는 전주 주요 맛집이 되었다. 그 덕분에 전주에만도 몇 군데 분점을 가진 본점이 되었다. 맛과 가격에 대한 기대를 거스르지 않고 꾸준히 노력한 결과라 할 수 있다.

이렇게 손맛 깊은 음식점을 키워낸 전주사람의 민감한 입맛에 경의를 표한다. 덕분에 맛있는 음식을 누구나 즐길 수 있게 되었다. 이런 집을 찾는 고객 덕분에 전주가 맛의 고향이 된다.

가운데집

전북 전주시 덕진구 추천로 171(팔복동2가 7-3)
063) 211-5366
주요 메뉴 : 족발
가격 : 양념족발 1인 13,000원, 비빔밥 4,000원, 국수 3,000원, 누룽지 2,000원

간보기

특별한 족발, 토속적인 족발을 먹고 싶을 때 딱 적당한 메뉴다. 특히 오향족발 맛이 식상한 사람들은 더 만족할 것이다. 깊이 밴 양념 맛에 불에 그슬린 불 맛, 그리고 기분 좋게 자극적인 매운 맛이 어우러

▲ 양념 족발

▲ 소면국수

▲ 누룽지

져 독특한 풍미를 갖는다.

맛보기

2016년 4월에 주문하여 양념족발, 국수, 누룽지를 주문했다.

● 전체 _ 고추장 양념족발이 야채와 약간의 밑반찬, 국과 나온다. 족발은 고기와 뼈를 분리하지 않고, 족발 원형 모습 그대로 요리되어 나온다. 족발을 흥건히 먹고 난 이후 국수, 누룽지 등으로 마무리를 하면 깔끔한 맛이 여운으로 남는다. 비닐장갑을 끼고 먹으므로 손이 둔해져 입에 고추장이 묻기 쉽다. 연인끼리 갈 때는, 초기 연인은 이미지 변신이 필요할 때, 묵은 연인은 음식 맛만 추구해도 괜찮을 때 함께 할 것을 권한다.

● 주메뉴 _
족발 : 양념족발은 보통 족발과 조리 방식이 많이 다르다. 여러 양념을 넣고 1차 삶아낸 족발에 고추장 양념을 발라 다시 구워내어 맛을 낸다. 2차에 걸쳐 공들이는 양념 맛이 족발에 배고, 불에 구울 때는 껍질이 꼬들꼬들해지면서 불 맛까지 배어 순간에 입안에 군침이 도는 맛있는 외양과 속맛을 갖게 된다. 매운맛과 보통맛이 있는데, 매운맛은 정말 맵다.
채소 : 당근, 오이, 고추, 마늘 등 신선한 채소가 푸지게 제공된다.
소스 : 된장, 고추장. 고추장은 불에 구울 때 족발 표면에 바르는 그 고추장양념이다. 고추장에 많은 양념을 한 것이어서 맛이 훌륭하다.

● 반찬 특기사항 _
밑반찬 : 김치, 번데기. 번데기는 고소한 맛이 입안에 가득하여 즐겁다.
국 : 미역국, 콩나물국. 미역국은 뜨겁게, 콩나물국은 차갑게 나온다. 족발이 매우면서도 느끼하므로 이를 완화시켜준다. 콩나물국은 전주콩나물 제맛이 난다. 전주콩나물은 원래 임실 서목태(쥐눈이콩)를 전주좋은 물과 기후에 길러내어 좋은 맛을 내

므로 유명하다. 콩나물은 전주비빔밥 맛의 주요 공신이 되는 주재료가 되는데 이 콩나물국에서도 바로 그 맛을 느낄 수 있다.

소면국수 : 멸치국물 맛이 잘 우러나 잔치 때 먹는 국수 맛이 난다. 양념은 비교적 간단하게 호박, 달걀, 김가루, 파양념장 등으로 맛을 냈다. 호박은 볶지 않아 개운한 맛을 낸다.

누룽지 : 눌은밥은 밥알이 뭉개져 서운하지만 고소함만은 대단하다. 시중 상품에서는 찾기 어려운 맛이다. 이전에는 놓친 맛이어서 더 반갑다.

맛본 후

이 집은 같은 족발이라도 조리법에 따라 다른 풍미가 나고, 같은 재료라도 얼마든지 다양하게 조리할 수 있다는 것을 말해준다. 20년 전 먹을 때는 훨씬 더 쫄깃했다. 한동안 질척한 맛이 나서 서운했는데, 이번에는 원래 맛을 상당히 회복해서 안도가 된다. 족발 맛은 혀에 닿아 쫄깃거리는 물리적 감각이 매우 중요하다. 삶은 후에 구워내므로 자칫 물컹거리고 느끼해지기 쉬운데, 옛 맛이 어느 정도 회복되어 다행이다.

전주가 음식의 본향인 것은 출중한 음식 맛 외에 음식의 다양성도 중요 원인이다. 장가네 왕족발의 맛도 탁월하지만, 고추장 족발의 맛도 상당하니 즐겁게 비교하며 먹어보자.

먹을 때는 우아를 유지하기 힘들다. 고추장을 조심하면서 모양새 복잡한 음식을 요리조리 발라내며 먹는 데 몰두하다 보면 품위를 돌볼 여유가 없다. 포만감을 느끼고 나서 문득 얼굴을 들어보면 앞 사람, 입 주변에 고추장 잔뜩 묻힌 앞 사람이 폭소를 자아낸다. 그런데 그것은 바로 내 모습. 그런 우리 모두 서로 닮아 있지 않나? 먹는 모습으로 보면 양반 음식이라 하기는 어려울 것 같지만, 유쾌한 분위기여서 더욱 즐겁다.

김판쇠전주우족탕

전북 전주시 덕진구 태진로 132(금암1동 455-23)
063) 252-5010
주요 메뉴 : 우족탕
가격 : 우족탕 10,000원, 우족탕 특 15,000원, 갈비탕 9,000원, 꼬리곰탕 14,000원

간보기

진하고 깊은 우족탕을 맛볼 수 있다. 우족탕집 찾기가 점차 어려워지고 있는 요즘 매우 반가운 식당이다.

맛보기

2016년 4월에 찾아가 우족탕을 주문했다.

▲ 우족탕

● 전체 _ 우족탕과 밑반찬이 나온다. 우족 수육도 나와 푸진 인심이 감지된다.

● 주메뉴 _

우족탕 : 진하고 고소한 국물, 국물에 가득히 든 우족수육이 좋다. 국수와 파를 넣으면 국물 맛이 더 살아난다. 깍두기국물을 우족탕국물에 넣으면 시원한 맛을 즐길 수 있다. 소금을 조금만 넣어 고소한 국물을 낭비하지 않기를 바란다.

국수, 파, 우족수육 : 국수와 파는 우족탕 국물이 뜨거울 때 넣으면 맛이 서로 배이고 섞여 좋다. 우족수육은 쫄깃거리고 고소해 좋다.

우족탕 국물은 질리지 않고 고소하게 느껴진다. 국물에서 냄새가 나지 않고 소고기의 고급스러운 맛을 잘 우려내고 있다. 탕에는 국내산과 외국산을 같이 쓰고, 수육은 국내산을 쓴다.

● 반찬 특기사항 _ 김치, 무생채, 깍두기, 고추초장아찌

무생채는 약간 꼬들꼬들한 감이 전주 맛을 보여준다. 생채는 생것, 깍두기는 약간 익은 것이 제공되어 깍두기 국물을 우족탕에 넣어 즐기는 사람이 좋아할 만하다.

맛본 후

옛적에는 우족탕을 먹으려면 시집가는 날 골목의 '우미옥'으로 갔다. 우악스럽게 큰 깍두기와 진하고 하얀 우족탕 국물을 앞에 놓고 이런 고급스러운 음식이 다 있구나, 하고 감탄했었다. 우미옥은 졸업식 날 짜장면 집을 찾던 것만큼 특별한 집이고 고급 식당이었다.

그런 우미옥이 없어지고는 찾아가 먹을 만한 우족탕이 없어 섭섭했는데, 김판쇠우족탕이 뒤를 이은 것 같아 다행이다. 우미옥의 격조와 추억을 찾는 것은 지나친 욕심일까? 하지만 김판쇠우족탕집이 이제 여러 분점을 거느릴 만큼 호응받는 맛집의 맏형이 되었으니 기대할 만하지 않을까.

오선모옛날김밥

전북 전주시 완산구 송정1길 1(삼천동1 가 601-11)
063-221-3057
주요 메뉴 : 당근김밥(1줄 2,500원)

간보기

김밥의 진화, 아니 집밥으로의 복귀이다. 상업적인 냄새 나지 않는 김밥, 수더분하고 실한 김밥을 엄마표 아닌 식당표로도 먹을 수 있게 해줘 고맙다. 아니 엄마가 식당으로 와줘서 고맙다.

맛보기

2016년 9월과 2017년 12월에 찾아가 당근김밥을 주문했다.

● 전체 _ 간단한 김밥, 그것도 햄도 시금치도 없는 당근김밥. 그 흔한 참치김밥도 김치김밥도 마다하고 달랑 하나 당근김밥만 싸는 고집. 김밥이라는 그 흔한 음식에도 이렇게 찬란하게 음식에 대한 애정과 그로 인한 전문성이 녹아들 수 있구나, 새로운 발견이다.

● 주메뉴 _ 김밥에서는 주메뉴인 당근은 물론이고 밥에도 온갖 정성이 다 들어간 것이 느껴진다.

사람들이 시중 김밥을 좋아하지 않는 이유는 생당근, 생오이, 맛살, 햄 등을 조리하지 않고 그대로 넣기 때문이다. 특히 생당근 김밥은 먹기 힘들다. 생당근은 결국 김밥을 통째로 생식으로 만들어놓는데, 거기에 맨밥과 만난다면 김밥 먹기는 거의 고문이 된다.

그런데 이 김밥은 생당근과 맨밥 김밥이 함은 풀어주는 것을 넘어시 단순한 제료도 어떻게 맛있는 음식으로 승화될 수 있는지 보여준다.

다른 재료 다 포기하고 당근이 절반은 차지하게 푸진데, 꼬들꼬들하게 볶아 살짝 들어 있는 솔(부추)의 향기와 어우러져 혀에 감긴다. 오랜 경험에서 만들어낸 밥물과 소금, 기름, 마늘 양념을 쓰는 수고와 정성 덕에 밥과 속은 모두 제맛을 내며 어우러진다.

비빔밥의 밥이나 거섶이 각각 개별적으로 최고의 맛을 가지고 있어야 최고의 비빔밥이 만들어지듯 김밥 또한 그러함을 다시 한번 확인하게 된다.

또 하나 내가 생각하는 이 집 김밥 맛의 비결이 있다. 보통 김밥은 기계적인 방식으로 싸서 모양과 크기가 일정하다. 보기는 좋지만 김밥 속과 밥이 어우러지기는 쉽지 않다. 이 김밥은 적당히 눌러 싸서 속과 밥이 어우러지게 하여 씹으면서 맛을 찾아가도록 한 것이다. 김밥 쌀 때의 속과 밥의 밀착도 및 밥의 강도는 중요하다. 공기가 안 섞이면 팍팍하여 씹기 어렵고 옆구리가 터지도록 너무 허술하게 싸면 김밥 속이 입안에서 따로 놀아 김밥이

▲ 딩근김밥

아닌 각각의 재료를 먹는 것으로 그치기 때문이다.

　모양보다 맛을 추구하는 집밥의 특성이 여기에도 나타난다.

● 그럼에도 아쉬운 것 _ 아무리 예술김밥이라도 맛의 단조로움은 피할 수 없다. 아직도 김밥에서는 비빔밥처럼 속맛의 조화를 기대하기 때문이다. 화룡점정이 되는 추가 재료는 불가능한 것일까. 간판에도 오색김밥 사진인데 말이다.

맛본 후

　김이 일상의 음식이 된 것은 일제 때부터라 한다. 김밥도 굳이 소종래를 따지자면 일본에서 온 음식이고, 두 나라 김밥은 다르다. 일본의 김밥은 김밥집이 따로 없는 초밥집의 보조 음식일 따름인데, 우리의 김밥은 일상화·대중화되어 있는 독립적인 음식이다. 김밥이 이제는 소풍날 싸는 특식, 편한 점심, 간편 야외식, 부담 없는 별식이다. 초밥은 일본의 대표음식으로 국제무대에 나선 지 오랜데 김밥은 아직 주저하고 있다는 것이 이상하다.

　요즘 김밥의 변형이 상상 이상이어서 조만간 초밥을 넘어설 거라는 기대를 갖게 한다. 오선모 김밥이야말로 그 기대의 증거이다. 인간에 대한 애정과 음식에 대한 탐구가 예술 수준인데 어떻게 전주에만 가둬둘 수 있겠는가. 이런 음식을 세상 사람들에게 골고루 먹이고 싶다.

누가 이런 말을 했다. 이런 김밥 맨날 먹고 사는 전주 사람은 좋겠다! 나도 그렇다! 부러워하기에 앞서, 이런 김밥을 발굴하고 키워낸 그 안목에 먼저 고마워해야 하는 것이 아닐지. 철학도 정치도 분쟁도 잠깐 멈추고 혀끝의 그 맛을 다시 한 번 음미하면서 말이다.

　참, 월요일은 쉰다. 그날 재료가 다하면 영업을 멈춘다. 앉아서 먹을 데는 없으니 사 가지고 와서 먹어야 한다.

삼백집

전북 전주시 완산구 전주객사2길 22(고사동 454-1)
063-284-2227
홈페이지 : http : //www.300zip.com
주요 메뉴 : 국밥
가격 : 콩나물국밥 6,000원, 해온반 7,000원, 선지온반 7,000원, 고추군만두 4,000원, 삼겹간장조림 13,000원

간보기

　전주콩나물국밥의 대명사로 유서 깊은 음식점이다. 콩나물국밥은 간판음식으로서의 유서도 대단하지만 맛이 유서에 부끄럽지 않다는 점이 더 돋보인다. 여전히 맛있는 음식을 내면서 덕분에 발전해가는 식당이 보기 좋다.

▲ 콩나물국밥　　　　　　　　▲ 고추군만두

맛보기

2016년 10월에 찾아가 콩나물국밥과 고추군만두를 주문했다.

● 주메뉴 _ 달걀이 반숙으로 국물 속에도 들어 있고, 따로 곁반찬으로 나오기도 한다. 콩나물이 가득 든 국물이 구수한 맛을 낸다. 김이 같이 나와서 국밥을 싸먹을 수 있다.

● 반찬 특기사항 _ 국밥 반찬 치고는 다양하다고 할 수 있다. 간 맞추는 새우젓 외에 김치, 깍두기, 소고기자장(장조림) 등이 나온다. 자장(煮醬)이 조선간장 짠맛에 담백한 제 맛이라 옛 생각이 난다.

김치, 깍두기 : 김치는 적당히 익은 데다 젓갈이 진하지 않아서 시원하다. 적당히 익어 국물과 곁들이기에 알맞은 깍두기는 서걱서걱 시원하게 국물과 어울린다.

국밥 : 국물에 밥을 말아 내오나 밥을 넣고 끓인 것은 아니어서 아직 탱글거리는 밥알 맛을 국물 맛과 별도로 느껴가며 먹을 수 있다. 통통한 콩나물 자체가 맛을 내

는 중요한 비결로 보인다. 국물 맛은 개운하면서도 구수하다. 달걀이 풀리면서 국물은 약간 탁해지나 여전히 담백한 맛이다.

고추군만두 : 국밥으로만 허할 거 같아 곁가지 음식으로 시켜보았다. 고추 모양의 고추색 만두피 안에 든 당면, 고추 등 다양한 재료가 부드러우면서도 산뜻한 맛을 낸다. 주문해도 후회하지 않을 맛이지만 국밥을 제칠 간판음식이라기보다 보조용 별식 수준이다.

● 다른 음식 _ 해온반은 오징어가, 선지온반은 선지가 들어 있는 국밥이다. 선지온반도 개운한 맛이 권할 만하다. 온반이 무슨 말일까? 온반은 말 그대로는 따뜻한 밥이지만, 장국밥도 아울러 칭한다. 앞의 '해'는 무슨 말인지 모르겠다. 상품명이 아닐까.

모주가 유명하니 곁들일 만하겠다.

맛본 후

전주콩나물국밥은 맛있다고 소문난 삼백집, 한일관, 현대옥, 왱이집 네 집이 천

하를 사분하고 있는 것으로 보인다. 하지만 대표격은 역시 삼백집과 현대옥이다. 삼백집은 역사가 오래여서 전주콩나물국밥을 전국에 알리는 데 많은 공을 세웠다. 요즘에는 삼백집에서도 전에 안 내던 김과 오징어 국밥을 내고 있는 것이 다른 집들과 비슷해졌다. 보존과 변화를 같이 모색하는 것은 좋은 일이다.

두 집 음식의 맛 차이는 국물에서 난다. 삼백집은 밥을 말아서 내고, 현대옥은 따로 내어 밥맛이 스미지 않은 개운한 국물 맛을 자랑한다. 밥도 일부러 식혀서 낸다. 밥이 국물 맛에 뭉개지거나 국물이 밥맛을 금방 빨아들여 탁해지는 것을 막아, 고유의 맛을 가진 밥과 국물을 입안에서 합쳐가며 먹으라는 것이다. 허가 가진 탐미의 기능을 즐기게 된다. 삼백집도 '온반'은 밥을 따로 내지만, 콩나물국밥을 원조로 보면 그렇게 볼 수 있다는 말이다.

삼백집은 달걀도 국물 안에 넣어 낸다. 반숙달걀이 국물에 풀리면서 걸쭉해지는 것은 어쩔 수 없다. 개운한 국물 맛보다 부드럽고 입에 붙는 맛을 더욱 소중하게 여긴다. 현대옥은 달걀도 수란으로 따로 내어 국물 맛과 분리하려고 한다. 맛이 현대옥에서는 칼칼하고 시원하다면, 삼백집으로 가면 부드럽고 깊어진다.

국물 맛이 다른 이유가 더 있다. 현대옥은 바쁘게 장사해야 할 시장 상인들을 대상으로, 삼백집은 시내에서 일반인을 대상으로 영업을 해와 손님들의 성향 차이가 있다. 현대옥의 고객들은 바쁘게 움직여야

하므로 밥을 식혀 말아주고, 삼백집은 뜨거운 국물을 느긋하게 즐기고 따뜻한 기운이 몸으로 퍼지기를 즐기려는 사람들이 원하는 국물을 제공하려고 한꺼번에 밥과 달걀을 국에 말아낸다. 맛의 우열이 아니라 먹는 사람의 성향에 따라 요리 방식이 달라진 것이다.

현대옥은 후발주자지만 골수 단골을 짧은 시간에 많이 확보하여 삼백집의 역사와 대적할 만하게 성장했다. 두 집 모두 1대가 퇴진하고 다음 세대가 경쟁적으로 분점을 내고, 경영 마인드로 음식점의 기업화를 이루어가고 있다. 경쟁적 관계를 가지고 전주 음식을 전국화하며 영세업종이 자본의 확장을 이룩하고자 한다. 분점에서도 제대로 된 음식 맛을 유지하는 것이 큰 과제가 되었다. 분점 확장 때문에 고유의 맛이 훼손되지 않기를 바란다.

콩나물국밥은 뭐니 뭐니 해도 콩나물 맛이 중요하다. 관련 업계에서는 전주콩나물국밥에 더 잘 어울리는 콩나물을 개발하겠다고 공표했다. 임실 서리태를 전주 한벽당 인근 샘물로 키운 것이 최고의 맛을 낸다고 하는데, 요즘은 개량종인 풍산나물콩을 주로 쓰는 것으로 알려져 있다. 더 섬세해진 소비자 입맛도 맞추고 대량 생산을 통해 늘어난 소비자의 물량 요구에도 부응하여, 맛을 유지하며 효율적 경영을 하겠다고 하니 기대해볼 일이다.

아무리 손님이 많이 와도 삼백 그릇 이상은 팔지 않아 간판 없는 국밥집이 '삼백집'이 되었다는 삼백집. 그 장인정신, 인간

정신이 가슴에 와 닿는다. 재료가 떨어지면 문을 닫는 오선모 김밥의 정신도 같은 맥락이다. 역량이 감당하는 한에서만 영업을 해서 맛과 손님에 대한 최선을 지키겠다는 것이다. 누구에게나 좋은 음식을 먹이겠다는 인간정신, 누구에게나 같은 맛을 즐기게 해주겠다는 장인정신, 분점 확장에서도 지켜나가기를 기대한다.

▲ 감자탕

육일식당

전북 전주시 완산구 서원로 189(효자동 1가 358-31)
063-221-3687, 010-6632-368
주요 메뉴 : 감자탕
가격 : 감자탕 대 37,000원, 중 28,000원, 소 19,000원, 고구마순 추가 4,000원

간보기

감자탕, 전문집의 전문요리이다. 맛이 진해 먹기 부담스러울 수도 있는 감자탕을 어떻게 이처럼 실속 있게 개운한 국물로 만들어낼 수 있는지 놀라울 따름이다.

맛보기

2017년 1월과 6월, 2018년 2월에 찾아가 감자탕을 주문했다.

● 전체 _ 감자탕 전문집이고 감자탕만 한다. 감자탕 주요리에 맛깔스런 곁반찬이 주요리 맛을 돋궈줄 정도로 나온다. 국물 맛, 뼈 부위, 뼈에 붙은 고기의 쫄깃한 맛, 그리고 뭣보다도 고구마순 거섶의 맛이 이보다 더 맛있는 감자탕을 만들 수 있을까 싶다. 모든 재료와 국물 맛이 어우러진 조합이 환상적이다.

● 주메뉴 _ 감자탕 국물 맛이 우선 일품이다. 보통 감자탕 맛은 양념이 진하고, 돼지 등뼈의 진한 맛 때문에 국물 맛이 진하긴 어렵다. 오히려 진한 재료 맛 때문에 얼큰하고 걸쭉한 국물을 찾을 때, 맵쏘름한 등뼈갈비 맛을 찾을 때 먹는 음식이 감자탕이어서 국물 맛을 기대하지 않는 것이 보통이다.

그런데 이 감자탕은 감자탕 개념을 바꾼다. 국물이 개운하다. 시원하고 개운한 이 맛을 내기 위해 얼마나 많은 시행착오를 거쳤을까. 감자탕을 좋아하는 사람이라면 죽기 전에 꼭 먹어봐야 할 음식이다.

고구마순 시래기를 어떻게 감자탕과 결합시켰을까. 고구마순이 어떻게 이렇게 등뼈와 잘 어울릴 수 있을까. 시래기는 퍼지지 않고 쫄깃거리며 뼈감자탕이 아닌 고구마순감자탕 같은 주연 몫을 한다.

뼈다귀도 등뼈만이 아니라 다리뼈도 올라온다. 국물 맛과도 관계 있지 않을까. 다리뼈는 고기 맛이 쫄깃해서 더 좋다.

● 반찬 특기사항 _ 마늘쫑김치, 숙주나물, 조개젓, 깍두기, 청양고추 등 주요리를 적절하게 보조하는 곁반찬이 깔끔하게 나온다. 김치류의 맛이 모두 장인 솜씨이다. 조개젓이 탐스럽다.

김치 : 대부분 김치 하나만 봐도 그 식당의 음식 수준이 파악이 된다. 김칫독을 땅속에 묻기는 어려웠을 터인데 어떻게 이렇게 시원하고 깊은 맛을 낼 수 있는지 감탄스럽다. 감자탕을 안 먹어봐도 이 식당은 합격이다.

● 먹는 방법 _ 음식량이 서운하면 고구마순을 추가할 것을 권한다. 라면은 국물 맛을 톱톱하고 짜게 만든다. 국물을 제대로 먹고 싶으면 그대로 밥을 더하여 말아 먹는 것이 더 좋다.

맛본 후

전주가 왜 음식의 고장인지 다시 한 번 말해주는 집이다. 전주 음식이 다양하고

맛의 층위가 두텁다는 것을 알려주는 장인을 만날 수 있다.

한국 음식은 피자나 햄버거처럼 맛을 표준화하기가 참 어려운 음식이다. 계절마다 해마다 날마다 재료의 상황이 달라지기 때문이다. 날씨에 따라서 환경에 따라서, 농사 방법에 따라서, 그 밖에 많은 변수로 재료의 상태가 달라진다. 재료나 양념을 표준화하기보다 입맛을 표준화하는 것이 맞다고 생각한다.

재료가 달라져도 재료를 조정하여 표준화된 맛을 낼 줄 알아야 식당을 할 수 있다. 음식 체인점이라 할지라도 재료의 비율이 아니라 재료의 변이를 조정하는 감식안으로 맛을 지켜내야 하기 때문이다. 체인점이 실패하는 경우는 입맛과 솜씨를 갖고 있지 못했을 확률이 높다.

이 집은 그 모든 점에서 으뜸이다. 감자탕의 모든 주재료와 부재료가 환상적인 맛의 조합을 이루고 있는 것도 대단하지만, 고구마순과 감자탕을 결합시킨 창의력이 더 대단하다. 음식 코디의 층위는 두 가지다. 하나는 전체 밥상에 오르는 음식들끼리의 코디, 또 하나는 하나의 음식 재료들끼리의 코디이다. 이 감자탕 요리와 상차림은 두 가지 점에서 모두 손색이 없다. 그야말로 음식의 달인, 장인의 솜씨이다. 거기다 이렇게 오랫동안 맛을 유지하는 것은 성실성의 문제이기도 한데 그 점에서도 나무랄 데가 없다.

찾기도 어려운 곳까지 가서 이런 음식을 빛나게 하는 전주 사람들의 감식안에

다시 감탄한다. 전주가 맛의 고장인 것은 이런 장인 덕분이기도 하지만 사실 더 큰 공로자는 이런 맛을 알아내는 식도락가들이다. 이런 음식을 먹어보게 해주는 양자 모두에게 경의와 감사를 표한다.

베테랑칼국수

전주시 완산구 경기전길 135 (교동 84-10)
063-285-9898
주요 메뉴 : 칼국수
가격 : 칼국수(6,500원 : 향후 인하 예정), 쫄면(6,000원), 만두(5,000원)

간보기

칼국수는 그릇이 넘치게 양이 많고 양념이 가득해 국물도 틉틉하다. 양과 맛과 영양이 보통 칼국수가 한 끼 식사로 뭔가 부족하다고 생각하는 우려를 가시게 해준다.

맛보기

2017년 1월에 찾아가 칼국수와 만두를 주문했다.

● 주메뉴 _
칼국수 : 그릇이 넘치게 면과 국물이 가득 나오는 칼국수, 역시 전라도 인심이다.

양이 많으면 보통 맛에 대한 우려를 하게 되지만 틉틉하고 진한 국물 맛이 한 끼 흡족하게 때울 수 있는 음식임을 보증한다. 들깨, 달걀, 김 등이 잔뜩 들어가고 양념 가득한 데다 여러 가지 재료로 우려낸 국물이 건더기만 좋아하는 사람도 마다하지 않고 한 그릇 통째로 비우게 한다. 국물이 짜지 않고 진해서 먹기에 부담이 없다.

손으로 쳐낸 것이 아님에도 퍼지지 않고 적당히 굵은 면발이 제법 쫄깃한 맛이 난다. 보통 칼국수는 면발의 쫄깃한 맛을 살리고자 하면 면발을 손으로 쳐내서 만들거나 반죽을 말아 칼로 썰어 만든다. 이 면은 국수틀에 넣고 눌러 만든 것으로 보인다. 만들기는 용이하나 쫀득거리는 맛은

▲ 칼국수

▲ 만두

떨어진다. 단지 면을 만들 때 프랑스 소금을 쓴다고 되어 있다. 소금과 면의 쫄깃거리는 맛이 관계가 있을까.

만두 : 만두피가 매우 얇다. 속이 고기와 잡채 등으로 꽉 차 있어 탄수화물 과다 섭취에 대한 염려를 줄여준다. 만두피는 얇으면서도 쫀득거려 속과 섞여서 속맛을 잘 즐길 수 있도록 도와준다.

만두는 어지간만 해도 참 맛있게 먹을 수 있는 음식이다. 그렇지만 만두피가 두껍거나 속이 부실하거나 맛없는 속일 경우까지 맛있는 것은 아니다. 특히 만두피를 발효시킨 경우는 쫀득거리는 맛이 완전 사라지므로 맛있는 맛은 포기해야 한다. 만두피는 얇아야 맛있다. 그러나 얇으면 속이 잘 터진다. 쫀득하지 않으면 터져버리므로 얇게 만들 수 없다. 이 집 만두는 피가 얇고 쫀득거린다. 속도 고기와 당면이 어울려 적당히 씹는 맛이 나면서 피와 어울리면 쫀득거리는 맛이 혀에 잘 감긴다. 맛과 식감을 다 즐길 수 있다.

● 반찬 특기사항 _
깍두기 : 약간 익어 사각거리고 만두와도 칼국수와도 잘 어울린다. 적당한 크기여서 먹기에 부담스럽지 않고 좋다.
단무지 : 신선하고 약간 달콤하다. 신맛이 나지 않아 좋다.

맛본 후

이 집 칼국수는 전주 사람들에게 구황식품 같은 음식이었다. 싸고 양이 많은 음식이었으니까. 고맙게 싼 음식이 맛도 괜찮아서 여느 맛있는 음식처럼 즐겁게 외식기분을 내며 먹을 수 있었다.

별식으로 먹는 칼국수가 생각나면 부담 없이 갈 수 있었던 집, 덕분에 '성심학교 앞 칼국수' 하면 전주 사람들치고 모르는 사람이 없을 정도로 유명했다. 얇은 호주머니 탓에 특히 젊은이들이 자주 들락거리던 집, 그래서 세대를 불문하고 학창시절 공동의 기억 속의 이 집이 있다.

칼국수는 미국의 원조 밀가루 덕분에 50년대 이후부터 본격적으로 먹기 시작했던 음식이다. 그래서 전통이 아닌 창조에 의존해야 했던 음식이다. 현대옥과 삼백집이 저마다 개성을 뽐내며 전주 해장국의 대표상품이 되었듯이 베테랑칼국수는 또 하나의 전주 칼국수 대표가 되었다.

그때 이 집이 전국적인 맛집이 되는 유명세를 탈 것을 예측한 사람이 누가 있었을까. 이제는 전주를 넘어 서울에도 분점을 내고 베테랑표 칼국수를 칼국수의 보통명사로 만드는 중이다. 조만간 중국의 란저우라면(兰州拉面), 다퉁(大同)의 따오샤오미엔(도삭면, 刀削麵)처럼 면의 한국 대표 주자가 될 거 같다.

란저우에 가면 밀가루 반죽을 양쪽에서 던져가며 길게 라면(길게 늘인 면)을 만드는 시연을 보여준다. 다퉁에 가면 원통형으로 바가지만 하게 빚은 커다란 밀가루 반죽을 가슴에 안고 눈에 안 보일 정도로 빠른 속도로 칼로 반죽을 쳐내 물이 끓는 가마솥에 잘라 넣는다. 이런 모습 자체가 관광상품이다. 먹는 면만이 아니라 보는 면으로도 만드는 것이다. 손님들이 입을 벌리고 놀라서 그런 묘기들을 보고 나면 어떤 유적보다 깊이 머리에 새기고 돌아온다. 원강석굴보다 따오샤오면이 더 기억에 남는다면 달 가리키는 손가락만 보고 온 것인가.

오랜 음식점들이 한옥마을을 키우고 한옥마을이 이들 맛집을 키운다. 면 맛집이니 음식과 겸하여 다른 관광상품도 결합시킬 수 있음직하다. 더구나 한옥마을에 있으니 말이다.

칼국수를 앞에 두고 밀린 대화를 한갓지게 나눌 생각을 하는 사람은 없다. 먹기가 무섭게 일어나는 것이 보통이어서 얼른 먹고 일어나려 하지만 이 집에 오면 그 생각보다 더 빨리 일어나야 한다. 밀려드는 손님 덕에 칼국수가 어디로 들어가는지 모르게 정신없이 먹고 나서 물 마실 새도 없이 일어서게 만드는 집, 서비스도 어찌 그렇게 친절하면서도 빠른지 잠시라도 주저할 명분이 없다. 거기다 식탁은 칼국수와 만두를 놓으면 여유 공간이 거의 없다. 최소한의 공간과 시간만이 허여되는 곳이다.

손님의 빠른 회전, 최소화된 식탁, 친절하고 빠른 서빙 등은 식당 활용률 최대화를 말해주는 것이다. 식당 운영자들이 한 수 배워야 할 방법임에 틀림없다.

거기에 반드시 배워야 할 것 하나 더. 40년 전의 맛이나 지금 맛이나 똑같은 프로정신, 한상선, 또 하나 추가하면 정말 시

족이겠지. 싸고 맛있게 공급하는 박리다매의 민중성, 인간성.

오늘 식당 가격표 옆에는 달걀 등 급작스러운 식자재 값 상승으로 어쩔 수 없이 칼국수 값 500원 올린다는 공지, 정상화되면 값을 다시 환원하겠다는 약속이 적혀 있다. 은근슬쩍 몰래가 아니라 공개적으로 동의를 구하고 고객과 민중과 같이 가겠다는 것이다. 인간정신이 미더운 집이니 인상에도 인하에도 동참해야 할 거 같다.

효자문

전북 전주시 완산구 전주객사4길 43(고사동 378-5)
063) 288-2816
주요 메뉴 : 갈비탕, 우족탕, 불갈비
가격 : 갈비탕 11,000원, 특갈비탕 14,000원, 우족탕 11,000원, 불갈비 28,000원, 갈비전골 소 50,000원

간보기

오래된 묵은 맛집, 품위 있는 맛집이다. 격조 높은 부자의 품격이 음식에 담겨 있다. 반질반질 정갈한 마루를 지나 머름대 건너 미닫이문을 열면 콩기름 먹인 노란 한지 장판, 그곳 따뜻한 아랫목 안에 묻어 둔 놋그릇 밥맛이 이런 맛일 것이다.

▲ 갈비탕　　　　　▲ 불갈비

맛보기

2017년 2월에 찾아가 갈비탕과 불갈비를 주문했다.

● 전체 _ 상차림 품새가 신뢰와 안정감을 준다. 이런 음식은 맛이 없을 수 없겠다. 기대를 갖게 하는데 역시 기대가 헛되지 않다. 화려하지만 가벼운 반찬, 어지러이 널어놨으나 먹고 나면 위도 마음도 허전한 반찬과 많이 다르다. 40년이 되었다는 효자문. 전주가 왜 맛의 고향인지 고개를 끄덕이게 한다. 이런 음식점이 곳곳에 널려 있는 전주는 역시 전주다.

● 주메뉴 _

갈비탕 : 옛날 모두가 한우를 먹었던 그때의 그 아련한 맛이 여전히 확인된다. 한우갈비의 맑은 국물에 간장으로 간을 해서 미미하게 달착지근한 맛, 그 맛을 감싸는 고기 맛, 이팝에 고깃국을 말 때의 그 고깃국 맛은 이 맛을 말할 것이다. 우리가 기대하는 부잣집의 고깃국 맛, 명절에 맛보던 그 고깃국 맛이 고스란히 남아 있다. 맑고 깨끗하지만 풍부한 맛이다.

불갈비 : 혀에 붙는다는 게 바로 이런 척척 앵기는 맛일 터. 갈비탕에서는 좀 성근 고기 맛을 본다면, 옹골지고 깊은 맛은 갈비에서 보게 된다. 쫄깃하게 앵기는 그 맛에는 불맛도 들어 있다. 느끼하지 않은 양념으로 잰 고기를 잘 구워내니 화려한 불맛이 배였다. 혀가 호사하는 날이다.

● 반찬 특기사항 _ 반찬을 손님이 직접 덜어 먹도록 되어 있다. 항아리에 담긴 김치, 깍두기 등 반듯한 음식들이 깊이를 머금고 손님을 기다린다.

국 : 불갈비에는 갈비국물이 함께 나온다. 갈비탕만큼 진한 국물은 아니고 갈비 맛은 빠졌으나, 고기 맛은 충분한 국물이 먹을 만하다.

● 김치 등 특징 _ 깍두기는 갓 담가서 겨울밤에 먹는 생무 맛이 청량하게 난다. 김치는 익은 김치와 봄동 겉절이 김치가 같이 나와 신선한 계절감과 깊은 맛을 다 맛볼 수 있다. 김치 솜씨도 불갈비 못지않게

익은 맛이다. 여타 재료 또한 신선함이 밥상의 산뜻함과 정성을 그대로 살린다.

맛본 후

음식 값이 조금 부담스러우나 한우이니 감당해야 하지 않겠는가. 갈비나 불고기는 수입육도 어지간히 먹을 만하다. 그러나 고깃국만은 한우를 고집해야 제맛 나는 국물을 먹을 수 있다. 그런데 갈비까지 한우이니 향수(鄕愁) 값, 풍격(風格) 값을 치른다 생각하자.

식당 바로 앞에 효자 정려각이 있다. 대대로 지극했던 수원 백씨 집안의 효성을 기려서 표창한 정문(旌門)이다. 그래서 그 앞의 음식점 이름이 효자문이다. 격조 있는 음식에 대한 의문이 반은 풀리는 것 같다.

전주에는 왜 이렇게 맛있는 음식, 대단한 식당이 많은가? 캐도, 캐도 고구마 줄기보다 더 줄기차게 나온다. 전주는 그 자체로 음식 전시장이다. 어디를 가도 맛집 먹자골목이다. 전주 사람들은 집에서는 안 먹고 모두 외식만 하나? 아니면 외지인 방문이 그렇게 많은 것인가? 한국에는 미국보다 인구 비례로 5배나 식당이 많다고 하는데, 이게 다 영업이 될까?

그러나 이런 의문은 바로 풀린다. 전주 한옥마을 관광객은 2016년 드디어 1,000만 명을 돌파하며 천만 시대를 열었다. 그 가운데 20대 젊은 관광객이 20%를 넘고, 수도권 원거리 관광객이 30%를 초과한다.

방문객은 더 늘어날 추세이다. 제주도 관광객이 1년이 1,400만이라고 한다. 지역의 넓이나 관광의 역사를 염두에 두면, 사실상 제주를 제친 것이 아닌가 한다. CNN도 아시아 3대 관광지의 하나로 전주를 꼽았다고 한다.

한옥마을이 이러한 위상을 갖게 된 것은 한옥마을 내의 인프라만 갖고는 불가능하다. 전주 어디서나 누릴 수 있는 양질의 음식문화가 한옥마을 관광과 연결되어 있다. 전통 의식주 영역에서 지금 우리가 간직한 것은 식생활밖에 없다. 한옥과 한복이 사라졌으니 말이다. 그러나 전주에 오면 그 세 가지가 고스란히 다 있다. 한옥마을이니 한옥이 있고, 거기다 한복대여점에서 빌린 화려한 한복을 입고 일대를 누비는 젊은 남녀 덕분에 한복까지 현존한다.

가장 정통한 맛과 품새를 간직한 한식이 전통음식을 넘어선 다양한 문화와 연결되어, 화룡점정으로 생활문화 보존을 완성한다. 이제 음식점이 많고 많은 이유를 알 수 있다. 관광객의 증가와 음식점의 증가는 원원하며 선순환하고 있는 것이다.

의식주 세 가지 전통 생활문화가 다 있는 곳은 전주밖에 없다. 세 가지 문화를 온존한 전주, 그 1등공신 전주의 음식은 한옥에 이어 한복까지 부활시킬 기세다. 이러한 선순환의 공로는 누구보다 전주의 음식 애호가들에게 돌려야 한다. 이들이 만들어 낸 구석구석 수준 높은 맛집이 전주를 음식문화재의 고장, 전통 생활문화의 고장, 관광의 고장으로 만들어지고 있다.

아중산장

전북 전주시 덕진구 아중저수지길 93-18(우아동1가 738-6)

063-241-0505

주요 메뉴 : 민물매운탕, 닭매운탕

가격 : 참게탕, 빠가탕, 메기탕, 우렁새우탕(소 각 39,000원~44,000원), 한방백숙 42,000원, 닭볶음탕 42,000원 등

간보기

전주는 안 맛있는 게 없나 보다. 빠가사리탕의 맛이 이렇게 환상적일 수 있구나. 닭매운탕은 순창고추장과 만나 일을 냈다. 국물까지 남기기 아깝다. 거기다 갖가지 곁반찬과 함께 한다.

맛보기

2017년 4월에 찾아가 빠가탕과 닭볶음탕를 주문했다.

● 전체 _ 저마다 제몫 이상을 하는 곁반찬과 함께 빠가사리탕, 닭매운탕이 나왔다. 들깨 잔뜩 얹은 빠가사리탕은 국물과 시래기의 깊은 맛이 좋다. 닭매운탕은 요리하는 사람들이 모두 이런 맛을 내려 하지 않을까 하는 생각이 들 만큼 쫄깃한 닭고기도, 틉틉한 국물도 제맛을 낸다.

● 주메뉴 _

닭매운탕 : 닭고기는 쫄깃거리면서도 닭냄새 없이 양념 맛을 잘 담고 있다. 감자, 당근도 적당히 익어 으깨어지지 않고 맛을 잘 담았다. 닭발도 맛을 내는 데 한몫하고 있다. 발의 쫄깃한 콜라겐 육질에도 맛이 배어 있다. 혀를 호강하게 만드는 이 국물 맛은 순창고추장과 진간장으로 30분 이상 졸여야 가능한 맛이란다.

쏘가리탕 : 아중저수지 옆에 자리 잡은 이 식당의 주메뉴는 민물매운탕이므로 이것이 주요리일 텐데 닭매운탕이 먼저 나오는 바람에 시선을 빼앗겨버렸다. 주 전공이 아닌 닭매운탕의 맛이 이러할진대 빠가매운탕의 맛은 더 말해 무엇 하랴. 깻잎, 들깨의 향이 1급수 살이 빠가사리의 개운하고 진한 맛을 잘 살린다. 빠가사리의 신선한 살의 육질이 시래기 맛을 품고 입맛을 자극한다.

● 반찬 특기사항 _ 과연 전주구나 싶다. 보통 타 지역 이런 주메뉴에는 곁반찬이 거의 딸려 나오지 않는다. 그러나 여기서는 맛의 허수가 없는 각종 곁반찬이 푸짐하게 나와 식탐 없는 사람도 음식에 탐닉하게 만든다. 우선 호박 등 각종 야채를 넣은 채소전이 입맛을 돋우고 이어지는 반찬도 모두 주메뉴에 잘 어울리는 것들로 맛과 성의가 한눈에 드러난다.

숙주나물, 세발나물, 고구마순볶음, 잡채, 도토리묵상추겉절이무침, 양배추찜, 깻잎, 젓갈 등등 한정식 상도 아닌데 열거하

▲ 닭매운탕

▲ 쏘가리탕

기가 벅차다.

김치 : 겉절이와 배추김치가 나온다. 둘 다 훌륭하지만 배추김치는 따로 말하지 않을 수 없다. 생김치 풍미의 김치는 양념 본새가 내놓을 만하다. 김치를 이렇게 내오는 집의 음식은 맛없기가 어렵다.

맛본 후 ─ 전주의 멋

식당을 끼고 있는 아중호수, 지금은 이름이 그렇게 낭만적으로 바뀌었지만 전에는 아중리 저수지라 불렸었다. 요즘 그 아중리 저수지의 밤풍경이 그만이다. 가장자리를 걸어 돌아볼 수 있게, 아름답게 조명 밝힌 산책길은 편안한 맘으로 밤에도 오고 싶어 하는 곳이 되어 있다.

여기가 거기 맞아? 중앙·전주·풍남 국민학교 헤엄깨나 치던 아이들이 원정 와서 솜씨 자랑하던 곳, 가운데로 들어가면 섬찟 달라지는 수온에 간담이 서늘해지던 곳, 아이들이 행여 와서 놀까 봐 어머니들이 종주먹을 대며 가지 못하게 다짐받던 곳이 여기 아니었나. 낮에도 한적했던 곳, 밤에는 물이 더 시커멓던 곳, 거기가 여기 맞아?

상전벽해(桑田碧海)는 바로 이런 것을 두고 하는 말일 게다. 대처나 이제 아중리 저수지라는 이름은 더 이상 어울리지 않을 듯하다. 연인들의 명소로 바뀌어가는 이곳은 저수지라는 실용성 담긴 무미한 이름보다 호수라는 로맨틱한 이름이 더 어울림직하다.

전주는 한옥마을을 위시하여 전체적으로 도시민의 문화적인 생활과 관광을 위한 노력이 매우 돋보이는 곳이다. 집 수리도 맘대로 못하고 집값도 상대적으로 떨어져서 불평이 많았던 동네를 연인들이 가보고 싶어 하는 곳, 생활이 담긴 근대 한옥 모습을 가장 잘 볼 수 있는 동네로 바꾸어놓아 그런 고통에 보답했다. 그런 배려가 시내 사람들에게는 외지고 아득하여 겁나던 이곳까지 이렇게 운치 있게 바꾸어놓았다.

그래서 이제 누구나 가보고 싶어 하는 곳, 누구나 유혹하는 곳이 되었다. 이제는 생태 놀이터 조성 등으로 아이들마저 유혹할 듯하다.

호수 위에 뜬 달은 하늘 위에도 호수 안에도 그대 눈에도 있다. 호수 위로 떠 있는 길을 걸어가는 연인의 뒷모습을 비추는 달을 한가롭게 축복하며 바라볼 수 있는 여유를 가진 그대, 그 달은 바로 그대 눈에도 담겨 있다. 전주에서의 멋은 그런 여유와 닿아 있다.

멋을 누리는 데는 풍광만 있어야 하는 것이 아니다. 함열로 유배를 와서도 새우가 부안 것만 못하다고 음식 타령을 했다는 허균. 결국 『도문대작(屠門大嚼)』을 써낸 그의 미식 탐닉 기질 안에는 세상의 변화를 바라는 열정이 담겨 있다. 멋있는 세상을 염원했던 열정과 미식을 추구했던 열정은 결국 같은 것이다. 풍광 외에 맛도 멋을 만들어내는 것이다.

맛과 멋은 동전의 양면이다. 전주의 맛은 이처럼 곳곳에 널려 있는 맛집들이 만들어낸다. 더구나 가격도 미안할 만큼 싸서 누구나 와서 맛과 멋을 누릴 수 있다. 아중호수는 물갓길 벚꽃길도 명소로 꼽힌다. 호수 옆에는 멋을 더해주는 커피집들도 많다. 멋도 맛도 놓치지 말자. 맛난 음식 먹고 나면 멋낸 사람 될 거 같다.

정읍

井邑

신태인읍

감곡면

이평면

태인면

옹동면

영원면

정우면

● 피향정

덕천면

산외면

고부면

농소동

북면

수성동

● 정읍사

칠보면

연지동

장명동

시기동

초산동

소성면

산내면

입암면

상교동

내장상동

● 내장사

전북 남서쪽에 있다. 독립된 고을이었던 태인(泰仁)과 고부(古阜)를 포함하고 있다. 백제의 노래 「정읍사(井邑詞)」가 유래한 곳이다. 만석보(萬石洑)라는 큰 저수지가 농민을 괴롭히는 데 이용되어 동학혁명이 일어난 곳이다. 그 밖에도 역사를 증언하는 문학 자료가 많이 있다. 내장산(內藏山)은 단풍이 아름다워 전국에서 관광객이 모이고, 오래되고 큰 사찰 내장사(內藏寺)가 있다.

특색 있는 행사가 여럿 있다. 5월에는 황토현동학농민혁명기념제가 열린다. 음력 9월 9일에는 산내면 옥정호반에서 구절초 축제를 한다. 10월 하순에는 전국민속소싸움대회를 개최한다.

정읍 알기

기다림의 노래 〈정읍사〉

『고려사』「악지(樂志)」에 소개되어 있는 〈정읍(井邑)〉은 아내가 남편을 기다리면서 부른 노래이다. 정읍 사람이 행상을 하면서 오랫동안 돌아오지 않자, 아내가 산 위의 바위에 올라 멀리 바라보면서 남편이 밤길을 가다가 해를 입을까 두려워해, 진창의 더러움에 부쳐 노래를 불렀다고 했다. 아내가 올라가서 남편을 기다린 바위 망부석이 실제로 있다는 말이 유래 설명에 첨가되어 있다. 남편이 먼저 겪은 시련은 잊고 남편을 애절하게 기다리는 아내의 심정에 관심을 모아 함께 안타까워하자는 증거물이 망부석이다. 민간 전승에서는 여성 수난에 많은 의미를 부여했다.

정절을 기리고자 하는 의도에서 궁중악으로 채택한 것들 가운데 하나이지만, 말이 아름답고 가락이 뛰어나 특별한 애호를 받았다고 생각된다. 조선 시대에도 궁중악으로 불려져 국문으로 표기될 수 있었다. 그사이에 워낙 오랜 세월이 흘렀으니 원형이 그대로 보존되었다고 보기는 어렵지만, 이 노래가 원래 백제 시대의 것이고, 처음에는 백제의 민요였다는 사실은 부인할 수 없다.

1493년에 편찬된 『악학궤범(樂學軌範)』에 수록되어 있는 「정읍사(井邑詞)」 원문을 들고 현대역을 한다. 원문 가운데 말뜻이 없는 반복구라고 생각되는 대목은 괄호를 치고, 현대역에서 제외한다.

돌하 노피곰 도두샤	달하 높이 높이 돋으시어
(어긔야) 머리곰 비취오시라	멀리멀리 비치게 하시라.
(어긔야 어강됴리 아으 다롱디리)	
슨져재 녀러신고요	온 저자에 가 계신가요
(어긔야) 즌듸를 드듸욜셰라	진 데를 디딜세라.
(어긔야 어강됴리)	
어느이다 노코시라	어디에다 놓고 계시는가?
(어긔야) 내 가논듸 졈그롤셰라	내 가는 데 저물세라.
(어긔야 어강됴리 아으 다롱디리)	

줄을 바꾸어 적은 곳마다 여음이 있어서 율격 분석을 쉽사리 해낼 수 있다. 한 줄이 두 토막씩이고, 모두 여섯 줄이다. 첫줄에서는 "돌하" 하고 부르고서 한참 뒤에 "노피곰 도두샤" 할 터이니, 두 토막씩으로 보는 데 예외가 없다. 두 줄씩 합쳐보면 네 토막 석 줄인 점에서 시조와 상통한다. '광의의 시조'라고 일컬을 수 있는 이런 형식이 오래 두고 전승되어오다가 시조를 이룩했다고 보아 마땅하다.

노래말을 어떻게 새겨야 하는지 지나치게 많은 논란을 해왔다. 너무 어렵게 생각할 것은 없다. 서두에서는 멀리 가서 소식이 없는 남편을 바라볼 수 있게 달이 높이 돋아 멀리까지 비추라고 기원했다. "슨져재"는 "온 저자"로 보는 것이 무난하다. 진 데를 디딘다는 말은 해를 입는다는 뜻으로 생각된다. 마지막 대목에서는 자기가 살아가는 데 어둠이 없기를 바랐다.

● 〈정읍사〉는 고난의 노래이지만 희망을 잃은 것은 아니다. 남편의 신상을 염려하고 남편이 자기를 저버리지 않을까 근심하는 마음을 모두 달에다 하소연했다. 달이 높이 솟아 멀리까지 비추어달라고 하는 기원은, 달이 광명의 상징이며 안녕의 수호자라는 사고방식에 근거를 두고 있다. 강강수월래를 부르고 춤을 추면서 달을 향해 풍년을 기원하고 소원성취를 바라는 풍속과 연결시켜 이해할 수 있다.

잘못을 바로잡게 하는 명산, 내장산

1

백제가 망한 후 내장산 지역은 백제 유민들의 피난처였다. 그 시기 도둑 떼가 기승을 부렸다. 세상이 평화로워진 뒤에도 그 일부가 내장사를 비롯한 일대의 절과 암자와 근처 마을에서 행패를 부렸다. 도둑 떼 소굴 근처의 폭포를 도둑폭포라고 했다.

어느 날 한 도승이 나타나 도술을 써서 도둑 떼가 제압하고 개과천선하게 했다. 모든 도둑을 데리고 폭포 아래로 내려가 목욕을 하게 했다. 그때부터 도둑폭포가 도덕폭포로 이름이 바뀌었다. 도승이 도둑 떼를 혼내줄 때 제비와 까치, 사자와 코끼리가 나타났다고 한다. 내장산에 제비봉, 까치봉, 사자봉, 코끼리봉 등으로 지칭되는 봉우리들이 있다.

2

내장산 가까운 마을에 살던 손씨 부부가 전국의 명산과 명찰을 찾아다니면서 기도하여 아들을 얻었다. 아들이 자라서 손씨 부부가 며느릿감을 구하던 중 어떤 스님이 전생 배필이라면서 평인도 규수를 추천했다. 그 규

▲ 내장산

수는 가난한 집안 출신에 다리까지 저는 불구였다.

　이 사실을 알고 손씨 부부는 어렵게 얻은 자식을 불구 처녀에게 장가보내라고 한 스님에게 폭언을 했다. 그 뒤 하루 이틀이 지나자 건장하던 아들은 하루가 다르게 쇠약해졌다. 어느 날 아들의 꿈에 부처님이 나타나서 부모와 인연이 닿지 않으니 불자가 되면 새로운 뜻을 이룰 것이라고 했다.

　아들은 절을 찾아다니다가 내장산으로 들어가 불도에 정진했다. 바위 틈에서 한두 방울씩 떨어지는 약수가 있어 받아 마셨다. 그러기를 3년여 아들은 건강을 되찾았고 부처님의 가르침에도 통달했다.

　아들은 내장산을 떠나 세상에 불법을 전하기로 결심하고 지금까지 지내던 암자 주변을 거닐던 도중 한 곳에 이르자 깜짝 놀랐다. 지금껏 자신이 받아 마시던 약수터에서 가까운 산기슭에 서너 평 되는 산삼 밭이 있었다. 여태까지 산삼에서 나오는 약수를 먹은 것이었다.

　이 세상의 덧없는 인연을 단념하고 부처님과 인연에 몸과 마음을 바친 자신에게 이러한 부처님의 은혜가 내린 것임을 깨닫고 더욱 정진하여 큰 스님이 되었다고 한다.

이 산삼 약수터는 지금의 원적암 부근에 있었던 것으로 전해진다.

3

스승과 제자가 불도를 닦고 있었다. 스승이 몰래 어딘가를 갔다 오곤 했다. 이상하게 여긴 제자가 하루는 몰래 스승 뒤를 따라가 보았다. 스승은 한참 계곡을 따라 올라가더니 큰 바위를 사뿐히 들고 바위 밑에 고인 물을 마셨다.

이 모습을 본 제자는 바위 밑의 물이 힘을 얻는 약수라고 생각하고는 나중에 가서 대나무 빨대를 이용해 자기도 가서 그 물을 마셨다. 한 차례, 두 차례 계속 마셨더니 골격이 자꾸 커지며 힘이 솟아나서 나중에는 바위도 쉽게 들게 되었다.

이런 일이 오래 계속되자 스승이 알게 되었다. 스승은 자기의 허락도 없이 약수를 마신 제자에게 화를 내며, 힘을 시험하고자 자기가 산 위에서 던지는 바위를 모두 받도록 했다. 제자는 스승이 던지는 모든 바위를 하나도 빠짐없이 받았다.

그때 받아서 던진 바위가 수없이 밭에 박혀 있다. 지금은 논으로 개간하면서 바위를 깨거나 옮겼지만 그래도 두세 개의 큰 바위가 남아 있어 장군 바위로 불린다.

● 내장산은 그릇된 마음을 바로잡거나 연약한 몸에 힘을 주는 명산이라고 한다. 첫째 이야기에서, 백제 유민과 함께 나타난 도적들이 마음을 바로잡게 한 것은 뒤틀린 역사를 바로잡은 의미를 지니기까지 한다. 둘째

이야기에서는, 가난한 집 장애인 규수를 매도한 죄로 벌을 받아 망가진 심신이 불도를 정진해 훌륭하게 되었다고 했다. 셋째 이야기에서는, 큰 힘은 비밀로 삼고 전수하지 않으려고 하는 스승의 과오를 제자가 알아차리고 시정해 스승이 제자를 훌륭하게 키운 공적을 확인하게 했다.

김시습의 기행시

정읍 고을(井邑縣)   김시습(金時習)

煙霞古縣小	안개 낀 오랜 고을 자그마한데,
鷄犬四隣喧	닭과 개 소리 사방에서 들린다.
棗柿明村徑	대추와 감이 시골 길을 밝게 하고,
松篁鬧塊垣	솔이나 대가 헐린 담장에서 시끄럽다.
秋深藤 葉老	가을이 깊이 등나무 잎이 늙었고,
雨過菊花繁	비가 지나가 국화 잎은 싱싱하다.
蕭洒行裝淡	깨끗하고 가진 것 거의 없는,
吾生政不煩	내 삶에는 번민할 것 없네.

● 정읍이 작고 아름다운 고을이라고 한다. 들리는 소리나 보이는 광경이 모두 생기가 돈다. 가을이라도 쓸쓸하지 않다. 가벼운 마음으로 지나가는 나그네가 번민할 것이 없다. 나도 그곳에 가고 싶다.

내장산 골짜기에서 논다(遊內藏山洞)   김시습(金時習)

煙霞一逕小	안개 낀 곳에 작은 길 하나,
山氣晚沈沈	산 기운이 저녁이라 내려오네.

林下磬聲遠	숲 아래 멀리서는 경쇠 소리,
澗邊秋色深	산골 물가에는 가을이 깊었네.
詩情適處好	시의 정감은 좋은 곳을 좇으나,
異境杳難尋	별난 경치 아득해 찾기 어렵네.
白石蒼苔畔	돌 희고 이끼 푸른 언저리,
流泉愜我心	흐르는 샘 내 마음 기쁘게 하네.

● 내장산 골짜기의 경치를 그린다. 가을 저녁이 그윽하고 아름답다고 한다. 더 좋은 것을 찾아 시를 짓고 싶은 생각이 있으나 접어두고, 보이는 것만으로 만족스럽게 여긴다. 더 바라는 것이 없는 사람이 가장 부자이고, 최대의 행복을 누린다고 일러준다고 이해해도 되는가? 말은 맞지만 하는 수작이 너무 속되다. 부자니 행복이니 하는 말을 잊어야 이 시와 하나가 될 수 있다.

산림처사 정극인

조선 시대 선비 정극인(丁克仁)은 벼슬을 버리고 향리인 태인에서 만년을 보내던 성종 3년(1472) 무렵 「불우헌가(不憂軒歌)」와 「불우헌곡(不憂軒曲)」을 지어 임금이 베푼 은전에 감격하는 다른 한편으로, 산림처사로 살아가는 것이 만족스럽다고 하는 사연은 「상춘곡(賞春曲)」에서 술회했다. 「상춘곡」은 사대부 가사의 시작을 말해주는 작품이어서 소중한 의의가 있다.

「상춘곡」은 후대에 편찬된 문집에 비로소 수록된 작품이고, 표기법이 정극인 시대까지 소급될 수 없다는 이유에서 진위를 의심하는 견해가 있으나, 후대인의 위작이라고 할 것까지는 없다. 창작 당시에 표기된 자료가 발견되지 않는 것은 국문 시가나 소설을 다룰 때 거의 공통적으로 당면하는 고민이다. 작품을 전사하는 사람이 표기법을 바꾸는 것은 흔히 있는 일이어서 작자 판별을 위한 증거가 되기 어렵다.

「불우헌가」나 「불우헌곡」에 나타난 생각이 「상춘곡」과 많이 다른 점을 들어 「상춘곡」이 정극인의 작품임을 부인하는 견해가 있으나 더욱 부당하다. 임금을 향한 마음과 은거에 대한 자찬은 사대부의 양면성이다. 앞의 것은 어구 열거 방식의 경기체가로 나타내도 되지만, 뒤의 것은 자세한 사정을 말해야 납득할 수 있어 가사를 필요로 했다고 보면, 전환의 담당자였던 정극인의 위치가 드러난다.

> 홍진(紅塵)에 묻힌 분네, 이 내 생애 어떠한가?
> 옛 사람 풍류를 미칠까 못 미칠까?
> 천지간(天地間) 남자 몸이 날 만한 이 많건마는,
> 산림에 묻혀 있어 지락(至樂)을 모를 것인가?
> 수간초옥(數間茅屋)을 벽계수(碧溪水) 앞에 두고,
> 송죽 울울리(鬱鬱裏)에 풍월주인(風月主人) 되었어라.

서두가 이렇게 시작된다. 자기도 남들과 같은 "천지간 남자"여서 티끌 세상 "홍진"에서 "지락"이라고 한 지극한 즐거움을 누릴 만하지만, 산림에 묻혀 지내는 길을 택해 몇 칸 초가를 푸른 시냇물 앞에 두고 송죽이 울창한 가운데 풍월주인 노릇이나 한다고 했다. 세속의 평가에는 개의하지 않고 옛 사람의 풍류에 미치지 못할까 염려한다고 하고, 풍경 속을 거닐면서 지내는 모습을 차분하게 그려 독자가 자기를 이해하도록 했다. 부귀와 공명이 자기를 꺼리니 청풍이나 명월이 아닌 다른 벗이 없어 은거하는 것이 마땅하다고 했다.

● 이 작품은 시골에 물러나 사는 사대부의 삶을 술회하는 은일가사(隱逸歌辭)의 시초이고 좋은 본보기이다. 정극인이 시험 삼아 지은 은일가사를 은거한다고 자처하는 사람들이 받아들여 애써 가꾸었다. 사림파가 택한 자기 표상이 산림처사였다. 지방에서 실력을 쌓아 중앙 정계로 진출하려다가 수난을 겪고 밀려나면, 탐욕을 멀리하는 산림처사가 되어 산수를 벗 삼아 고결하게 사는 것이 가장 값지다고 하는 데 은일가사만 한 것이 없었다. 은일가사의 정착과 더불어 가사는 풍부한 내용과 세련된 표현을 갖추어 경기체가와의 경쟁에서 우위를 차지하게 되었다.

항거의 목소리를 담은 민란 가요

비슷한 시기 전라도 정읍에서 민란이 일어났을 때 유포된 노래도 있다. 〈정읍군민란시여항청요(井邑郡民亂時閭巷聽謠)〉라는 표제로 필사되어 있는 것인데, 항거의 목소리가 더욱 높다. 학정에 항거하다가 죽은 사람들의 이름을 들어 이렇게 외쳤다.

> 학정도 하거니와 남살인명(濫殺人命) 어인 일고?
> 한일택 정치익과 김부담 강일선아,
> 너희 등 무슨 죄로 장하(杖下)에 죽단 말가?
> 한 달만에 죽은 사람, 보름만에 죽은 백성.
> 오륙인이 되었으니 그 적원(積寃)이 어떠한고?
> 불쌍하다 저 귀신아, 가련하다 저 귀신아.

● 이 작품은 학정에 대한 민중의 항변을 나타낸 작품의 소중한 본보기이다. 지어낸 말이 아니고 실제 상황이다. 민중을 내세우고 항거의 문학을

예찬하는 논객들이 이런 것을 모르고 공허한 소리나 늘어놓는 것이 안타깝다.

갑오농민전쟁과 혁명의 문학

고종 31년(1894)에 전봉준(全琫準, 1854~1895)이 주동이 되어 전라도 고부에서 일으켜 전국적인 규모로 확산한 사상 초유의 대규모 민란을 오랫동안 동학란이라고 일컫다가, 오늘날은 동학혁명 또는 갑오농민전쟁이라고 한다. 이름이 여럿이듯이 성격이 복잡해서 동학과 얼마나 깊은 관계를 가지는가 하는 점부터 논란거리이다.

동학혁명의 문학은 동학의 문학이라기보다 혁명의 문학이다. 경전 대신 격문(檄文)이 필요했다. 격문으로 거사의 이유를 밝히고, 투쟁 목표를 제시해 민심을 모은 것이 최제우는 시도하지 않은 새로운 과업이었다. 격문에는 한문인 것도 있고 국문인 것도 있다. 격문처럼 엄숙한 글을 국문으로 쓴 것은 전에 없던 일이며, 어문 생활사에서 새로운 시기가 시작되었음을 입증해준다.

지난 시기에 홍경래가 난을 일으킬 때에는 격문은 한문으로 지어 격조를 높였는데, 이제 그럴 필요가 없어졌다. 수신자가 어느 쪽인가에 따라서 한문을 택하기도 하고 국문을 택하기도 해서 설득력 확보에 중점을 두었다. 한문에 익숙하지 않은 하층민을 모아들여 동지를 널리 얻기 위해서는 국문이 긴요하다고 판단했으며, 동학군 지휘자들 자신도 대체로 같은 처지라 국문 사용이 더욱 자연스러운 일이었다. 격문이면 으레 갖추는 격식은 멀리하고, 주장하는 바를 설득력 있게 나타내는 길을 열어, 표현과 사상의 혁신을 함께 이룩했다.

우리가 의(義)를 들어 차(此)에 지(至)함은 그 본의가 단단(斷斷) 타(他)에 있지 아니하고, 창생을 도탄 중에서 건지고, 국가를 반석의 위에다 두자 함이라. 안으로 탐학한 관리의 머리를 베고, 밖으로 횡포한 강적의 무리를 구축하고자 함이다. 양반과 부호 앞에 고통을 받는 민중들과, 방백과 수령 밑에 굴욕을 받는 소리(小吏)들은 우리와 같이 원한이 깊은 자라, 조금도 주저치 말고 이 시각으로 일어서라. 만일 기회를 잃으면 후회하여도 미치지 못하리라.

동학군이 고부를 함락하고 백산(白山)에 둔치고 있을 때 낸 두 번째 격문의 한 대목을 들면 이와 같다. 불행히도 원문이 그대로 전하지 않고, 1940년에 나온 오지영(吳知泳)의 『동학사(東學史)』에서 처음으로 소개했기에 원래의 표기법은 알 수 없다. 그렇지만 쉬우면서도 위엄 있는 문체로 주장하는 바를 아주 적실하게 나타냈던 점을 확인하는 데 지장이 없다.

투쟁의 목표는 안으로 도탄에 빠진 민중의 원한을 풀고 평등한 사회를 이룩하며, 밖으로 외세 침략자인 횡포한 강적의 무리를 몰아내고 민족을 수호하는 데 있다고 했다. 그 점을 명확하게 밝히고, 고통을 받고 있는 사람은 누구나 주저하지 말고 전열에 가담하라고 촉구했다. 민중종교 운동에서는 막연한 이상으로 표명되는 목표를 투쟁을 통해서 달성하는 방법을 제시했다고 하겠으며, 중세 사회를 청산하면서 민중 해방을 달성하는 것이 역사 발전의 기본 방향임을 처음으로 확고하게 밝힌 의의가 있다.

그런데 광범위한 민중이 동학군에 가담해서 분투한 것은 격문이나 강령에 공감했기 때문만은 아니다. 민중이 소망하는 바에 따라 세상을 온통 바꾸어놓는 날이 온다는 오랜 예언이 있어 동학군을 지지하는 근거를 제공했다. 고창 선운사(禪雲寺) 석조 미륵의 배꼽에 감추어져 있는 신비스러운 비결이라는 것을 동학교도들이 그곳을 도끼로 부수고 탈취하고, 비결을 탐낸 고창현감에게 잡혀가 죽게 되었는데, 비결을 믿고 따르는 군중의 힘으로 구출되었다는 사건이 난이 일어나기 이태 전에 있었다. 역사를 예언한다는 비결이 군중을 움직이고, 군중이 역사를 만들었다. 난을 일으킨 주동자들이 그 점을 바로 간파하는 능력을 가져, 잠재해 있는 행동을 촉발하는 방책을 마련했다.

난이 일어나 전투가 시작되었을 때에는 지도자를 신비화하는 설화가 생겨났다. 녹두장군 전봉준은 신이한 능력을 지녀 천지조화를 마음대로 하는 전설적 영웅이라고 인정되어 논리적 사고를 넘어서는 힘을 얻었다. 그런 말은 누가 의도적으로 지어내지 않아도 구국의 영웅이 출현해야 한다는 기대가 오래 누적되어 있어서 자연히 생겨나서 널리 퍼졌다. 어디서 왔는지 모르는 소년장수가 동학군의 선두에 서서 군사를 이끈다는 이야기도 만들어냈다. 동학군은 총탄을 맞아도 죽지 않는다고도 했다. 진군을 하면서 부른 노래도 적지 않았을 것이지만, 그런 자료는 당시에 채록되지 않았고, 동학혁명의 경과를 정리한 후대의 문헌에서 이따금씩 산견될 따름이다.

동학혁명이 패배로 돌아가자, 살아남은 사람들은 자취를 숨기고 입을 다물어야만 했다. 오랫동안의 도피와 타협의 시기를 지나, 민중운동이 다시 고조되는 1926년에 이르러서야 천도교에서 『신인간(新人間)』이라는 잡지를 창간해, 어느 정도나마 금기를 깨고 동학혁명에 관한 구전과 회고록을 조금씩 내놓을 수 있는 자리를 마련했다. 그 잡지 처음 두 호에 실린 차상찬(車相瓚)의 「동란잡화(東亂雜話)」에서 소년장수 이야기가 처음으로 활자화되었다. 동학군이 충청도 신례원에서 싸울 때 관군을 크게 무찌르고도 사상자가 생기지 않은 것은 열두 살 정도의 소년이 홍의(紅衣)를 입고 장검을 들고 항상 선두에 서서 비호같이 활약했기 때문이라고 했다. 이상스러운 노파가 관군 진지를 스쳐가니 관군 대포마다 물이 들어가 못쓰게 되었다는 이야기도 함께 실었다. 제12호에 발표된 이종인(李鍾仁)의 「홍의장군」에서는 장수 이야기를 소설체로 윤색해놓았다.

그런데 전봉준에 관한 구전은 변죽만 울리고 만 느낌이다. 오지영의 『동학사』에 이르러서야 들은 이야기를 활용해 전봉준의 모습을 실감 나게 그리려고 한 대목이 이따금씩 보이는데, 내용이 풍부하지 못하다. 세상에 유언비어가 백출해 별별 이상스러운 말이 다 퍼졌다 하고서, 전봉준 대장은 참 영웅이고 이인이라 신출귀몰의 재주가 있으며, 바람과 구름을 타는 묘술을 부렸다는 말을 전했다. 그런 이야기는 저자 스스로 믿지 않는 바라 더 길게 늘어놓지 않고, 사실에 가까운 전설을 더욱 중요시했다. 사로잡은 관군을 놓아주어 모두들 감격하게 했고, 토벌하겠다고 나선 유학자나 관군 영장이 전봉준 대장을 만나보고는 기백과 인품에 감탄해서 도리어 동학군에 가담했다는 것 같은 일화를 여럿 들었다.

그 밖의 여러 문헌에서도 전봉준은 사로잡혀 처형되기에 이르렀을 때까지 적이라도 존경하는 마음을 품게 했다 한다. 심문받은 기록이 남아 있어 언행을 알 수 있다. 다음과 같은 「운명시(殞命詩)」도 전한다.

時來天地偕同力	때가 이르러서는 천지와 함께 힘썼으나,
運去英雄不自謀	운이 가니 영웅도 스스로 꾀할 수 없다.
愛民正義我無失	백성을 사랑한 정의에 내 잘못은 없노라.
愛國丹心誰有知	나라를 사랑한 붉은 마음 누가 알아주겠나.

동학군이 패배하고 전봉준이 죽는 데까지 이른 비극은 구비문학으로 감당하기에는 너무 벅찼다. 민중적 영웅의 이야기가 그동안 생각했던 규모를 훨씬 넘어서서 사실로 실현되었으니 전승적인 유형을 적용해서 정리하는 것이 부질없는 일이었을 수 있다. 그 대신에 패배의 의미를 되새기는

짧은 노래만 몇 편 은밀하게 유행했다.

그 좋은 예인 〈파랑새노래〉가 『대한매일신보(大韓每日申報)』에 연재된 「천희당시화(天喜堂詩話)」 1909년 11월 18일자에 소개되어 있다. 전봉준이 거사할 때 그 노래가 호남에 유행했다면서, "새야 새야 팔왕(八王)새야, 네가 어이 나왔더냐, 솔잎 댓잎 포릇포릇 행여 봄철인가 나왔더니, 백운이 폴폴 흩날린다"는 노래말을 들었다. "八王"은 "全字 破字"라는 주를 달아 파랑새가 바로 전봉준이라고 했다. 전봉준이 정세를 바로 파악하고 시기를 이용했더라면 목적을 이루었을 터인데 그렇지 못했다는 것을 애석하게 여긴 노래라고 했다.

위에서 든 차상찬의 「동란잡화」에서는 "갑오세 갑오세 을미적 을미적 병신 되면 못 간다"는 노래를 들었다. 동학군이 갑오년에 성공을 해야지, 을미년을 지나 병신년에 이르면 패하고 만다는 뜻이라고 했다. "아래녘 새야 웃녘 새야 저(전)주 고부 녹두새야 두류박 딱딱 우여"는 전주 고부의 전봉준이 두류산 박대장에게 패한다는 것을 알려준 노래라고 했다.

이종인의 「홍의장군」 말미에는 「천희당시화」에서 볼 수 있는 바와 거의 같은 〈파랑새노래〉의 사설을 들고, 전봉준이 세상을 떠나자 전국의 마을마다 거리마다 아이들이 부르면서, 때에 맞지 않게 나왔다가 실패한 전봉준을 조상했다고 한다. 비슷한 사설을 가진 노래는 동학혁명이 일어나기 전에도 있었는데, 큰 변란이 일어나면 그 조짐이나 내막이 아이들이 무심코 부르는 노래에 나타난다는 사고방식에 따라 참요로 풀이하면서 유동적인 문구를 적절하게 고정시키고자 했다.

그렇더라도 파랑새가 과연 전봉준을 뜻하는지 확실하지 않았다. 설사 그런 등식이 성립된다 하더라도 노래의 내용이 너무 단순해 듣고 부르는 사람들이 불만일 수 있었다. 좀 더 구체적이고 자세한 사연을 알고자 하는

전북문화 찾아가기

것이 당연한 요구이므로, 다음과 같이 늘어난 사설이 나타났다. 오지영의 『동학사』에 실려 있는 자료이다.

　　　새야 새야 녹두새야 웃녘 새야 아랫녘 새야.
　　　전주 고부 녹두새야 함박 쪽박 열나무 후여.

　　　새야 새야 녹두새야 녹두밭에 앉지 마라.
　　　녹두꽃이 떨어지면 청포(靑包)장사 울고 간다.

　　　새야 새야 팔왕(八王)새야 너 무엇 하러 나왔느냐?
　　　솔잎 댓잎이 푸릇푸릇 하절인가 하였더니.
　　　백설이 펄펄 흩날리니 저 건너 청송녹죽(靑松綠竹)이 날 속인다

　　녹두새를 전주 고부 녹두새라 해서 전봉준과 바로 연결시켰다. 여기서도 "파랑"을 "全" 자의 파자인 "八王"으로 표기했다. 청포를 "靑泡"라 하지 않고 "靑包"라고 해서 무슨 다른 뜻이 있는 듯한 의심이 생기게 했다. 그런데 이 노래가 전봉준과 실제로 얼마나 깊은 관계가 있었던지 검증할 수는 없다. 전봉준이 어떤 생각을 하면서 무슨 거사를 했던지 터놓고 말할 수 없었다.

　　전봉준을 지지해서 거사에 가담한 사실을 숨겨야 했던 역사의 반전기에는, 뜻이 겉으로 드러나지 않는 참요를 부르면서 아직 남은 동지들의 은밀한 유대를 확인할 필요가 있었다. 그래서 부른 노래라면 무엇을 말하는지 명확하게 알기 어렵다. 전봉준의 패배를 애석하게 여기면서 거사의 내막을 신비화하고, 패배를 운명으로 돌리는 주변의 민중이 지어 부른 노래라면, 뜻하는 바를 캘 수는 있어도 이치에 맞는다는 보장은 없다.

● 참요가 아닌 다른 민요, 또는 설화까지 동원해 살펴보아도 동학혁명의 의미나 의의가 제대로 나타나 있지 않다. 서사시나 소설로 그 전모를 다시 밝히려는 시도가 오늘날까지 계속되지만 성과가 언제나 미흡하다. 인생 만사에 대한 총괄적인 시비가 문학의 사명임을 더욱 철저하게 의식하고 시야를 최대한 넓히지 않고서는 동학혁명 같은 거대한 주제를 휘어잡지 못한다. 누가 다시 나서겠는가? 용기를 가지고 다시 나서자.

강일순의 증산교

강일순(姜一淳)은 자기 자신이 이름 없는 민초에 지나지 않았다. 그런데 "이 시대는 해원시대(解冤時代)라 사람도 무명(無明)한 사람이 기세를 얻고 땅도 무명한 땅에 기운이 도나니라"라고 선언하면서 1901년에 증산교(甑山敎)를 창건했다. 전라도 고부의 한미한 가문에서 태어나 서당을 다니다가 가세가 빈핍해 학업을 일찍 그만둔 처지였다. 겉으로 보아서는 범속하기만 한 일생을 보내고, 역사의 기록에 오를 만한 사건의 주인공이 되지 못했다. 그러면서도 세상을 온통 바꾸어놓는 엄청난 일을 했다고 하니, 무슨 까닭인가 하는 의문을 가지지 않을 수 없다.

萬國活計南朝鮮	만국활계는 남조선이요,
淸風明月金山寺	청풍명월 금산사라.
文明開化三千國	문명개화 삼천국에
道術運通九萬里	도술운통 구만 리라.

직접 남긴 글은 얼마 되지 않으며 한문으로 쓴 무슨 주문이나 비결 같은 것들뿐인데, 그 가운데 이런 말이 있다. 만국을 살릴 계책이 조선 남쪽 바

람 맑고 달 밝은 금산사에 있으며, 문명개화를 하는 삼천국 수많은 나라에 도술의 운수가 구만 리나 통하게 된다는 뜻인 것 같다. "남조선"은 다 망하고 남은 조선이라고도 한다. 금산사는 미륵불이 있어 유명한데, 자기가 바로 그 미륵불이라고도 하고 죽은 뒤에 미륵불로 정좌한다고도 했다. 문명개화는 자기로부터 비롯한 새로운 도술이겠는데, 삼천국에 다 뻗어나갈 개화를 이룩할 중심지는 조선이라고 했다.

강일순은 저술을 일삼는 선비가 아니었다. 득도해서 포교하는 과업을 몸으로 때우고 말로 감당했다. 그러므로 그 현장을 확인하지 않고서는 무엇을 어떻게 했는지 판가름하기 어렵다. 전하는 이야기가 증거이겠는데, 『대순전경(大巡典經)』이라는 것이 있어 자료를 제공해준다. 이상호(李祥昊, 1888~1966)라는 사람이 강일순의 언동에 관한 구전을 수집해 1926년에 『증산천사공사기(甑山天師公事記)』를 내고, 내용을 풍부하게 하고 의미 해석을 보태 1929년에 『대순전경』 초판을 출간했다.

한자가 더러 섞인 국문을 택해 현장감이 살아 있는 이야기 투의 소박한 서술로 책 한 권을 이루었으며, 교리에 의한 합리화에 힘쓰지는 않았다. 강일순 자신이 민간 전승을 적극 활용했으며, 직접 감화를 받은 사람들이 그런 체질을 기록자에게 전해주었기에, 내용이 풍부하고 표현이 생동하는 설화집이 이루어질 수 있었다.

강일순은 동학에서 큰 자극을 받았으며, 최제우의 가사를 자주 인용했다. 24세 때에는 동향 사람 전봉준이 거사를 하자 동조하는 마음은 있어도 패망할 것을 예견해 나서지 않았다 한다. 자기가 세상을 구해야 하겠다고 다짐하고 유랑하다가 입산수도를 한 끝에 마침내 득도했다고 『대순전경』에 기록되어 있다. 그 뒷부분에서는, 금산사 부처 모신 곳에서 30년을 머물면서 최제우의 도리로 세상이 구해지는지 살피며 기다리다가 그대로 되지 않는 것을 보고 스스로 내려왔다고 해서, 선행 사상과의 관계를 다른 방식으로 나타냈다.

강일순은 후천개벽의 천지공사(天地公事)를 한다면서, 우선 상극·억압·원한을 특징으로 하는 선천시대의 폐단에서 과감하게 벗어날 것을 촉구했다. 나라는 충 때문에, 집은 효 때문에, 몸은 열 때문에 망했으니, "망하는 세간은 아낌없이 버리고 새 배포를 꾸미라"고 했다. 그동안 귀신이나 하늘에까지 쌓인 원한을 두루 풀고, 다가오는 시대인 후천에는 천대받고 억눌린 사람들이 아무 거리낌 없이 기를 펴고 살도록 하는 것이 자기가 이루어야 할 최상의 과업이라고 했다.

무속에 뿌리를 두었다고 할 수 있는 해원(解冤)사상을 민중종교의 여러 교조 가운데 강일순이 특히 강조해서 말했다. 해원은 개인적인 원한의 청산으로 이루어지지 않고 천지운행의 도수부터 고쳐야 철저하게 이루어진다고 했으며, 그렇게 해서 내세나 피안이 아닌 현세의 지구에서 화해와 조화로 가득 찬 선경을 만들어야 한다고 했다. 무슨 실천적인 방안을 가지고 있었던 것은 아니다. 어렵게 사는 제자들 집을 찾아 기식을 하면서 일상적인 걱정거리나 보살펴주는 겨를에 말은 엄청나게 하고, 실제 행동은 종이에 부적을 써서 불로 사르면서 천지공사를 한다고 하는 것이 고작이었다.

하늘 높은 데서 천하를 대순(大巡)하다가 "너의 동토(東土)에 그쳐 잔피(殘疲)에 헤매는 민중을 먼저 건지려"고 내려왔다고 했으면서, 잔혹하게 피폐한 직접적인 원인인 일제의 침략에 대해서는 무슨 대응책을 내놓지 않았다. 의병전쟁이 치열하게 전개되던 시기에, 누구를 무찔러 이기는 영웅의 행동은 선천 시대와 함께 청산되어야 한다는 말을 이따금 했다. 그래서 따르는 사람들의 기대와 어긋났던 것까지 『대순전경』에 기록되어 있다.

『대순전경』에는 일본을 언급한 대목이 많지 않다. 초판 간행이 일제치

하에 이루어졌고, 후대본에다 전에 없던 말을 길게 넣을 수 없어 그랬을 수 있다. 그러나 자세히 살피면 아주 뜻 깊은 일화가 있다. 어느 날 검정 옷을 가져오라 해서는 입고, 일본인 같은지 물었다 한다. 그 까닭이, 어려서 서당에 다닐 때 자기와 다투었던 아이가 원혼이 되어 와서 해원을 구하므로 어떻게 하면 해원이 되겠느냐고 하니, 그 아이가 자기더러 자기가 싫어하는 일본 옷을 입으라 하기에 소원대로 해 보였다는 것이었다. 서로 무관할 듯한 일을 한데 가져다 붙이는 기발한 상상력으로, 해원을 하려면 아무리 싫은 짓이라도 사양하지 말아야 한다는 것을 암시한 일화이다.

이 세상의 모든 문제는 따로 떨어져 있는 것이 없어 한꺼번에 해결해야 한다면서 더욱 기발한 말을 하기도 했다. "진묵(震黙)이 봉곡(鳳谷)에게 참화를 입은 후에 원(冤)을 품고 동양의 도통신(道統神)을 거느리고 서양에 건너가서 문화 계발에 종역(從役)하였더니, 이제 그를 해원(解冤)하야 고토로 돌아와 선경(仙境) 건설에 종역케 하리라"고 했다. 선뜻 이해가 되지 않는 말에 깊은 사연을 간직하고 있다.

법명을 일옥(一玉)이라고 한 승려 진묵이 김봉곡이라는 선비와 도술 시합을 한 이야기는 파다하게 전한다. 시합에서 져서 원한을 품은 진묵이 서양으로 가서 살기등등한 문화를 계발했다고 하는 말은 전에 없었으며 강일순이 한 기발한 상상이다. 이제 진묵을 불러들여 원한을 풀게 하고, 서양 문명을 괴이한 도술로 여겨 경계할 것이 아니라 긍정적으로 받아들여 이상사회 건설하는 데 이용하자고 했다. 진묵의 해원과 동서양의 화해를 바로 연결시켰다.

강일순은 신 들린 무당이 공수를 주듯이 때로는 춤과 노래까지 곁들여서 이 말 저 말 하면서 관습적으로 인정되던 표현의 한계를 마구 넘어섰다. 그래서 진위가 의심되고 종잡을 수 없다 하겠지만, 그 모든 언동이 다면적인 의미를 가진 무척 긴장된 상징이었다고 보면 이해가 한결 깊어질 수 있다. 증산교에서는 강일순이 남긴 말을 불변의 진실이라고 숭상하고 체계화된 교리에 의한 설명을 계속 보태고자 하는데, 그래서는 발랄한 면모가 손상된다.

● 설화에 숨어 있는 놀라운 발상을 알아내고 다채롭게 활용했으니 강증산은 과연 제대로 깨달은 사람이다. 논리를 넘어서니 논리는 따를 수 없는 설득력이 있다. 종교와 예술이 하나로 만든 창조적 발상의 빛으로 과학적이라고 하는 모든 것들의 어둠을 밝힌다.

정읍 보기

단풍이 아름다운 내장사

전라북도 정읍시 내장산 동쪽 기슭에 있다. 백제 의자왕 때 창건되었으니 역사가 매우 오래된 사찰인 셈이다. 그러나 지금 경내에 있는 천왕문, 대웅전, 극락전 등은 모두 6·25전쟁 후에 지은 것들로 문화재적 가치는 크지 않다. 단풍과 설경이 아름다워 가을 겨울에 관광객들로 인산인해를 이루는 이 사찰은 크다면 큰 문제를 안고 있는데, 명칭과 관련된 논란이 그것이다.

식자들의 주장은 지금의 절은 영은사(靈隱寺) 터에 복원된 것이므로 명칭을 내장사가 아닌 영은사로 고쳐 부르는 것이 옳다는 것이다. 또 1985년 즈음 원래의 내장사 터에 복원된 현재의 벽련암(碧蓮庵)이 내장사가 되어야 한다는 것이다. 그렇게 해야 원래 사찰의 역사와 전통을 이어가는 의미가 살아날 수 있다는 논리다.

『중종실록』에 영은사와 내소사에 관련된 이런 기사가 보인다.

"전라도 정읍현 내장산의 영은사와 내장사가 적승(賊僧)들의 소굴이 되어 있

▲ 내장사 대웅전　　　　　　　　　▲ 벽련암

습니다. 이들은 집을 불사르고 묘를 파헤치는 등 방자한 짓을 거리낌 없이 합니다."(중종 34년 6월 13일조)

　사헌부에서 승려들의 잘못된 행동을 근절키 위해 두 절을 철거할 것을 건의한 내용인데, 당시에 두 절이 원래 이름대로 불렸다는 사실을 확인시켜 준다. 지금의 내장사 입구인 일주문에서 북쪽으로 약수터를 지나 산길을 오르면 벽련암에 이르는데, 이곳이 바로 옛 내장사터인 것이다.

　지금까지 원래 이름을 찾는 일에 적극성을 띠지 않고 것은 그렇게 할 경우 문화재관람료 수입 등 재산 관리에 문제가 따른다는 내장사 측의 우려가 있기 때문이라는 소문이 있다. 시간의 흔적을 지워 없애지 않고, 당시 위치에 당시 방식대로 해야 한다는 문화재 복원 원칙은 지워 없어지지 않는 것이다.

향기로 가득한 피향정

　전라북도 정읍시 태인면 태창리에 있는 조선 시대 정자이다. 보물 제289호. '湖南第一亭(호남제일정)'이란 편액이 내부에 걸려 있는데, 정자라고 하나 보통의 정자보다 규모가 큰 편이다. 신라 시대 최치원이 태산군수로 재임 중 이곳 연지 가를 소요하며 풍월을 읊었다는 기록이 있으나 정자의 창건 연대는 분명치 않다. 4면이 모두 개방되어 있고 주위에 난간이 둘러져 있다. 공포는 간결한 초익공 건물로 천장은 연등천장인데 합각 밑에는 작은 우물천장에 장식된 단청이 아름답다.

『증보문헌비고』에 의하면, 광해군 때 현감 이지굉(李志宏)이 중건하고, 현종 때 박숭고(朴崇古)가 확장 중건하였으며, 숙종 42년(1716) 현감 유근(柳近)이 전라감사와 호조에 교섭하여 정부의 보조로 재목을 변산에서 베어다가 현재의 규모로 건물을 세웠다고 한다. 그 뒤 1882년에 또 한 차례의 중수가 있었고, 6·25전쟁 후에는 태인면사무소로 사용되어오다가 1957년 면사무소를 신축하면서 원상으로 환원되었다. 『신증동국여지승람』에 의하면 황해도 옹진, 경북 고령에도 피향정이라는 이름의 정자가 있다고 기록되어 있다.

피향정의 '披香'은 향기, 즉 연꽃 향기를 '입는다', '걸친다'는 의미다. 연꽃으로 보면 향기를 흩날린다는 의미가 될 것이고, 풍류객의 입장에서는 연꽃 향기를 입는다는 의미가 될 것이다. 연꽃은 향기를 흩날리고 사람은 그 향기를 입으니 연과 사람, 즉 물아가 일체가 된다는 의미다.

과거에는 정자 앞뒤로 상연지와 하연지가 있어 경관이 아름다웠다고 하나 지금은 하연지만 남아 있다. 연꽃의 그윽한 향기와 자태를 감상하기 위해 연못가에 피향정을 지었는지, 피향정 정자를 짓고 연지를 조성했는지 알 수는 없다. 그러나 연지 없는 피향정은 의미가 없고, 피향정 없는 연지는 빈집의 정원과 같을 것이니 함께 조성되었을 공산이 크다.

태인은 예로부터 명현의 고장으로 이름난 곳이다. 옛 태산군수를 지낸 최치원과 조선 중종 때 태인현감을 지낸 신잠 등의 신위가 무성서원(武城書院)에 모셔져 있고, 「상춘곡」으로 유명한 정극인 선생 역시 이 지역 유명

▲ 피향정

▲ 연지의 연꽃

인사 중 한 사람이다.

시산(詩山, 태인면의 옛 이름)이라는 이름에 걸맞게 시인묵객들이 이 고장을 문향(文鄕)으로 만들었다. 이들은 피향정에서 시 모임을 갖고 시상(詩想)을 공유하면서 백운(白雲) 속에 살기를 다짐했다. 조선 문인들은 피향정 시를 다투어 남겼는데, 중기의 문신 임억령(林億齡)이 이곳 피향정을 지나다가 옛날을 회고하면서 지은, "원량(신잠(申潛))이 새로 땅에 묻혔고 고운(崔致遠)은 옛날에 하늘에 올랐네. 못에 물만 남아 있어 흰 이슬은 가을 연꽃에 맺히네(元亮新埋地 孤雲舊上天 空餘池水在 白露滴秋蓮)"라는 시가 유명하다(『국역연려실기술』명종조 고사본말). 같은 시기의 문신 김상헌(金尙憲)도 이곳에 와 피향정을 시로 읊었고, 훗날 이곳을 찾은 그의 손자 김수항은 연꽃이 시든 가을의 추운 연지를 석양에 바라보며 너무 늦게 찾아온 것을 한탄하며 상념에 젖기도 했다.

한말의 문신 김윤식은 점필재 김종직(金宗直)의 시를 차운한 피향정 시에서, "정자 앞이 넓게 확 트였는데, 나지막한 숲과 키 작은 나무들이 있다. 숲 너머 산들은 아련히 수려하여 아름다운 운치가 가득하다. 이곳 사람들은 이 산을 삼신산(三神山)이라 여긴다. 옛날부터 전하기를 최치원이 불사술(不死術)을 얻어서 지금까지도 살아 있다고 하는데, 그렇게 부르는 의도가 여기에 있는가?"라면서 주변 경관을 선경(仙景)에 비유하기도 했는데, 이것만으로도 당시 피향정 주변의 수려한 산수풍광을 짐작하기 어렵지 않다.

조선 시대의 피향정과 연지 주변의 아름다운 경치는 남도 지방에서 으뜸이었다. 연꽃 피는 계절이 오면 연지에 가득 핀 연꽃의 그윽한 향기가 피향정에 오른 풍류객을 감싸고 돈다. 비록 인공을 들여 조성한 것이지만 그들은 연지를 인공물이 아닌 산수자연의 일부로서 감상하기를 즐겼다. 그들은 연지의 연꽃을 보는 데 그치지 않고 시선을 무한대로 확장시켰다. 그것은 인공과 자연이 한 덩어리가 되어 흘러 다니는 아름다운 풍광을 즐기려는 심정에서였다.

그런데 가까운 곳에 시야를 어지럽히는 이색 건물이 들어서 있다면 그것을 보는 이의 심정이 어떠했을까. 조선 후기의 문신 송상기가 이곳에 왔을 때 피향정 가까이에 고을의 감옥 건물이 있는 것을 봤다. 그 자리에 초가집이 있다 해도 눈에 거슬릴 터인데 눈에 거슬리고 풍경을 망치는 것이 이보다 더 심할 수가 없다고 그는 말했다. 중국 북송의 시인 소동파가 합강루(合江樓)라는 누각에 올라 비취빛 가을물이 공중에 떠서 그 빛이 궤석에 아른거리는 풍광을 감상하고 있었다. 그런데 합강루 섬돌 아래에 초가집 몇 칸이 줄 지어 있는 것이 눈에 뜨이자 소동파는 눈살을 찌푸렸다고 한다. 이 정도를 가지고도 못마땅하게 여겼다면 만약 연지와 정자 근처에 민가와 상점 등이 마구 들어서 있고, 자동차들이 정자 처마에 닿을 듯 지나다니는 지금의 피향정 주변 상황을 본다면 그가 비웃으며 내뱉을 평가가 또한 어떻겠는가.

해마다 연꽃 필 무렵이 되면 옛 태산태수 최치원 선생의 유업을 기리고 지역 전통문화 유산을 계승 발전시킴과 아울러 시민 화합을 도모한다는 명분으로 군 주최 '피향정문화축제'라는 것이 열린다. 축제 내용은 태인현감 부임 행차 재현과 전통문화 체험, 문화재 사진 전시회, 기념식, 맨손 참게·민물고기 잡기 체험, 사물놀이 공연, 연예인 축하공연 등 다양하다. 허나 이런 행사를 한다고 해서 피향정의 본뜻이 살아나고 계승되는 것은 아니다. 옛 풍류객들이 무엇 때문에 이 정자에 올랐고, 정자에서 무엇을 즐기려 했는지를 느끼고 체감해보는 것이 무엇보다 중요하다.

고려 말의 문신 안축은 그의 기문에서 이렇게 말했다. "천하의 물건이 형체가 있는 것은 모두 이치가 있으니, 크게는 산과 물, 작게는 주먹만 한 돌, 한 치만 한 나무라도 그렇지 않은 것이 없다. 그러므로 유람하는 사람은 이런 물건을 보고 흥을 느끼며, 따라서 즐거워하는 것이다. 이것이 누대와 정자를 짓게 되는 이유이다."

그들은 누와 정자 자체를 구경거리로 삼지 않았고, 누정이 질박하거나 비루한 것에도 크게 신경을 쓰지 않았다, 다만 그들은 산수자연을 즐기며 군자의 마음을 맑게 하는 장소를 갖추었다는 것에 큰 의미를 두었던 것이다. 그러므로 만약 옛 정자 문화를 오늘에 계승 발전시키고자 한다면 바로 이 점에 초점을 맞추지 않으면 안 된다. 일차적으로 혼란하고 복잡한 주변 환경을 개선하여 향기 가득한 연지와 이로부터 확장되는 주변의 산수풍광을 함께 감상하고 즐길 수 있는 환경을 조성해야 한다. 그리고 피향정에 오른 사람들은 정자로부터 확장된 연못과 주변의 산수풍광을 함께 감상하면서 은군자(隱君子)의 마음을 체험해보는 여유를 가져야 한다. 이럴 때 피향정의 의미가 오늘에 되살아날 수 있는 것이다.

무성서원

무성서원은 전라북도 정읍시 칠보면 무성리에 있다. 1868년 대원군의 서원철폐령에도 훼철되지 않은 47개 서원 중 하나로, 사적 제166호로 지정돼 있다. 무성서원의 전신은 887년까지 태산(태인의 고지명) 현감을 지낸 최치원(崔致遠, 857년~?)을 제향하기 위하여 월연대(月延臺, 현재 무성리 성황산 서쪽 능선)에 지은 태산사(泰山祠)다.

숙종 22년(1696) 1월, 도내 유림들이 청액소를 올리니 숙종은 무성, 태산, 남천 중 '武城'이라는 사액을 내렸다. 정조 7년(1783)에 사우의 단청을 새로이 했고, 정조 8년(1784)에는 쌍계사(雙溪寺)로부터 최치원의 영정을 가져와 봉안했다. 무성서원은 호남 지역에서는 드물게 서원지(書院志)가 간행된 곳이다. 『무성서원지』에는 당시 무성서원 유림들의 자료 정리 소명과 식견이 잘 정리돼 있다.

무성서원은 한말 병오의병(丙午義兵)으로도 유명하다. 최익현과 임병찬은 1906년 6월 4일 무성서원에 모여 강회를 열고 최치원의 영정을 봉심하고 당시 서원 소임 김기술, 유종규와 함께 창의토적소(倡義討賊疏)를 올렸다. 강회가 끝난 후 80여 명의 의사가 함께 창의의 기치를 높이 들고 격문을 돌려 태인, 정읍, 순창, 곡성을 점령하였으나 6월12일 순창에서 관군의 공격을 받아 최익현, 임병찬 등 13명은 붙잡혀 서울로 압송되어 감금 2년 선고를 받고 대마도로 유배되었다.

무성서원의 건물 배치를 보면, 앞에는 공부하는 공간을 두고, 뒤에는 제사 지내는 사당을 배치하는 전학후묘(前學後廟) 형식을 따르고 있다. 현재 볼 수 있는 건물은 문루, 강당, 동·서재, 사당, 비각 등이다.

이 서원의 문루인 현가루(絃歌樓)는 두리기둥을 쓴 정면 3칸, 측면 2칸 누각이다. 문루를 통해 내정으로 들어가면 5칸 규모의 강당이 나타난다. 강당의 왼쪽 협실 강수재(講修齋)고, 오른쪽 협실이 흥학재(興學齋)다. 이 두 협실이 동·서재 역할을 한다. 강당 뒤쪽의 3칸 신문(神門)을 통하면 단

▲ 무성서원 현가루   ▲ 무성서원 사당(태산사)

층 3칸의 태산사에 이른다. 사당 안에는 주향인 최치원이 북쪽 벽에 모셔져 있고, 그 좌우에 나머지 제향 인물 6명(신잠, 송세림, 정극인, 정언충, 김약묵, 김관)의 위패가 봉안돼 있다. 이들은 향리에 가숙(家塾), 서원 등을 건립하여 젊은이들에게 학문을 가르치고 강학에 힘쓴 사람들이다. 기둥에 '聖朝額恩 士林首善'이라는 주련이 걸려 있는데, '임금이 사액의 은전을 주시다', '사림들의 모범'이라는 의미다.

무성서원에 남은 현판 중에서 중요한 의미를 가진 것은 '武城書院'이라는 사액과 '絃歌樓'라는 문루의 현판이다. 전자는 태산사라는 옛 사우가 "武城"으로 사액된 역사를 확인해주고 있으며, 후자는 이 서원이 흥학(興學)과 더불어 예교(禮敎)를 강조하는 서원임을 드러내고 있다.

누문 이름 '絃歌'는『논어(論語)』「양화(陽貨)」에 나오는 다음과 같은 이야기를 근거로 하고 있다. 공자의 제자 자유(子游)는 노나라 무성(武城) 현감이 되어 예악으로써 백성을 잘 다스리고 있었다. 공자가 이 고을을 찾아갔을 때 마침 고을에 울려 퍼지는 현가지성(絃歌之聲)을 듣고 탄복했다. 대개의 서원 문루의 편액이 성리학의 천인합일(天人合一)의 의미를 함축한 내용을 담고 있는 것과 달리 '絃歌樓'는 원시 유학의 현실 참여의 의미를 담고 있는 것이 주목된다.

정읍 즐기기

정금식당

정읍시 중앙2길 36(금호호텔 앞)
063-535-3644
주요 메뉴 : 백반
가격 : 갈치백반 8,000원, 홍어탕
10,000원, 아구탕 8,000원 등

간보기

전라도 밥상 인심이 그대로 묻어난다.

반찬 하나하나 후덕한 인심에 은근한 손맛
이 담겨 있다. 정읍에서도 전라도 음식에
대한 기대가 허망하지 않아 좋다. 오히려
이 값에 이만한 음식 먹기가 미안할 정도
다.

맛보기

2016년 12월에 찾아가 갈치백반을 주문
했다.

● 전체 _ 단돈 만 원도 안 되는 식단에 웬

반찬을 이리 많이 내오나. 별의별 게 다 있다. 잔칫상에 오르는 꼬막에 죽순까지 나왔다. 실갈치도 쉬운 반찬이 아니다. 거기 무조림은 이런 자신 있는 손맛이 있나 싶다. 김치는 익숙하고도 자신 있는, 속 깊은 아낙의 솜씨가 아마 이럴 것이다. 갈치조림은 물론이고 조연인 반찬들마저 어느 거 하나 허술한 것이 없다.

● 주메뉴 _ 갈치조림은 도톰한 갈치 토막에 풍부한 맛이 배어 있다. 국물 맛도 좋다. 갈치 본연의 맛을 잘 살렸다.

● 보조메뉴 _ 기본 곁반찬 외에도 따뜻한 반찬이 계속 나온다. 새우시래기탕 또한 일품이다.

● 반찬 특기사항 _ 고추조림은 고추의 파란색을 죽이지 않으면서도 농익은 맛이 난다. 깻잎무침도 좋다. 달걀말이는 양파를 가득 넣었다. 간도 맞는 데다 이처럼 둥글게 탐스럽게 부치면서도 속이 골고루 익게 태우지 않고 부쳐냈는지 한 수 배우고 싶다. 실갈치는 맵고 양념 진하게 졸여냈다. 진한 맛이 갈치조림과 또 다른 매력으로 젓가락을 부른다.

찌개, 국, 밥 : 갈치조림은 주연 뭇을 톡톡히 한다. 굵은 갈치 토막들이 국물에도 충분히 맛을 들게 한다. 게다가 온갖 반찬은 한 번씩만 맛보려 해도 밥 한 공기로만은 어림없다. 어쩔 수 없이 또 과식이다. 탱글탱글 밥알 살아 있는 밥맛 또한 대단

하니 참기 쉽지 않다고 변명도 해본다. 내 입맛인지, 반찬 맛인지 구분이 어렵다.

김치 : 생김치에 이런 진한 맛을 들일 수 있는 것은 예사 솜씨가 아니다. 게무침도 한몫한다. 전문가 아낙의 솜씨, 제집 식구를 넘어 온갖 이웃 다 먹여온 푸지고 손맛 좋은 아낙의 솜씨가 만들었음직한 밥상이다.

맛본 후

바로 한두 골목 지나면 경찰서 앞이다. 경찰서 앞의 넓지 않은 도로 한 블록은 그 유명한 쌍화차 거리이다. 인사동 쌍화차 집에서 쌍화차를 한 잔 했다. 무슨 쌍화차가 그리 실한지, 거기다 곁다과로는 구운 가래떡을 조청에 내온다. 아, 맛으로는 전라도를 당할 수가 없다.

이제 실속 있고 분위기 있는 차를 화롯불 아래인 것마냥 마음을 녹이며 마실 수 있게 되었다. 나도 모르게 삶이 여유를 찾아가는 거 같다.

쌍화차, 대추차 등은 6,000원에 마실 수 있다.

진안

鎭安

주천면

용담면

▲ 구봉산

운장산 ▲   ● 용담댐

정천면   안천면

부귀면   상전면   동향면

● 진안군청
● 진안역사박물관, 가위 박물관

진안읍   ● 마이산도립공원

금당사 ●● 마이산 탑사

마령면

성수면

백운면

전북 북동쪽에 있다. 구봉산, 운장산 등이 높은 산이다. 금강과 섬진강이 발원한다. 암수 두 봉우리가 기이한 모습으로 솟아 있는 마이산(馬耳山)의 고장이다. 마이산 탑사는 많은 돌탑이 있어 유명하다. 마이산 일대에 많은 문화재와 문화 시설이 있다. 인삼의 고장이고, 인삼을 이용한 요양 시설이 있다. 북쪽 용담면에 용담댐을 만들어 넓은 지역이 수몰되었다. 수몰 지역에서 나온 문화재를 중심이 되는 전시품으로 해서 역사박물관과 가위박물관을 만들었다. 인삼 외에 더덕과 흑돼지 등이 지역 특산품이다.

　지역 특산물을 널리 알리는 축제가 이어진다. 3월에는 고로쇠축제, 4월에는 꽃잔디축제를 한다. 8월에는 수박축제, 10월에는 홍삼축제를 거행한다.

진안 알기

마이산에 어린 전설

부부 마이산 전설과 이성계의 꿈

마이산(馬耳山)에 높이 솟아오른 두 개의 봉우리 가운데 동쪽은 아버지, 서쪽을 어머니라 했다고 한다. 부부 마이산이 비밀리에 커 올라가기로 하였다. 암마이산은 새벽에, 수마이산은 밤에 크자고 하였는데, 결국 암마이산의 요구에 따라 두 산은 새벽에 커 올라가고 있었다. 그날 새벽에 물을 길러 나온 여자가 이를 발견하고 "산이 크고 있다"라고 소리치자, 부정이 타서 두 산이 크기를 멈추고 주저앉아버렸다. 암마이산이 한 말을 들었다가 여자에게 들켜서 못 크게 되었다며 수마이산은 화가 나서 암마이산을 발로 차 버렸다. 그래서 암마이산이 지금처럼 돌아앉은 형상이 되었다고 한다. 두 산이 그대로 커 올라갔으면 지금 그 자리가 서울이 되었을 것이라고 한다.

마이산은 조선을 개국한 이성계와 인연이 깊은 산이다. 고려 우왕 6년 (1380) 태조 이성계는 운봉 황산에서 왜구를 소탕하고 돌아오는 길에 마이산을 보고 깜짝 놀랐다고 한다. 산의 모양이 꿈속에서 본 금으로 된 자

▲ 마이산

[금척(金尺)]과 너무도 흡사하였기 때문이다. 이성계 꿈에 하늘에서 신인 (神人)이 나타나 금척을 주면서 "이것을 가지고 나라를 바로잡을 사람은 그대가 아니고 누구이겠는가?"라고 했다고 한다. 이에 마이산을 속금산(束 金山)이라고 일컫기도 했다.

『용비어천가』 제83장에서 "자ㅎ로 制度ㅣ 날씨 仁政을 맛됴리라 하늘 우 흿 金尺이 ᄂᆞ리시니"(자로써 제도가 나므로 인정을 맡기리라 하늘 위의 금 척 내리시니)라고 했다. 금척 전승은 유래가 오래되었다. 신라 왕이 하늘 에서 받은 금척은 경주시 건천읍 금척리(金尺里) 고분에 묻혀 있다고 한다.

● 기이하게 생긴 산에는 커다란 가능성을 말하는 전설이 있어야 한다. 서울이 된다느니 임금이 된다느니 하는 것이 가장 커다란 가능성이었다. 하늘의 뜻을 받아야 가능하다고 여겼기 때문이다.

나도봉 전설
아주 옛날 하늘에서 죄를 짓고 이 땅에 내려와 사람으로 살아가는 부부 가 있었다. 이들은 쫓겨날 때 상제가 "너희가 지은 죗값을 다 치르면 하늘로 올라오라"고 했다. 지상에서 살아가는 동안 두 아들까지 얻어 더욱 열심히 일을 하며 그 날을 기다렸다.

그 죗값이 끝나는 밤, 남편은 당장 하늘로 올라가자고 서두르고 아내는 밤은 무서우니 내일 새벽 일찍이 올라가자고 했다. 남편은 좀 못마땅했지만 아내 말을 듣기로 하고 어둑한 새벽녘 하늘로 올라가는데, 저 아래에서 무슨 소리가 들렸다. "사람이 하늘로 올라간다"고 목격자가 말했다.

그 때문에 이 가족은 하늘로 올라가지 못하고 바위가 되었다. 삐죽하게 뻗은 아빠봉. 둥그스름하면서 고개를 약간 돌린 듯한 엄마봉. 아빠봉 앞에 붙은 작은 두 봉우리를 아기봉이라고 한다. 두 봉우리 앞에 조금 작은 봉우리가 정말 시샘을 하듯 샐쭉한 모습으로 서서 "당신들만 봉우리요? 나도 엄연히 마이산의 한 봉우리요" 하는 것 같아 나도봉이라고 한다.

● 예사롭지 않게 빼어난 모습을 하고 있는 바위를 보면 유래에 관한 말을 만들고 싶다. 하늘로 올라가야 할 사람이 올라가지 못하고 바위가 되었다고 하면 말이 그럴듯하다. 땅에 있는 자연물 바위가 하늘에 올라가려는 사람의 의지를 나타낸다고 하면, 예사롭지 않게 빼어난 모습에 대한 최상의 설명이다.

그러면 두 가지 질문이 생긴다. (1) 어째서 사람이 하늘로 올라가야 했던가? (2) 왜 올라가지 못했던가? (1)에는 하늘에서 귀양 왔다가 복귀한다고 했다. (2)에는 올라가는 것을 본 사람이 말을 했기 때문이라고 했다.

마이산을 읊는다(詠馬耳山)　　　　　　　　위백규(魏伯珪)

雙峯削出石蓮花　　　　두 봉우리는 돌로 깎은 연꽃인가,

▲ 탑사

撐柱南天入紫霞　　　남쪽 하늘 지탱하며 선계로 들어간다.
自是渾身剛似鐵　　　온몸이 쇠처럼 굳세어진 다음에는
也能千古不消磨　　　천고에 영원토록 닳지 않으리라.

탑사에서 만나는 불교와 도교의 조화

　마이산 남쪽 기슭 탑사(塔寺)에는 돌을 쌓아 만든 탑이 아주 많다. 1885
년경에 임실에 살았던 도사(道士) 이갑룡(李甲龍)이 수행을 위하여 마이산
밑으로 이주하고, 108기의 돌탑을 30여 년에 걸쳐서 혼자 축조했다고 하
는데, 지금은 약 80여 기가 남아 있다. 천지탑, 오방탑, 33신장군탑, 중앙
탑, 일광탑, 월광탑, 약사탑 등이 대표적인 것들이다.

　천지탑은 높이 13미터의 원뿔 형태이다. 하나의 몸체로 올라가다가 두
개의 탑을 이루는 특이한 모습이다. 한 쌍의 부부처럼 탑사 한가운데 자리
잡아 마이산과 잘 어울린다.

● 탑사에 가면 신비스러운 느낌을 받는다. 불교의 영역을 확대해 깊은 뿌리를 지닌 재래 신앙을 되살린 유적을 만나 충격을 받고 마음속 깊은 곳이 흔들린다. 그 이유가 무엇인지 밝히려면 깊은 연구가 있어야 한다.

금당사의 도승

진안 마이산에는 금당사라는 절이 있었다. 그곳의 스님은 부처님의 높은 도를 깨우친 분이었다고 한다.

어느 해 늦은 봄이었다. 가뭄이 심해 사람들이 금당사 스님을 찾아가 애원했다. 스님은 기우제를 드리자고 하고, 밤이 되자 호랑이 등을 타고 어디론가 갔다. 기우제 준비를 마치고 사흘 기다리니, 스님이 다시 나타나 절의 뒷마당을 백 자를 파라고 했다. 처음에는 주저하다가 스님의 말대로 하니, 백 자나 되는 땅속에서 부처님을 그려놓은 괘불이 나왔다. 그 괘불을 절에 걸고 기우제를 올리자 기다리던 비가 오기 시작했다. 지금도 가뭄이 심해 금당사에서 괘불을 걸어놓고 기우제를 지내면 틀림없이 비가 온다고 한다.

어느 날 여러 제자가 스님의 도술을 시험해보기로 하고, 달걀을 개어 떡을 구워놓고 스님에게 살아 있는 병아리를 만들어 보이라고 했다. 스님은 경을 외며 조용히 꿇어앉아, 살아 있는 병아리로 만들어 보였다. 제자들과 마을 사람들은 스님의 도술에 크게 탄복해 더욱 존경하게 되었다.

그 스님이 나옹(懶翁) 스님이다. 금당에서 북쪽으로 5백 미터 되는 곳에 나옹이 크게 깨달았다는 고금당이 있다.

● 부처님 도를 크게 깨달았다는 것을 다른 말로 할 수 없어 이해할 수

없는 도술을 보여주었다. 호랑이 등을 타고 갔다가 땅을 파라고 한 것은 무슨 이유인가? 달걀을 개어 구운 떡이 어떻게 병아리가 된다는 말인가? 이해할 수 없는 도술이라고 하려고 이런 질문이 생기게 하므로 대답을 찾으려고 하면 어리석다.

진안의 혈맥

예전에 어느 관원이 『주역』을 깊이 공부해 신통한 능력이 있었다. 임금에게 외직으로 나가고 싶고, 전라도로 가기를 원한다고 했다.

전라감사가 되어 부임하기에 앞서 도술을 부려, 전라도 서쪽 바다의 모든 고기를 제주도로 가게끔 했다. 전라도에는 푸성귀나 나물밖에 없어, 관원들이 감사에게 대접할 고기를 잡아 올리라고 각 현감에게 명령했지만 아무 소식이 없었다. 어느 날 민가의 울타리에 갈치가 걸려 있어 잡아왔다는데, 머리는 뱀 형상이요 꼬리만 갈치였다.

그래서 설마 감사가 그것을 분간할 리 없겠지 하고, 보기 흉한 머리는 잘라버리고 꼬리만 감사 밥상에 올렸다. 감사가 자세히 보니 분명한 산갈치였다. 머리 부분이 없어 물으니 개수통에 버렸다고 했다. 이 말을 듣고 머리도 상에 올리라고 했다. 그러나 개수통에 버린 산갈치 머리는 찾을 수가 없었다. 감사는 크게 실망하고 꼬리만 먹을 수밖에 없었다.

산갈치의 머리는 천기에, 꼬리는 지리에 능통하게 한다고 한다. 감사는 꼬리라도 먹고 지리에 능통하게 된 것을 다행으로 여겼다. 그 뒤로 전라도 각 고을과 마을을 두루 살펴보며 마을 이름을 붙여주고 명당 자리를 보는 등으로 풍수 노릇을 하면서 현감들의 치적을 살폈다. 왕후장상의 혈이 네 곳이 있다는 말을 남기고 떠났다.

그 뒤 수십 년이 지나, 신현충이라는 인물이 나왔다. 양팔 겨드랑이 밑에는 비늘이 나 있고 날개가 있었다. 활과 창 다루는 솜씨가 비범하고 무리와 함께 무술을 익혔다. 나라에서 심상치 않게 여겨 죽이고. 왕후장상의 혈을 망덕 뒷산, 황산리 용마혈, 정천 갈두, 월평리 등지에서 찾아 기를 죽이려고 숯불로 지졌다.

그리고 또 수백 년 후에 용모가 비범하고 재주가 비상한 장수가 나고, 추종하는 무리에도 영특한 인재가 많았다. 역모를 하는 것이 틀림없다고 해서, 나라에서 잡아다가 하옥시키고 심문했다.

장수는 고향이 전라도 월랑현이라고 했다. 월랑현은 진안의 옛 이름이다. 월랑현에 가서 살펴보니, 강령골재라는 곳에 청룡 우백호 사대문이 완연한 도읍 자리가 있었다. 큼직한 자벌레가 풀 속으로 들어가는 것을 보고 그곳을 파헤치니 오래된 유골이 나왔다. 유골 오른쪽 눈에다 나뭇가지를 꽂으니, 감옥에 갇힌 그 사람이 갑자기 오른쪽 눈이 아프다며 뒹굴고. 왼쪽 눈에 꽂으니 왼쪽 눈을 감아쥐며 신음했다. 그 자리를 파헤치고 숯불의 화기로 석 달 열흘 동안 다스렸다.

몇백 년이 또 흘러 동학혁명 때 농민군이 일본군과 합세한 관군이 싸웠다. 농민군은 진안국민학교 뒷산에, 일본군과 관군은 성묘산에 대치하고 공방전을 하다가, 일군의 총기에 동학농민군은 패퇴했다. 일본군이 쏜 총탄이 땅에 많이 박혀, 기운이 모조리 빠져나갔다고 한다.

● 고을의 혈맥과 관련되어 드러나지 않은 이면에 얽혀 있는 역사 즉 이면사가 있다고 하는 이야기이다. 여러 이야기가 각기 다르고 연결되지 않는 것은 이면사는 표면사의 논리를 따르지 않기 때문이다. 표면사는 국가의 기록을 자료로 삼아 알아내고, 이면사로 들어가는 통로는 전설이다.

기인 이석구

백운면 덕현리 내동 마을에서 태어나 마령에서 살았다는 이석구는 기인 이었다. 나무를 하러 가는데 도구를 챙기는 일이 없었다. 궁금하게 여긴 사람이 동행해서 보니, 나무를 통째로 뽑고, 몇 년은 자랐을 만한 칡넝쿨을 뽑아서 조여 묶은 다음, 커다란 나무 짐을 거뜬히 지고 내려가는 것이다.

어떤 사람이 아파 약 사 오기를 부탁하며 약국까지 가르쳐주었다. 약탕기에 물이나 올려놓으라고 하고 전주로 가는 방향과는 엉뚱한 산속으로 들어갔다가, 물이 끓기도 전에 돌아왔다. 하도 이상해 전주 그 약방에 가서 확인해보니 분명히 다녀갔다고 했다. 축지법을 쓰는 것이 틀림없었다.

이석구는 둔갑술을 한다고 전해지고 있었다. 마령 유지 오모란 사람이 둔갑술 배우기를 원하였다. 너무 간절하게 원하므로 거절할 수 없어, 강정리 뒷산 북수골로 올라가자고 했다. 밤이 칠흑 같아 앞을 분간할 수 없었는데, 이석구는 오씨를 데리고 무덤으로 갔다. 오 생원에게 눈을 감게 하고, 무덤 위에서 세 번 넘고는 큰 호랑이로 둔갑했다. 깜짝 놀란 오 생원은 그 자리에서 기절해버렸다. 그 뒤에 둔갑술을 배우자는 말을 하지 않았다고 한다.

● 이런 기인이 이면사에서 크게 활약해야 하는데 여건이 미비해 기대에 미치지 못했다고 여긴다. 그런 인물이 한둘이겠는가? 전설이나 소설에서 아무리 많이 이야기해도 진상을 다 알려주지 못한다.

비운의 영웅 신현충

조선조 말엽 정천면 모정리 망덕마을에 신현충이란 소년이 살았다. 글 읽기보다는 무예를 좋아하고 힘이 세서, 명절마다 열리는 각 고을 씨름판 에서 황소를 다 차지했다. 청년들을 모아서 농악놀이, 사냥놀이를 했다. 수십 명이 산과 들에서 창칼과 활로 훈련을 요란하게 했다. 그러자 면내는 물론 현청까지 기세에 공포를 느꼈다.

서울에서는 필시 역모를 하는 것이 틀림없다고 하고, 군병을 출동해 잡 으러 왔다. 신현충이 이끄는 청년들이 이리 쫓기고 저리 쫓기다가 용담교 서편 층암절벽의 암굴에까지 몰리게 되었다. 관군은 거기까지 올라가지 못해, 다른 방법을 썼다. 신현충의 어머니를 말꼬리에 매달고 암굴에서 보 이는 산 아래 길목으로 끌게 했다. 어머니 비명 소리에 참을 수 없는 신현 충은 자결을 하고 말았다. 지금도 그 산허리에 있는 암굴을 신현충 굴이라 고 전하고 있다.

망화리 마을에는 신현충이 활을 쏘던 활터가 있다. 누이더러 동구 밖 우 물에서 물동이를 이고 오게 하고, 신현충은 수백 보 떨어진 곳에서 활을 쏘아 물동이를 정통으로 명중시켰다. 다음에는 말과 화살이 경쟁하게 했 다. 말이 화살에 미치지 못한다고 해서 말을 죽였다.

나라에서는 신현충을 죽인 다음, 역적의 선산을 파헤치고 산맥을 숯불 로 뜨는 관례가 있어 정천의 망덕 뒷산, 용담 황산리의 용마혈, 정천 갈두 리, 용평리 등의 묘를 파헤치고 숯불로 떴다. 정천 월평리 뒷산에 있는 장 군무답족답월혈(將軍無踏足踏月穴)을 파헤치려 할 때 뇌성벽력과 함께 소 나기가 퍼부어 모두 놀라 도망갔다. 지금도 마을에서는 그곳을 신 장군의 묘라고 일컫고 있다.

● 아기장수는 어려서 죽지 않고 살아남아 장성해도 능력을 제대로 발휘하지 못하고 희생되고 만다고 했다. 표면사에는 기록되지 않은 이면사의 비극을 말했다. 역사의 표리를 이해하는 데 이보다 더 좋은 자료가 있겠는가?

기이한 연분

부귀면 수항리 옥녀봉 기슭에 옥녀라는 꽃다운 소녀가 살았다. 글 잘하고 이목이 수려한 신랑과 약혼했다. 약혼한 옥녀는 자나 깨나 도령 생각에 가슴 두근거리는 세월을 보냈다.

어느 날 밤 꿈속에서 쟁반 같은 보름달이 뚝 떨어져 옥녀의 입속으로 쏙 들어갔다. 황룡과 청룡이 싸움을 하더니 청룡이 이겨 자기 몸으로 달려와 칭칭 휘감았다. 깜짝 놀라 깨었다. 이런 일이 있은 뒤 태기가 있고 혼인 날은 가까워오는데 배가 자꾸만 불러왔다. 혼인한 첫날밤에 옥녀는 해산의 진통을 하더니 아이를 낳았다.

신랑은 놀랄 수밖에 없었다. 내일이면 신행길을 떠나야 하는데 신부가 아기를 낳다니. 그러나 신랑은 무척 침착하고 속이 깊었다. "여봐라, 신부가 갑자기 배가 아프니, 미역국에 흰 쌀밥을 빨리 좀 다오." 이렇게 해서 가져온 국과 밥을 산모에게 먹이고 대책을 생각했다.

새근새근 자는 아이를 솜으로 싸서 신랑 집 가는 길목 다리 밑에 내려놓았다. 신랑은 사람을 시켜 아기를 데려오게 해서 잘 기르도록 부탁했다. 아이는 무럭무럭 자라서 글방에서 글 잘하는 재동이로 소문난 10여 세의 의젓한 도령이 되었다.

하루는 화주승이 와서 시주를 청했다. 옥녀가 아들을 시켜 시주했더니 화주승이 "그 녀석 얼굴은 잘 생겼다마는······" 하고는 돌아섰다. 화주승을 불러 물으니 도령이 15세 안에 호랑이에게 물려갈 것이라고 했다. 호랑이에게 물려갈 것을 방지할 수 있는 길은 자기에게 딸려 보내면 면할 수 있다고 했다.

아들에게 행장을 꾸리게 하고, 화주승을 따라가라고 했다. 아들은 그 화주승에게 10년 동안 지리와 천기를 배우고, 스승의 모든 지식을 짐작할 정도가 되었다. 어느 날 천기를 보니 아버지가 운명할 운세라 스승께 집에 갈 것을 허락해달라고 했으나 기한인 10년을 채워야만 한다고 했다. 드디어 10년째 되는 날 도령이 스승께 엎드려 하직을 고하고 어릴 때 살던 집에 단숨에 돌아와 보니, 아버지를 여윈 슬픔에 잠긴 어머니와 동생들이 반겨주었다.

도령은 "제가 알기로 돌아가신 아버지의 집이 매우 불편합니다" 하고 식구들에게 말하고, 살아 있을 때 못다 한 효도를 돌아가신 뒤라도 해야겠다고 하고 아우들과 의논하고 아버지의 묘소를 이장하기로 했다. 아버지의 묘소는 파서 보니 흥건히 물이 고이고, 나무뿌리가 얽혀 있었다.

도령은 아버지의 시신을 모시고 자기가 자리를 잡은 옥녀봉으로 가서 땅속에 모실 시각을 기다리고 있는데, 갑자기 비가 내리기 시작했다. 비를 피할 장소를 찾던 동생이 널찍한 바위를 발견하고 바위를 들추려고 했다. 바위에 손을 대지 못하게 주의시켰으나 동생은 바위를 들추고 말았다. 그러자 학이 두 마리 푸드득거리며 날아가버렸다. 도령이 학이 날아가 앉은 장소까지 따라가보니 소양면 해월리였다. 학이 앉은 자리에 묏자리를 다시 잡고 그곳에 이장하였다. 그곳이 대명당이었다.

진안군에는 대명당 자리 여덟 곳이 있어 잘 알아 무덤을 쓰면 팔대 정승이 난다는 말이 풍수지리설로 전해오고 있다.

● 보름달이 입에 들어가고 청룡이 몸을 감아 잉태된 아이는 많은 전례가 있는 영웅이다. 화주승을 구출 양육자로 삼아 호식의 위기에서 벗어난 것도 흔히 보던 바와 같다. 그런데 탁월한 용맹으로 적대자와 투쟁해 빛나는 승리를 쟁취하는 그다음 단계의 전개는 제대로 나타나지 않았다. 기껏 풍수의 능력을 가지고 아버지의 무덤을 명당에다 쓰거나 한 것은 타락한 영웅의 변질된 행적이다. 시대가 변한 탓인가? 전설의 타락인가?

욕심을 경계하는 쌀바위

주천면 북쪽에는 쌀바위라고 하는 바위가 있다. 옛날 이 바위 뒤쪽에는 보살사라는 큰 절이 있었다. 보살사는 동네로부터 멀리 떨어져 있어 낮에도 호랑이나 늑대 같은 맹수들이 들끓어 누구 한 사람 불공 드리려는 사람이 없었다. 인적이 끊어지게 되니 절을 지키던 중들의 생계가 어렵게 되어 절을 떠나버려 폐사의 위기까지 이르게 되었다.

마침내 보살사의 주지도 절을 떠나기로 작정하고 마지막 남은 쌀로 저녁밥을 지어 먹고는 일찍 잠자리에 들었다. 그런데 꿈속에서 부처님이 나타나 나무라면서 날이 새면 절 뒤의 벼랑으로 가보라 했다. 다음 날 그곳엘 가보니 하루에 한 사람이 먹을 만큼의 쌀이 있었다. 스님은 부처님의 뜻이라는 걸 깨닫고 하루하루 불도에 전념했다.

어느 날 먼 곳에서 손님이 찾아왔다. 스님은 반가웠지만 한편으로 걱정이 되었다. 손님이 먹을 쌀은 없기 때문이었다. 그런데도 이튿날 아침 스님은 벼랑 밑으로 가보니, 어찌된 일인가? 거기에는 두 사람이 하루 먹을 만큼의 쌀이 있었다. 손님이 두 명이 오면 세 사람 몫이, 열 명이 오면 열한 명의 몫의 쌀이 어김없이 있었다. 이렇듯 양식의 부족함을 모르게 되자 절을 떠났던 중들도 하나둘 되돌아오고 불공드리는 사람도 많아져 나무가 우거진 산에도 길이 나기 시작하고 절은 번창해 갔다.

스님은 기뻐하는 한편 매일 알맞게 나오는 쌀에 대한 궁금증을 풀지 못해, 어디서 어떻게 쌀이 나오는지를 지켜보기로 했다. 그날 밤 몸을 숨기고 바위를 지켜보았다. 그러나 깜박 잠이 들고 말았다. 눈을 떠보니 먼동이 트고 옷자락엔 쌀이 쌓여 있었다. 다음 날 또다시 실수 없이 시도하기로 했다. 자정이 되자 벼랑 중간쯤에서 바위 하나가 움칠움칠하다가 한쪽의 바위가 옆으로 구르고 하얗게 구멍이 뚫리며 쌀이 쏟아졌다. 그러더니 떨어졌던 바위 쪽이 그 구멍을 막아버리고 아무 일도 없었다는 듯 커다란 바위만 달빛에 자태를 드러내고 있었다.

스님은 며칠 밤을 세워가며 그 광경을 지켜보다가 문득 욕심이 생겼다. "저 구멍을 닫히지 않게 하면 물 흐르듯 쌀이 나올 게다"라고 생각했다. 그날 밤 튼튼한 장대 하나를 준비하고 벼랑 밑으로 갔다. 마침내 자정이 되어 바위 문이 열리자 재빨리 장대로 바위를 막았다. 그러나 쌀은 나오지 않고 장대를 붙잡은 스님이 그 구멍으로 딸려 들어가 바위 대신 스님이 구멍을 막아버리고 말았다 결국 분수에 넘치는 욕심으로 그런 변을 당하게 되었다.

● 쌀 나오는 구멍 이야기를 장황하게 하고, 무엇을 뜻하는지 해설하기까지 했다. 전설은 소설이 아니므로 간략하게 이야기해야 감칠맛이 있다. 쌀이 왜 나오고, 왜 나오지 않게 되었는지 말을 하지 않아야 듣는 사람들이 수수께끼를 푸는 즐거움을 누린다.

시와 함께 행복했던 부부 시인

김삼의당(金三宜堂)은 전라북도 남원 서봉방(棲鳳坊), 지금의 향교동에서 몰락한 선비의 빈곤한 가정에서 태어났다. 여자이지만 글공부를 하고 상당한 문장력을 갖추었다. 정조 10년(1786) 18세가 되던 해에 같은 해, 같은 날, 같은 동네에서 출생한 하(河)씨 총각과 결혼했다. 첫날밤에 시를 주고받았으며, 넉넉하지 않은 살림살이를 함께 이룩하며 금슬이 아주 좋았다 한다. 남편의 시에 화답하고 차운한 작품이 여럿 있고, 남편과 함께 농사를 짓는 기쁨을 노래하기도 했다.

위의 말은 이 책 '남원'에서 한 것이다. 이곳에서 김삼의당을 다시 소개하는 것은 마이산 남쪽 입구에 김삼의당 내외를 위한 시비(詩碑)가 있기 때문이다. "湛樂堂 河湜 三宜堂 金氏 夫婦詩碑"라고 했다. "河湜"의 "湜" 자는 자전에서 찾을 수 없으며 음이 "립"이라는 것도 추정일 따름이다. 두 사람이 진안군 마령면으로 이주해서 진안 사람이 되었다고 이 비를 세웠다. 2007년에 군청에서 세웠다. 부부가 태어난 날인 10월 13일에는 마이백일장(馬耳白日場)을 연다고 한다.

● 자기 고장의 인물을 늘리고 소중하게 섬기려는 노력이 잘 나타나 있다. 지방자치 시대가 되면서 자기 지방에 자랑스러운 인물이 있었다고 선전하기 위해 연고가 조금이라도 있으면 모셔온다. 인구를 늘리기 위해 주민등록을 옮기라고 독려하는 사업을 고인들을 대상으로 더 크게 벌인다.

진안역사박물관

마이산 북쪽에 있다. 용담댐 수몰 지역에서 수집된 문화재를 중심으로 진안의 내력을 말해주는 박물관을 2006년에 만들었다. 고고관, 민속관, 기록관이 있다. 민속관에 있는 매사냥에 관한 전시가 특이하다.

● 매사냥은 오랜 문화이다. 진안이 매사냥의 고장임을 오래 기억하게 한다. 매사냥이 유네스코 세계문화유산으로 등재된 것까지 알면 더 많은 것을 생각하게 된다. 마이산이 저 멀리 몽골이나 카자흐스탄의 고봉들과 연결되어 매가 날면서 오가고, 매사냥꾼들도 기술을 주고받는다고 상상해 볼 수 있다.

가위박물관

마이산 북쪽 입구에 있는 이색적인 박물관이다. 2016년에 개관했다. 용담댐 수몰 지역에서 고려 시대 가위가 출토된 것을 기념해 고금·동서의 가위 1,500여 점을 모아 전시한, 세계 유일의 가위박물관이다. 세계 각국의 진기한 가위가 시선을 끈다. 관장을 맡은 분이 오랫동안 외국에 드나들면서 수집한 것들이라고 한다.

● 지역사회의 자부심과 개인의 취미가 잘 맞아들어 진기한 구경거리를 만들어냈다. 무심코 보아온 가위와 다시 만나 많은 이야기를 듣게 한다.

진안 보기

마이산 탑사의 신비로운 돌탑들

탑사는 전라북도 진안군 마령면 마이산도립공원 서쪽 봉우리 아래에 있다. 경내로 들어서면 수많은 크고 작은 돌탑이 임립한 장관이 펼쳐진다. 규모가 큰 원뿔형의 천·지(天地) 탑을 비롯해서 80여기 의 작은 탑(전라북도 기념물 제35호)들이 골짜기를 가득 메우고 있다. 세계적으로 유래가 드문 특이 형태의 이 탑은 어려운 나라의 창생을 구원하려는 염원과 한국미가 어우러진 이형 탑이다. 가장 안쪽 높은 곳에 있는 대웅전과 영신각(靈神閣)은 지금 이곳이 생명력을 가진 사찰임을 보여준다.

다음은 탑사를 이룩한 이갑룡 옹의 생애를 기록한 비문 내용이다.

이갑룡 옹은 1860년 3월 25일 전라북도 임실군 둔덕리에서 효령대군의 15대손 이성우 씨 차남으로 태어났다. 어려서부터 효성이 지극하여 부모상을 치른 후에도 3년간의 시묘(侍墓)를 하였으며 그 후 나라의 어지러움과 인생의 괴로움에 회의를 느끼고 명산을 찾아 수도하던 중 난세와 억조창생을 구원하려면 공을 드려야 한다는 신의 계시와 깨달음으로 솔잎을 생식하며 이곳에 탑을 쌓았다. 한편 신의 계시로 쓴 30여 권의 신서와 부적을 남겨놓았다.

▲ 마이산 가을

▲ 섬진강 발원지

　그는 1885년부터 30여 년에 걸쳐 이곳을 비롯하여 정읍군 신태인읍 백산사 등에 탑을 쌓고 일생을 기도로 살다 1957년에 향년 98세로 타계했다고 전한다.

　이 내용만 보면 탑사의 모든 탑은 이갑룡 옹이 신의 계시를 받아 혼자 축조한 것으로 되어 있다. 그런데 이 돌탑들의 의미가 무엇이며, 과연 이갑룡옹 혼자서 이 탑들을 쌓았는가 하는 의문에 대한 답은 확실한 것이 없다. 대신 이들 돌탑의 성격에 대해 몇 가지 설이 있는데, 그 내용은 대강 이러하다.

　탑사는 지금 사찰 기능을 하고 있지만 그것은 현대 이후의 일이다. 그러니까 그전 이곳에는 이미 돌탑이 있었다는 얘기가 된다. 당시의 돌탑은 서낭당 또는 서낭 신앙과의 관련된 것으로 보는 학자들이 있다. 서낭당은 마을 어귀나 고개마루, 산허리 등에 자리 잡고 있으면서 신앙의 대상이 되는 돌무더기다. 아미산 돌탑의 지리적 위치나 모양으로 볼 때 이와 유사한 것일 것이라는 견해는 설득력이 있어 보인다. 또 하나는 비보(裨補)탑설이다. 비보는 풍수 용어로, '무엇인가 부족한 것을 도와 보충한다'는 의미를

▲ 대웅전 돌탑

가지고 있다. 즉, 풍수적 취약점을 없애기 위한 인간의 인위적인 시도 또
는 노력을 뜻하는 것이다. 그런 시도 중 대표적인 것이 풍수탑을 세운다거
나 음기를 막기 위해 인공산을 만든다든가 하는 것이다. 현재 비보설이 서
낭설보다 설득력을 더 얻고 있는데, 그 이유는 이갑룡 이전에 이미 이곳에
돌탑이 있었다는 촌로들의 구전이 있고, 마이산과 관련된 풍수비보 관련
된 역사 기록이 상당수 남아 있기 때문이다.

결론적으로 지금 탑사에 있는 다양·다수의 돌탑들은 이갑룡 옹이 이
곳에 정착하기 이전부터 있었던 산천비보용(또는 서낭신) 돌탑과 이 옹이
이곳에 들어와 살면서 어떤 소원을 빌기 위해 쌓은 돌탑이 혼재하고 있는
것으로 보는 견해가 타당할 것 같다.

진안관

전북 진안군 진안읍 진장로 21/군상리
282-5
063) 433-2629/4500
주요 메뉴 : 애저찜(1인당 20,000원)

간보기

요즘 보기 드문 애저찜을 즐겨보자. 애저는 우윳빛 진한 국물 속에 약간의 한약재를 양념으로 덩어리져 나온다. 애저가 통째로 나오는 게 아닌 데다 토속적 밑반찬과 함께하므로 부담 덜고 먹어도 된다.

맛보기

2016년 3월에 찾아가 애저찜을 주문했다. 애저찜은 한식 밑반찬과 함께 나온다.

● 주메뉴 _ 애저찜은 뽀얗고 진하게 졸인 국물이 생각보다 개운하다. 우선 고기를 기호대로 먹은 다음에 콩나물과 김치를 넣고 김치찌개를 끓여 먹는다. 애저를 먹는다는 특별한 기대나 부담이 없다면 부드러운 돼지고기찜을 먹는다는 느낌으로 먹을 수 있다.

애저찜은 인삼 대추 등 한약재를 넣고 고아서 졸인 국물에서 한약재 향이 난다. 한약재는 몸에도 좋은 재료인 데다 냄새도 없애주기 때문에 넣는다. 특히 인삼은 냄새를 잡고 영양을 돋우는 일거양득의 재료이다. 그래서 국물이 생각보다 개운하다.

애저찜의 고기는 뼈도 씹힐 정도로 부드럽게 고아져 있다. 쫄깃거리기보다 부드럽게 감기는 고기를 데워진 상태에서 따뜻하게 먹기 때문에 느끼한 맛에 물릴 수도 있다. 고기는 된장, 초고추장, 새우젓 등 다양한 소스에 마늘, 고추를 곁들여 먹는다. 소스를 돌려가며 먹으면 느끼한 맛을

▲ ▶ 애저찜

줄일 수 있다.

고기 국물은 진하고 깊은데 김치찌개를 만들면 옳게 제몫을 한다. 애저 맛이 진해서 부담스러운 경우도 김치찌개는 진하며 깊은 맛을 편하게 즐길 수 있다. 애저의 농밀한 맛을 찌개로 마무리하면 입맛이 산뜻하게 정리된다.

● 반찬 _ 밑반찬은 더덕, 톳, 콩나물, 파김치 등인데 주요리에 더 손이 간다.

맛본 후

'애저(哀猪)' 혹은 '아저(兒猪)'라고 하는 새끼돼지 요리. 원래 뱃속의 새끼나 사산한 새끼를 재료로 만들었으나, 차츰 어린 새끼돼지로 바꾸었다. 돼지는 1년에 세 배나 출산을 하는 데다, 한 배에 대개 10마리 이상을 출산하므로 새끼고기를 구하기가 쉽고, 거부감을 떨치기 위해서다.

진안은 400미터 이상의 고원지대로 일교차가 큰 지역이라 육질이 치밀한 돼지를 사육할 수 있다. 이 고기는 '깜도야'라는 상표로 출시된 1등품 축산품이자 지역 대표 상품이다. 유명 돼지고기의 새끼니 육질은 보장이 된 셈이다. 애저는 어미젖을 먹는 1개월 미만의 돼지를 사용한다.

애저찜은 『규합총서』 등 한국 서적에는 올라 있으나 중국 서적에서는 발견되지 않는 한국 고유의 음식이라 한다. 실제 중국인들이 애저 먹는 것을 보지 못했다.

진안은 인삼과 사삼의 고장이다. 홍삼스파, 홍삼연구소가 있는 홍삼의 고장이라서 돼지고기와 인삼의 조합은 최고의 지역 식재료가 어우러진 전형적인 지역 음식이 된다. 진안 지역의 향토음식이 우리 고유의 음식이 된 셈이다.

농촌진흥청, 한국관광공사 등에서 향토음식으로 주목하고 있고, 애저찜을 하는 '진안관'은 진안향토전통음식(애저) 지정업소로 운영되고 있다. 보통 동식물이 멸종되면 안타까워하지만 먹던 음식이 사라지는 것에는 무심하다. 우리 고유의 음식, 지방색이 강한 음식 등은 특별히 보호, 보존해야 한다. 문화를 보존하는 것, 그것이 인간을 보존하고 존중하는 길이다. 관청에서 주목하는 것만으로 보존이 제대로 되기는 어렵다.

문화재 보호 차원에서도 대를 이어 애저찜 요리를 하고 있는 진안관의 노력은 소중하다. 50여 년 전통의 진안관 애저찜은 시어머니에서 며느리로 전수되는 음식이다. 50여 년 전 시어머니가 식당을 하는데 어느 날 군수가 귀한 손님을 모시고 왔단다. 그래서 귀한 손님을 모시고 온 군수가 고마워 귀한 음식을 대접하려고 곰곰이 생각 끝에 마련한 음식이 애저란다.

애저찜은 스페인에서 유명한 요리다. 우리도 활성화를 위해 좀 더 적극적인 관심을 가질 필요가 있다. 음식을 지켜온 식당 측에서도 보다 적극적인 노력이 필요하고 일반인도 관심을 기울일 필요가 있다.

애저찜은 전남 광주에서도 맛볼 수 있는데 진안에서는 '마이산옛터'(063-432-4201)에서도 맛볼 수 있다.

●●●● 저자

조동일

서울대학교에서 국문학을 전공해 문학박사 학위를 받았으며, 계명대학교, 영남대학교, 한국학대학원, 서울대학교 교수를 거쳐, 현재 서울대학교 명예교수, 대한민국학술원 회원이다. 『한국문학통사』 『하나이면서 여럿인 동아시아 문학』 『소설의 사회사 비교론』 『탈춤의 원리 신명풀이』 『의식 각성의 현장』 『동아시아문명론』 『한국학의 진로』 『해외여행 비교문화』 『서정시 동서고금 모두 하나』 『시조의 넓이와 깊이』를 비롯해 다방면의 저서가 있다.

허　균

홍익대학교 대학원에서 미학미술사학을 전공해 문학석사 학위를 받았으며, 한국학중앙연구원 책임편수연구원, 우리문화연구원장, 문화재청 문화재전문위원, 국립문화재연구소 외부용역과제 평가자문위원, 대한민국전승공예대전 심사위원, KBS 〈TV쇼 진품명품〉 자문위원을 역임했다. 현재 한국민예미술연구소장과 한국민화학회 고문이다. 『한국의 정원, 선비가 거닐던 세계』 『사찰 100美 100選』 『한국의 서원, 넓고 깊은 사색의 세계』를 비롯해 다수의 저서가 있다.

이은숙

전북대학교와 한국학중앙연구원 한국학대학원에서 국문학을 전공해 문학박사 학위를 받았으며, 중국인민대학에서 공부하였다. 북경어언대학, 북경외국어대학, 순천향대학교 초빙교수를 거쳐 현재 외국인을 위한 한국어문화교육에 종사하고 있다. 『신작구소설 연구』 『계서야담』(공역) 『한류와 한국어 교육』 및 『한국문화, 한눈에 보인다』(공저)를 비롯해 다수의 저서가 있다.

전북문화 찾아가기

인쇄 · 2018년 6월 5일
발행 · 2018년 6월 12일

지은이 · 조동일, 허 균, 이은숙
펴낸이 · 한봉숙
펴낸곳 · 푸른사상사

주간 · 맹문재 | 편집 · 지순이 | 교정 · 김수란
등록 · 1999년 7월 8일 제2-2876호
주소 · 경기도 파주시 회동길 337-16 푸른사상사
대표전화 · 031) 955-9111(2) | 팩시밀리 · 031) 955-9114
이메일 · prun21c@hanmail.net / prunsasang@naver.com
홈페이지 · http://www.prun21c.com

ISBN 979-11-308-1346-2 03300
값 24,000원

이 도서의 국립중앙도서관 출판예정도서목록(CIP)은 서지정보유통지원시
스템 홈페이지(http://seoji.nl.go.kr)와 국가기료공동목록시스템(http://www.
nl.go.kr/kolisnet)에서 이용하실 수 있습니다.(CIP제어번호:CIP2018016516)

전북문화
찾아가기